W0175407

Springer
Berlin
Heidelberg
New York
Barcelona
Budapest
Hongkong
London
Mailand
Paris
Santa Clara
Singapur
Tokio

Andreas Hejj

■ **Traumpartner**

Evolutionspsychologische Aspekte
der Partnerwahl

Springer

Mit 23 Abbildungen, davon 10 in Farbe

ISBN 3-540-60548-7
Springer-Verlag Berlin Heidelberg New York

Dieses Werk ist urheberrechtlich geschützt. Die dadurch begründeten Rechte, insbesondere die der Übersetzung, des Nachdrucks, des Vortrags, der Entnahme von Abbildungen und Tabellen, der Funksendung, der Mikroverfilmung oder der Vervielfältigung auf anderen Wegen und der Speicherung in Datenverarbeitungsanlagen, bleiben, auch bei nur auszugsweiser Verwertung, vorbehalten. Eine Vervielfältigung dieses Werkes oder von Teilen diese Werkes ist auch im Einzelfall nur in den Grenzen der gesetzlichen Bestimmungen des Urheberrechtsgesetzes der Bundesrepublik Deutschland vom 9. September 1965 in der jeweils geltenden Fassung zulässig. Sie ist grundsätzlich vergütungspflichtig. Zuwiderhandlungen unterliegen den Strafbestimmungen des Urheberrechtsgesetzes.

© Springer-Verlag Berlin Heidelberg 1996
Printed in Germany

Redaktion: Ilse Wittig, Heidelberg
Umschlaggestaltung: Bayerl & Ost, Frankfurt
unter Verwendung einer Illustration von Tom Sikora,
The Image Bank
Innengestaltung: Andreas Gösling, Bärbel Wehner, Heidelberg
Herstellung: Andreas Gösling, Heidelberg
Satz: Datenkonvertierung durch Springer-Verlag
Druck: Druckhaus Beltz, Hemsbach
Bindearbeiten: J. Schäffer GmbH & Co. KG, Grünstadt
67/3134 – 5 4 3 2 1 0 – Gedruckt auf säurefreiem Papier

Inhaltsverzeichnis

VIII

1 Für alle (Stein-) Zeit bereit

Die Perspektive der Evolutionspsychologie

Das vorliegende Buch hat zum Ziel, einige jener für unsere Liebesbeziehungen wichtigen Botschaften zu entschlüsseln, die die längste Etappe der Menschwerdung in der afrikanischen Savanne an uns richtet. Es geht um Anziehung, Anbandeln und Verlieben; Phänomene, die von intensiven Emotionen begleitet werden. Diese Emotionen stellen starke Beweggründe für das menschliche Verhalten dar. Sie hätten nicht entstehen können, wenn die Verhaltensweisen, zu denen sie anregen, nicht vorwiegend zum Überleben beigetragen und zum Vermehrungserfolg geführt hätten.

»Traumpartner« geht der Frage nach, welche Strategien der Partnerwahl sich als *Anpassungen an die Steinzeitumgebung* entwickelten. Diese Anpassungen erwiesen sich für das Überleben und die Vermehrungschancen ihrer Träger als nützlich und konnten sich somit über Zehntausende von Generationen allmählich in der Anlage der gesamten menschlichen Art ausbreiten. Natürlich wird dabei die beschleunigte Veränderung unserer Ökologie nicht übersehen, die einige der »altbewährten« Adaptationen als überholt erscheinen läßt – und zwar in dem Ausmaß, in dem sich unsere (post-)moderne westliche Industriegesellschaft vom Stammesleben unserer Vorfahren in der afrikanischen Savanne unterscheidet.

Jene unserer Vorfahren, die in der kargen Savanne Freude am Verzehr von Kohlenhydraten (»Süßes schmeckt gut«) und am Geschlechtsverkehr (»Sex macht Spaß«) empfunden haben, hinterließen mehr überlebende Nachkommen als ihre Zeitgenossen, die zu diesen Verhaltensweisen nicht motiviert waren.

Doch in der westlichen Wohlstandsgesellschaft erhöht die Vorliebe für Zuckerhaltiges die Überlebenschance nicht mehr; vielmehr hat sie den gegenteiligen Effekt: sie führt zu Übergewicht, Diabetes und Paradontose. Aber selbst die bewußte Reflexion dieser Einsicht macht den Konditor keineswegs arbeitslos.

Der Verfasser ist Psychologe. Als solcher möchte er menschliches Verhalten und Erleben – hier im Hinblick auf Anziehung und Partnerwahl – beschreiben, erklären und, mit der gebotenen Zurückhaltung, voraussagen. Obwohl die Gedankenführung zum großen Teil auf erfahrungswissenschaftlicher Forschung beruht, ist sie nicht theoriefrei. Die zugrundeliegende Theorie, die *Evolutionspsychologie*, gehört noch nicht zum Standardinventar der meisten Sozialwissenschaftler.

Umwelt und Individuum

Noch ist in den Sozialwissenschaften eine Denkweise am weitesten verbreitet, die Tooby u. Cosmides (1992) als das Standard Social Science Modell (SSSM) bezeichnen. Im Mittelpunkt der Betrachtung steht das Phänomen, daß die Angehörigen derselben Kulturgruppe untereinander erstaunliche Ähnlichkeiten in ihrem Verhalten aufweisen. Zugleich zeigen sie jedoch erhebliche Unterschiede zu anderen Gruppen. Die zentrale Frage des SSSM ist: Wie entwickeln sich Individuen von »ungeformten« Kindern zu kompetenten, erwachsenen Mitgliedern ihrer sozialen Gruppe infolge ihrer örtlichen sozialen Umgebung?

Die Überlegungen des SSSM sind die folgenden:

Es gibt eine psychische Einheit der Menschen, wie Experimente zum Aufwachsen in fremden Kulturen belegen. Die *genetischen Unterschiede*, die tatsächlich existieren, werden innerhalb eng zusammenlebender Gruppen und nicht zwischen entfernt lebenden Rassen und Völkern gefunden.

Obwohl die Kinder überall gleich sind, unterscheiden sich Erwachsene deutlich in ihrem Verhalten und in ihrer mentalen Struktur. Eine *Konstante* (die genetische Grundlage) kann eine *Variable* (Unterschiede zwischen den Kulturgruppen in bezug auf die komplexen Erlebens- und Gesellschaftsstrukturen Erwachsener) nicht erklären. Deshalb schließt das SSSM, daß die menschliche Natur (die evolutionär entwickelte menschliche Hirnstruktur) keine Ursache für die semantische Organisation von Erwachsenen, für ihre sozialen Systeme, für ihre Kultur, für ihre historischen Veränderungen usw. sein könne.

Diese komplexen erwachsenen Verhaltensweisen fehlen bei Kindern. Die Kinder werden ohne die Sprache geboren; ihnen fehlt jede erkennbare Erwachsenenkompetenz. Da die Erwachsenenstrukturen bei Kindern fehlen, müssen diese aus irgendeiner Quelle außerhalb erworben werden. Diese Quelle ist die soziale Umwelt.

Die kulturellen und sozialen Elemente, die das Individuum formen, bestehen vor dem Individuum und liegen außerhalb von ihm. Somit ist das Individuum eine Schöpfung der sozialen Umwelt. Daraus scheint zu folgen, daß die soziale Umwelt keine Schöpfung des Individuums sein könnte.

Doch Sozialwissenschaftlern, die die Befunde der Neurowissenschaft, der Ethologie und der kognitiven Psychologie beachten, wird zunehmend klar, daß die psychische Architektur des Menschen viele evolutionsbedingte Mechanismen enthält.

Die zentrale Logik des SSSM ruht auf dem irrigen Konzept einer veralteten Entwicklungstheorie. Die Tatsache, daß ein Aspekt der Struktur eines Erwachsenen bei seiner Geburt noch nicht anwesend war, schließt nicht aus, daß dieser Teil seiner evolutionsbedingten Architek-

4

tur ist. Für biologische Phänomene ist dies auch allgemein akzeptiert. Kinder werden ohne Zähne und Brüste geboren, und jeder weiß, daß es nicht gesellschaftliche Einflüsse sind, die zur Entstehung dieser Organe führen. Genauso wie Zähne oder Brüste bei der Geburt zwar fehlen, aber später durch Reifung zum Vorschein kommen, können evolutionsbedingte psychische Mechanismen an jeder Stelle des Lebenszyklus erscheinen.

Der große Erfolg des SSSM liegt in seinem moralischen Appell, denn es entzieht einer biologistischen Diskriminierung gegen Rassen, Klassen und Geschlechter die Basis. Watson glaubte an wissenschaftlich gelenkte Sozialisation:

> Gebt mir ein Dutzend gesunde Kinder und eine von mir bestimmte Umwelt, in der ich sie erziehen kann, und ich garantiere, daß ich jedes beliebige Kind zu jedem Fachmann meines Beliebens ausbilden kann – Arzt, Rechtsanwalt, Künstler, Handelsmanager und, ja, selbst zum Bettler und Dieb, und das unabhängig von seinen Talenten, Tendenzen, Fähigkeiten, Berufung und der Rasse seiner Vorfahren (Watson 1925, S. 82, übersetzt vom Verfasser).

Der Mensch ist ein Produkt seiner Gesellschaft, deshalb »verändere die Gesellschaft, und du veränderst den Menschen«. In diesem Sinne argumentieren die Gegner eines »biologischen Determinismus«, z.B. Montagu (1978), Lewontin, Rose u. Kamin (1984) usw., die jeden Verweis auf biologische Grundlagen mit den bitteren Lektionen unseres Jahrhunderts in Verbindung bringen. (Die Holocauste, die im Namen der Gesellschaftsveränderung angerichtet wurden, werden in dieser Argumentation allerdings übergangen.)

Sind also nur einige wenige allgemeine Mechanismen angeboren, wie operante Konditionierung, soziales Lernen und Versuchs-Irrtums-Induktion? Oder sind wir

5

mit einer großen Zahl spezialisierter Mechanismen ausgestattet, wie dem Spracherwerbswerkzeug (LAD, Chomsky 1975), den Partnerwahlmechanismen (Buss 1989), den Eifersuchtsmechanismen (Wilson u. Daly 1992), der Mutter-Kind-Gefühlskommunikation (Fernald 1992), der besonderen Ernährungssteuerung bei Schwangeren (Profet 1992) oder intelligenzunabhängigem Wissen, welche Gegenleistungen für welche Eigenleistungen im gesellschaftlichen Kontrakt angemessen sind (Cosmides 1989)? Die Evolutionspsychologie untersucht, wie diese spezialisierten psychischen Mechanismen als überlebens- und fortpflanzungsgünstige Anpassungen an die gemeinsame Urheimat unserer Vorfahren, die afrikanische Savanne, selektiert wurden und wie sie heute noch als – freilich nicht bewußte – Determinanten menschlichen Verhaltens wirken.

Das evolutionspsychologische Modell unterscheidet dabei zwischen stammesgeschichtlich bedingten und manifesten psychischen Mechanismen. Wenn ein Individuum die Kindheit in der sozialen Isolation überlebt, könnte es sein, daß es nie eine Sprache erlernt. Dennoch wird es mit demselben arttypischen Spracherwerbsmechanismus ausgestattet sein wie jedes andere. Was auf der Ebene des manifesten Verhaltens als eine Variable »spricht deutsch«, »spricht swaheli«, oder sogar »spricht überhaupt keine Sprache« erscheint, entspricht demselben einheitlichen darunterliegenden evolutionsbedingten Bauplan.

Die Suche nach den evolutionsbedingten Bauplänen

Im Grunde genommen ist die Entdeckung eines Bauplans in der Humanpsychologie ein Problem der Rückwärtsplanung: Wir haben funktionsfähige Beispiele des Bauplans vor uns und suchen nach einer Karte der kausalen Struktur, die das Verhalten des Systems erklärt. Wie ein Schlüssel ins Schloß passen die Anpassungen und bestimmte Merkmale der Welt aufeinander, um konkrete Ziele zu erreichen. Die evolutionäre Funktionsanalyse hat fünf Bestandteile:

Adaptives Ziel. Zum Beispiel: Welche von allen Substanzen der Welt soll der Organismus essen, und welche soll er vermeiden? Wen soll der Organismus begatten? Das Ziel ist, sicherzustellen, daß das vorgeschlagene Verhalten in Zusammenhang mit allen anderen gezeigten Verhaltensweisen des Organismus seine Verbreitung sichert, und zwar unter den Bedingungen der Vorfahren.

Hintergrundbedingungen. Es ist nötig, zu wissen, welche Merkmale in der Welt der Vorfahren (»Steinzeit«) ausreichend stabil waren, um einen Bauplan entstehen zu lassen, der dem Anpassungsziel entspricht.

Bauplan.

Wirksamkeitsprüfung. Es soll klargestellt werden, wie das System von einem Input einen bestimmten Output erstellt. Allgemeine Aussagen wie »Das Kind lernt seine Kultur durch Imitation und Verallgemeinerung« sind zu unspezifisch, um als Hypothesen oder Erklärungen zu gelten.

Leistungsbewertung. Wie gut oder wie schlecht konnte ein Bauplan unter den Bedingungen der

Vorfahren das Anpassungsziel erreichen? Als ein Beispiel sei der Inzestvermeidungsmechanismus genannt, der beide Prüfungen besteht. Er führt zu Ergebnissen unter den Bedingungen der Vorfahren (die auch heute noch gelten) wie Abneigung gegen Sex mit Geschwistern, die als Kinder zusammen aufwuchsen; zudem erklärt er auch Ergebnisse, die unter bestimmten modernen Bedingungen beobachtet werden, wie Abneigung gegen Sex zwischen Kibbuz-Kindern, die als Kinder zusammen aufwuchsen.

Im folgenden soll die Logik der evolutionspsychologischen Denkweise zunächst an jenen Partnerwahlkriterien gezeigt werden, die sich bei der Frau im Laufe der Evolutionsgeschichte entwickelt haben und die bewirken, daß verschiedene Männer auf ihre »Artgenossinnen« unterschiedlich attraktiv wirken. Die Evolutionstheorie behauptet, daß auch im Homo sapiens des 20. Jahrhunderts unbewußt noch Mechanismen wirken, die ursprünglich aufgrund von Selektionsvorteilen entstanden sind. Viele Untersuchungen weisen darauf hin, daß die meisten Frauen auch heute noch einen Mann bevorzugen, der jene Kriterien erfüllt, die in der Steinzeit folgendes signalisiert hätten: Er kann seinen Kindern möglichst erfolgversprechende Anlagen vererben; er weist die Fähigkeit und Bereitschaft auf, eine Frau und die gemeinsamen Kinder zu versorgen, sie zu beschützen und sich für die Beziehung bzw. für die Familie emotional zu engagieren. Die Ergebnisse aus einer eigenen Studie sprechen ebenfalls für eine solche These und zeigen, daß auch die emanzipierte Frau bei der Wahl ihres Partners bevorzugt auf Eigenschaften wie soziale Dominanz, Beziehungsfähigkeit und emotionales Engagement achtet. Bei Männern entwickelten sich Anpassungen, die die Wahl einer Partnerin begünstigen, die einerseits mit großer Wahrscheinlichkeit gesunde Kinder gebären kann, andererseits eine möglichst optimale Sicherheit gewährt, daß sie zur Fortpflanzung nur die Anlagen ihres Mannes heranzieht und ihm nicht etwa ein »Kuckucksei« ins Nest legt.

2 Bei welchen Stärken der Männer werden Frauen schwach?[1]

[1] Frau stud. psych. Alexandra Tins danke ich für ihre engagierte Mitarbeit an diesem Kapitel.

Was macht einen Mann in den Augen einer Frau attraktiv? Welche Eigenschaften muß er besitzen, um bei ihr »landen« zu können? Haben sich bei der Frau in der letzten Million Jahre der Menschwerdung Strategien für die Auswahl eines geeigneten Partners entwickelt? Obwohl diese Fragen für uns alle relevant sind, wagte sich die erfahrungswissenschaftliche Sozialpsychologie erst vor etwa zwei Jahrzehnten an sie heran, denn in der Tat ist das Prinzip der Gleichheit aller Menschen nur schwer mit der Alltagserfahrung vereinbar, daß verschiedene Männer unterschiedlich begehrt sind. Traditionell sind die beiden großen Thesen zur Erklärung des Phänomens Partnerwahl die der *Homogamie* und der *Heterogamie*. Erstere betont die Ähnlichkeit nach dem Motto »Gleich und Gleich gesellt sich gern«. Die Gegenthese der Heterogamie könnte durch das Sprichwort »Gegensätze ziehen sich an« veranschaulicht werden.

Homogamie und Heterogamie

Homogamie betont Ähnlichkeit nach dem Motto »*Gleich und Gleich gesellt sich gern*«. Elsner (1990) macht in ihrem Ratgeber für Partnersuchende zehn Ähnlichkeiten zur Grundvoraussetzung einer »machbaren« Beziehung: gesellschaftlicher Hintergrund, Intelligenz, Wertvorstellungen, Interessen, Lebensziel, körperliche Attraktivität, sexuelle Bedürfnisse, Alter, Bildungswilligkeit und -fähigkeit sowie die Fähigkeit, miteinander zu reden. Sie untersucht, weshalb eine Abweichung in jedem der Punkte das Scheitern der Beziehung wahrscheinlich macht.

Den Beleg für ihre Thesen liefert Hassebrauck (1990). Er untersucht den Zusammenhang zwischen der Ähnlichkeit von Einstellungen, Interessen und Persönlichkeitsmerkmalen einerseits und der Qualität heterosexueller Paarbeziehungen andererseits. Seine Daten wurden an 40 Paaren mit Hilfe eigens konstruierter Fragebögen sowie des »Freiburger Persönlichkeitsinventars« (FPI) erhoben. Es zeigte sich, daß die von Frauen berichtete Qualität der Paarbeziehung in engem Zusammenhang mit der wahrgenommenen Einstellungsähnlichkeit steht.

Olbrich (1987) zitiert eine Reihe von Studien, die über Elsners Punkte hinaus auch für Rasse, Nationalität und Religion die Homogamiethese stützen. Katz u.

Hill (1958) belegen die Relevanz der räumlichen Nähe bei der Partnerwahl, die nicht nur in den USA aufgrund der Nachbarschaften von Nationalitäten (chinesische, deutsche, italienische, polnische, schwarze Viertel) plausibel erscheint. Daß der Wohnbezirk in einer Wechselbeziehung mit sozioökonomischen Faktoren steht, belegt das Münchner Beispiel: Die Stadtteile Hasenbergl (Arbeiterviertel) und Harlaching (Villengegend) sind nicht nur durch räumliche Entfernung voneinander getrennt. Eine Untersuchung von Jäckel (1980) spricht für die Schichtenhomogamie – »in die eigenen Kreise heiraten«.

Imhoff (1981) zeigt, daß die Altersdifferenz zwischen Mann und Frau in den letzten 300 Jahren ständig abnahm, bis sie im heutigen Deutschland im Mittel zwischen zwei und drei Jahren beträgt.

Die Gegenthese der *Heterogamie* könnte durch das Sprichwort »*Gegensätze ziehen sich an*« veranschaulicht werden. Neben genetisch gefärbten Spekulationen über eine ausgleichende Annäherung zur Mitte nach dem Motto »Große schlanke dunkle Männer suchen sich kleine mollige blonde Frauen« finden wir den Ansatz der Heterogamie in der tiefenpsychologisch orientierten Partnerwahltheorie. So nimmt Riemann (1961) an, daß Schizoide gerne Depressive, Zwanghafte gerne Hysterische zum Partner wählen. Auch das Modell des unbewußten Zusammenspiels von Willi (1975) erscheint auf den ersten Blick heterogam: Zum Beispiel finden sich Person A, die gerne bewundert werden will, und Person B, die einen Partner braucht, den sie bewundern kann, zusammen. Erst beim näheren Hinsehen entpuppt sich das Modell als homogam: Zwei Individuen mit demselben Konflikt bilden ein Paar, das die beiden Pole des Konflikts je einem der Mitspieler zuordnet. Ebenfalls für die Homogamiethese spricht, wie Erikson (1977), ein weiterer Psychoanalytiker, sogar die unbewußte inzestuöse Wahl eines Partners (der in einem entscheidenden Zug dem frühkindlichen Liebesobjekt ähnelt) als nicht krankhaft verteidigt. »Eine solche Wahl folgt einem ethnischen Mechanismus; sie stellt eine Kontinuität her zwischen der Familie, in der man aufgewachsen ist, und der Familie, die man selber gründet, und setzt dadurch die Tradition fort, d.h. die Summe all dessen, was die Generationen der Vorzeit gelernt hatten, ähnlich der Erhaltung der Gewinne der Evolution bei der Partnerwahl innerhalb der Spezies« (S. 41–42).

Olbrich (1987) integriert die Homogamie- und die Heterogamie-Thesen folgendermaßen: »Auf der Basis von Ähnlichkeit kann im Verlauf einer Partnerschaft offensichtlich Unterschiedlichkeit bearbeitet werden – ein Prozeß, der zur Weiterentwicklung beider Partner beitragen kann« (S. 342–343).

Eine provokative Ergänzung zu den milieutheoretischen Aussagen der Sozialpsychologie ergibt sich aus den neuesten Befunden der evolutionspsychologischen Forschung. Sie zeigen, daß alle Menschen mit den gleichen grundlegenden psychischen Mechanismen ausgestattet sind, die sich im Laufe der Entwicklungsgeschichte des Menschen aufgrund ihres hohen Anpassungswertes an die Umwelt durchgesetzt haben. Dieser Sachverhalt, bezogen auf die Partnerwahl, steht in diesem Kapitel im Mittelpunkt des wissenschaftlichen Interesses.

Der »Paarungswert« entscheidet!

Eine interessante These zur Partnerwahl stellt der amerikanische Evolutionstheoretiker Ellis (1992) vor. Er geht davon aus, daß der Selektionsdruck im Laufe der Evolution bewirkt hat, daß nicht alle männlichen Mitglieder derselben Spezies als gleichwertige »Fortpflanzungspartner« für Frauen gelten, sondern sich im »Paarungswert« bzw. »mate value« (Symons 1987) unterscheiden. Seiner Ansicht nach hängen in der natürlichen

Umgebung des Ur-Menschen folgende Merkmale mit hohem Paarungswert zusammen:

- Fähigkeit und Bereitschaft des Mannes, für eine Frau und ihre Kinder zu sorgen und sie zu beschützen, und
- seine Fähigkeit und Bereitschaft, sich für die Beziehung und die Familie auch emotional zu engagieren.

Weil es zu einer höheren Verbreitung der eigenen Gene führt, hat die natürliche Auslese sinnvollerweise bewirkt, daß Frauen solche Männer bevorzugen (und somit auch sexuell attraktiver finden), die ihnen und ihren Kindern gute Überlebens- und Fortpflanzungsbedingungen bieten können.

Bis hierhin ist Ellis Ansatz nicht aufsehenerregender als andere evolutionär orientierte Theorien. Der springende Punkt ist jedoch, daß er behauptet, die o. g. Partnerwahl-Kriterien seien auch *heute* ein wichtiger Faktor bei der Bewertung von Männern durch Frauen. Noch in unserer Zeit fänden Frauen solche männlichen Eigenschaften attraktiv, die ursprünglich »hohen Paarungswert« signalisierten, da die Partnerwahlkriterien im Laufe der Evolution für Frauen universell und arttypisch geworden seien.

Ellis meinte damit *nicht,* daß Frauen sich bei der Begegnung mit Männern bewußt – sozusagen mit dem pragmatischen Blick einer Mutter – überlegen, ob mit dem jeweiligen Partner die eigenen Gene »gut rauskommen« könnten. Vielmehr fühlt sich eine Frau einfach zu einem Mann hingezogen – oder eben nicht. Diesem Gefühl liegt allerdings *sehr wohl* auch ein psychischer Mechanismus zugrunde, der durch Selektion geschaffen wurde, um solche männlichen Merkmale zu erkennen

15

und auszuwählen, die mit »hohem Paarungswert« im oben erklärten Sinne in Zusammenhang stehen.

Es gibt eine Reihe von Studien über weibliche Partnerwahlkriterien, die für diese Annahme sprechen. Die wichtigsten Ergebnisse werden im Folgenden erläutert.

▨ Status

Das wichtigste Kriterium bei der Auswahl eines Partners scheint für Frauen der sozioökonomische Status des Mannes zu sein.

In der Steinzeit wie auch im 20. Jahrhundert hatten Männer mit hohem Status (und deren Familien!) vielerlei Vorteile: Sie wurden von den anderen Mitgliedern der jeweiligen Gesellschaft geschätzt und respektiert, hatten mehr Einfluß und somit auch größere Kontrollmöglichkeiten in den verschiedensten Situationen (Stone 1989). All dies schafft gute Voraussetzungen für das Überleben – bzw. heute eher für das *angenehme* Überleben – einer Familie.

Alle im folgenden genannten Studien weisen darauf hin, daß männlicher Status und ökonomischer Erfolg hoch relevant für die Attraktivität eines Mannes sind. Im Gegensatz zu Männern legen Frauen zum Beispiel wesentlich weniger Wert auf gutes Aussehen ihres Partners als auf Merkmale wie Erfolg, finanzielle Sicherheit, intellektuelle Fähigkeiten, Stärke, Mut, Ansehen, Ernsthaftigkeit, Ehrgeiz, Zielstrebigkeit, Durchsetzungsvermögen usw.

Die Auswertung von 800 Kontaktanzeigen (Harrison u. Saaed 1977) zeigte, daß Frauen sich vor allem drei Qualitäten von ihrem zukünftigen Lebenspartner wünschen. Diese sind (in absteigender Reihenfolge): Ernsthaftigkeit seiner Absichten, Alter (etwas älter als die Frau) und finanzielle Sicherheit.

Studien in Ehevermittlungsinstituten (Green et al. 1984) ergaben, daß das beste Vorhersagekriterium für die Auswahl eines Mannes durch eine Frau dessen Status ist. Obwohl das Aussehen des Mannes auch keine unwesentliche Rolle spielt, können »Defizite« auf diesem Gebiet anscheinend durch höheres Prestige wettgemacht werden (Buss 1989). Dagegen ist für Männer bei der Wahl ihrer Partnerin offensichtlich nur das Äußere der Frau ein entscheidender Vorhersagefaktor (Green et al. 1984). Auch für die Männer, die an unserer Untersuchung teilnahmen, die im nächsten Kapitel beschrieben wird, war die Attraktivität des Partners etwa doppelt so wichtig wie für die Frauen (92 % gegenüber 51 %).

Damit übereinstimmende Ergebnisse erhielt man bei der Untersuchung sexueller Verhaltensmuster in anderen Kulturen. Eine Studie (Ford u. Beach 1951) in ca. 200 kleinen ländlichen Gesellschaften verschiedener Kulturkreise zeigte zum Beispiel, daß zwar die Unterschiedlichkeit im kulturellen Maßstab für Attraktivität in bezug auf Körpergewicht und Schmuck groß ist, aber in den meisten Gesellschaften die Schönheit der Frau deutlich wichtiger als die des Mannes ist; dessen Anziehungskraft ist eher abhängig von Fähigkeiten, Stärke und Tapferkeit.

Die durchgeführten Studien veranschaulichen, daß Frauen sich verschiedener Indikatoren bei der Bewertung der Männer bedienen. Persönlichkeitsstruktur, körperliche Merkmale, kognitive Fähigkeiten und Kleidung des Mannes scheinen den Frauen seinen Status bzw. sein Potential dafür, diesen zu erlangen, anzuzeigen.

Wie treten Männer auf, die auf Frauen attraktiv wirken? In den aufgeführten Studien stellte sich heraus, daß Frauen sich insbesondere zu solchen Männern hingezogen fühlten, die Merkmale aufwiesen, die in Zusammenhang mit sozialer Dominanz stehen.

Das heißt nicht, daß Frauen sich einen »Unterdrücker« als Partner wünschen – denn Gruppendominanz (also die hohe Rangordnung innerhalb einer größeren Gruppenstruktur) muß klar von Dominanz in der Zweierbeziehung abgegrenzt werden (Hinde 1978); nur erstere ist nach Ellis Theorie (1992) für Frauen wünschenswert.

Anzeichen für Dominanz können *physische Merkmale* wie Körpergröße oder Gesichtsaudruck, *soziale Merkmale* wie politische, geschäftliche und Verwandtschaftsbeziehungen, aber auch *individuelle Verhaltensmerkmale* wie Selbstvertrauen, Körpersprache, Ehrgeiz sein (Bernstein 1980). Hier sollen jedoch nur physische und individuelle Merkmale näher veranschaulicht werden.

Physische Merkmale

Die Körpergröße scheint tatsächlich beachtlichen Einfluß auf die Fähigkeit eines Individuums, andere zu dominieren, zu haben (Handwerker u. Crosbie 1982), da sie allgemein mit Macht und Status assoziiert wird und somit dem jeweiligen Mann Vorteile in der sozialen Interaktion bringt. So zeigt die Studie von Gregor (1979), daß kleinere Polizisten häufiger angegriffen werden als größere (Abb. 1).

Andere Untersuchungen (z.B. Gillis 1982) belegen, daß große Männer unter ökonomischen, sozialen und politischen Aspekten erfolgreicher sind: Sie finden leichter eine Anstellung, werden besser bezahlt und schneller befördert, gewinnen Wahlen mit einer höheren Wahrscheinlichkeit und werden von anderen Personen höher eingeschätzt.

Abb. 1. Allein die Größe dieses Polizisten in Suva (Fidschi) kann potentielle Angreifer schon abschrecken.

Auch in vielen anderen Teilen der Erde scheint die Machtposition einer Person eng mit deren Körpergröße verknüpft zu sein. Kulturvergleichende Studien (z.B. Brown u. Chia-yun) berichten, daß der Ausdruck »big man« (und ähnliche Formulierungen) in vielen Eingeborenensprachen Personen von großer Wichtigkeit und Autorität bezeichnet.

Auffallend ist auch ein Phänomen, das als »Kardinalprinzip der Partnerselektion« (Berscheid u. Walster 1974) bezeichnet wurde: Es gibt eine klare Tendenz bei Paaren dahingehend, daß der Mann größer als die Frau ist. Gillis und Avis (1980) untersuchten 720 Paare im Hinblick auf deren Körpergröße. Es stellte sich heraus, daß nur in *einem einzigen* Fall die Frau größer als der Mann war!

Weitere Studien (z.b. Lang 1979) zeigten, daß kleine Männer im allgemeinen von den befragten Frauen eher als »ängstlich« oder »schwach« und große als »vertrauenswürdig«, »beruhigend«, »verständnisvoll« empfunden wurden – obwohl dieselben Frauen in Fragebögen häufig angaben, daß die Größe des Mannes für sie keine Rolle spiele. Große Männer sind offensichtlich begehrter und erfolgreicher in ihren Bemühungen um Frauen und haben daher häufig auch die hübscheren Partnerinnen (Feingold 1982).

In der eigenen Untersuchung (siehe Kap. 3) nannten über dreimal so viele Frauen wie Männer »groß« als wünschenswertes Merkmal ihres Partners.

Untersuchungen über die Reaktionen von Frauen auf männliche Gesichter belegen, daß solche Gesichtszüge, die auf Reife (z.b. Fältchen, hohe Stirn) und physische Stärke (breite Backenknochen, eckiges Kinn) schließen lassen, von Frauen positiv bewertet werden.

Hierzu führte Keating 1985 eine Studie durch, in der er »reife« und »unreife« Gesichter ähnlich wie Fahndungsbilder konstruierte. Diese wurden nur in bezug auf Kinnform, Lippen, Augen und Augenbrauen verändert. Die männlichen Gesichter unterschieden sich lediglich durch die jeweilige Frisur von den weiblichen. Die Befragten mußten die ihnen vorgelegten Gesichter auf einer Dominanz- und Attraktivitätsskala bewerten. Dabei stellte sich heraus, daß reife Gesichtszüge sowohl für männliche als auch für weibliche Betrachter zu hohen Dominanzwerten führten, aber nur für männliche Gesichter auch zu hohen Werten auf der Attraktivitätsskala führten. (Bei den Frauen waren die Ergebnisse eher umgekehrt!)

Verhaltensmerkmale

Auch was diese Merkmalskategorie betrifft, bevorzugen Frauen offensichtlich solche Männer, die Indikatoren für soziale Dominanz (und damit auch für Status) aufweisen. Sadalla et al. (1987) führten beispielsweise eine Studie durch, in der sie Frauen und Männern Videos ohne Ton vorführten, wobei Frauen sich Filme mit männlichen Darstellern ansahen und umgekehrt. Die Schauspieler agierten in den Filmen mit gleichgeschlechtlichen Partnern und konnten nach zwei Charaktertypen klassifiziert werden: niedrig- und hochdominant. Diese Verhaltensmerkmale äußerten sich in der Körpersprache der Akteure: Niedrigdominante Personen lächelten mehr, wichen den Blicken des Partners eher aus, indem sie den Blick senkten, und hatten eine gebeugtere Körperhaltung, während hochdominante sich gegenteilig verhielten. Sowohl die Männer als auch die Frauen bewerteten die jeweils dominantere Person als »stark«, »hart«, »männlich« usw., aber die sexuelle Attraktivität des Akteurs stieg durch dominantes Verhalten nur in den Augen der *Frauen*, die klar Männer mit hochdominanten Gesten bevorzugten. Dies ist nicht weiter verwunderlich, wenn der Status des Mannes eine wichtige Rolle für die Frau spielt, und man weiß, daß Männer, die dominant auftreten, mit einer höheren Wahrscheinlichkeit eben diesen Status erreichen.

Verschiedene Studien amerikanischer Firmen zeigen einen engen Zusammenhang zwischen bestimmten Persönlichkeitsmerkmalen und sogenannten »Managerfähigkeiten«: Führungskräfte tendieren dazu, Intelligenz, Eigeninitiative, Männlichkeit, Selbstsicherheit, Entscheidungsfreudigkeit, Bestimmtheit, Überzeugungskraft, Ehrgeiz und ähnliche Eigenschaften zu besitzen (z.B.

Lord et al. 1986) – alles Merkmale, die relativ genau denen entsprechen, die aus dem Testverfahren California Psychological Inventory Dominance Scale als Anzeichen für die dominante Persönlichkeit hervorgehen und sich als zuverlässige Vorhersagefaktoren für Führungsqualitäten bewährt haben (Gough 1969; Megargee 1972). Personen, die auf dieser Skala hohe Werte aufweisen, zeichnen sich u. a. durch Gelassenheit und Selbstsicherheit, resolutes Auftreten, starken Optimismus, Stärke, Effektivität, Zielstrebigkeit und Beharrlichkeit bis hin zur Verbissenheit aus (Gough et al. 1951).

Zusammenfassend kann man festhalten, daß Frauen auf physische Merkmale ansprechen, die auf sozial dominantes – und somit auch auf erfolgreiches – Verhalten des Mannes in der Interaktion mit anderen Personen schließen lassen.

Emotionales Engagement

Noch ein weiterer Gesichtspunkt war für die Wahl der Frauen entscheidend: Der Mann sollte eine hohe emotionale Bereitschaft, in die Beziehung zu »investieren«, mitbringen und ein potentiell guter Vater sein.

Dies erscheint im Hinblick auf die evolutionäre Hypothese analog zum Kriterium »Status« plausibel, da Frauen Männer bevorzugen sollten, die die Entwicklung ihrer Kinder fördern, indem sie Zeit und Mittel investieren – die Familie also sowohl ökonomisch als auch emotional stützen.

Die Suche der Frauen nach »guten Vätern« wurde in vielen Studien deutlich, bei denen weibliche Versuchspersonen Merkmale wie »Zuverlässigkeit«, »Reife« und »Ausgeglichenheit« als besonders relevant bewerteten. So fand auch Hejj (1989), daß Frauen von zwölf zur Auswahl stehenden Partnerwahlkriterien die drei eben genannten sowie »Kompromißfähigkeit« am höchsten präferierten.

Die Ergebnisse unserer Untersuchung zeigen, daß für Frauen das emotionale Engagement ein deutlich wichtigeres Partnerwahlkriterium ist als für Männer (81 % gegenüber 31 %). Die häufigsten Nennungen der Frauen in dieser Kategorie waren: »liebevoll«, »Fähigkeit zu intensiven Gesprächen«, »zuverlässig« und »einfühlsam«. Damit wird das oben Besprochene nochmals klar: Rücksichtslose Männer haben bei Frauen keine Chance, wenngleich soziale Dominanz und Durchsetzungsfähigkeit als Eigenschaften des Partners durchaus erwünscht sind.

Ebenfalls klar belegt ist die Tatsache, daß Frauen sich besonders zu Männern hingezogen fühlen, die mit Kindern gut spielen bzw. umgehen können (Buss u. Barnes 1986). Dies läßt anscheinend jedes Frauenherz höher schlagen!

Ist die ungleiche Machtverteilung »schuld«?

Es gibt zahlreiche Erklärungsansätze, warum Frauen einen Männertyp besonders attraktiv finden, der hohen Status zeigt.

Viele Sozialforscher stellten die These auf, daß dies auf soziale Lernvorgänge und auf die ungleiche Machtverteilung zwischen Männern und Frauen in der Gesellschaft zurückzuführen sei. Die »schwache« Frau suche also solche Charakteristika bei ihrem potentiellen Partner, welche mit Kraft, Macht, Status, Sicherheit, Geld usw. in Verbindung stehen, um durch eine Verbindung mit ihm diese Faktoren zur Stärkung der eigenen Position zu nutzen. Da Männer dagegen nicht unter gesellschaftlicher Benachteiligung leiden, haben sie völlig andere Ansprüche an ihre Partnerin, was zur Folge hat, daß für sie eher Sex wesentlich für die Beziehung ist. Diese Gegensätze zwischen männlichen und weiblichen Auswahlkriterien würden durch soziale Lernvorgänge auf »klassische« Geschlechterrollen hin noch unterstützt, indem ein bestimmtes Rollenverhalten von Generation zu Generation übertragen wird.

Diese These, die auch unter dem Begriff »strukturelle Hilflosigkeit« (Buss u. Barnes 1986) zusammengefaßt werden kann, steht in direktem Widerspruch zu den Untersuchungsbefunden: Sie zeigen nämlich, daß im selben Maße, in dem Reichtum, Macht und sozialer Status einer Frau steigen, auch die Bewertungskriterien dieser Frau in bezug auf Männer *noch* strenger werden. Wäre der Ansatz der strukturellen Hilflosigkeit richtig, müßten solche Frauen *weniger* wählerisch in ihrer Bewertung werden, da sie von Kriterien wie Geld und Status unabhängiger sind. Im Gegensatz dazu stellt man aber fest, daß eine generelle Tendenz dahingehend besteht, daß der Mann *mindestens* auf dem gleichem sozialen Niveau wie die Frau sein muß – unabhängig davon, wie hoch dieses Level ist. Finanzielle Lage und Beruf des Mannes spielen also für erfolgreichere bzw. besserverdienende Frauen eine *noch* größere Rolle als für andere (Buss 1989).

Als Fazit kann man festhalten, daß die weibliche Tendenz, einen Partner mit hohem Status zu wählen, die Folge eines psychischen Mechanismus zu sein scheint, der bei *allen* Frauen wirkt, und der sich aufgrund selektiver Faktoren entwickelt hat.

Das Partnerwahl-Paradoxon

Wie paßt es zu diesen Ergebnissen, daß die Kriterien »gute finanzielle Lage« und »hoher sozialer Status« in anderen Untersuchungen (vor allem in Fragebogen-Studien) von den beteiligten Frauen eine relativ niedrige Bewertung erhielten? Man spricht in diesem Zusammenhang vom »Partnerwahl-Paradoxon« (Ellis 1992).

In der bereits zitierten Studie von Buss und Barnes von 1986 wählten zum Beispiel die befragten Frauen aus einer Liste mit 76 Eigenschaften das Adjektiv »dominant« als eines der *am wenigsten* wünschenswerten für ihren potentiellen Partner aus.

Ellis (1992) zeigt vier Möglichkeiten zur Erklärung dieses Widerspruchs auf:

Verwechslung von Dominanz in der Zweierbeziehung und Gruppendominanz: Es könnte sein, daß Dominanz als männliche Eigenschaft von Frauen auch in Fragebogen-Untersuchungen positiver bewertet würde, wenn die jeweiligen Studien exakter definierten, in welchen Situationen dieses dominante Verhalten auftritt. Wenn nämlich klar herausgearbeitet würde, daß die Dominanz sich auf die soziale Interaktion mit anderen Männern richtet, gäbe es keinen Grund für Frauen, dies evtl. als »rücksichtsloses Benehmen« negativ zu werten.

Mangelnde soziale Akzeptanz der geäußerten Meinung: Das offene Bekenntnis einer Frau, einen Mann in erster Linie nach seinem Status zu beurteilen, ist in unserer Gesellschaft nicht akzeptiert. Der negative Beigeschmack einer solchen Haltung ist zu groß und würde dazu führen, allzu schnell als »geldgierig« etc. abgestempelt zu werden. Also vermeiden es die befragten Fauen wahrscheinlich, ihre wahren Beurteilungskriterien offen darzulegen.

■ *Unbewußte Bevorzugung:* Sehr einleuchtend ist auch die Erklärung, daß die emotionalen Reaktionen von Frauen auf bestimmte Merkmale von Männern nicht bewußt wahrgenommen werden, sondern automatisch auftreten. Eine Frau bewertet einen Mann also nicht »absichtlich« aufgrund von Status, Geld etc., sondern tut dies unbewußt. So ist erklärbar, daß Frauen z.b. in Video-Experimenten dominante Männer positiv bewerten, während sie im Fragebogen angeben, daß Status für sie keine Rolle spiele.

■ *Verfälschung durch einen »Schwelleneffekt«:* Ellis gibt außerdem zu bedenken, daß Frauen häufig Männer mit einem niedrigeren sozialen Niveau als dem eigenen gar nicht erst als potentielle Partner wahrnehmen. Wenn Frauen also nur solche Männer in Betracht ziehen, die auf oder sogar über ihrem Niveau sind, erscheint es ihnen, als seien Statusunterschiede für sie im Vergleich zu anderen Eigenschaften unwichtig. Dabei ist ihnen aber nicht klar, daß sie bereits von Anfang an eine bestimmte »Minimum-Schwelle« angesetzt haben und somit ein guter Teil der Männer von vorneherein ausgegrenzt wurde. Dieser »Schwelleneffekt« würde dann also die Antworten der Frauen verfälschen.

Wahrscheinlich wirken alle vier Erklärungsansätze parallel.

Der evolutionspsychologische Ansatz stellt eine einleuchtende Alternative für die Erklärung vieler, letztlich merkwürdiger Alltagsbeobachtungen dar. Es ist ja tatsächlich auffällig, daß auch heute noch trotz Emanzipation die wenigsten Frauen sich einen Mann wünschen, der ihnen in irgendeiner Hinsicht, sei es nun physisch, psychisch oder finanziell, »unterlegen« ist.

Auch von Personen im Umfeld der jeweiligen Frauen wird diese Ansicht in der Regel geteilt. Frauen, die zum Beispiel einen Partner haben, der wesentlich jünger oder womöglich finanziell von ihnen abhängig ist, werden meist belächelt oder als Nymphomaninnen, die »nur das eine« von ihrem Partner wollen und »ihrer eigenen Jugend nachlaufen«, hingestellt. Da kann die Beziehung noch so gut klappen! Dagegen werden Männer, die eine attraktive, wesentlich jüngere Partnerin haben, die ihnen eventuell jedoch in keinster Weise (z.b. intellektuell) ebenbürtig ist, nicht selten bewundert, und niemand würde es verwerflich finden, wenn eine Frau finanziell von ihnen abhängig wäre. Im Gegenteil: Dies scheint für viele das Normale zu sein.

Auch sozialer Status spielt eine größere Rolle, wenn eine Frau ihre Wahl in bezug auf einen Lebenspartner trifft. Für viele Eltern brechen auch heute noch Welten zusammen, wenn ihre Tochter keine »gute Partie« macht. Nach wie vor scheint der Gedanke maßgebend zu sein, daß es für eine Frau enorm wichtig ist, sich durch die Ehe in jeder Hinsicht abzusichern. Rational kann dies in vielen Fällen nicht begründet werden, da die betreffenden Frauen oft eine eigene Ausbildung haben und sehr gut auch alleine für sich sorgen könnten.

Ebenso unlogisch ist bei genauerer Überlegung, daß es allgemein als selbstverständlich betrachtet wird, daß Frauen sich sehr intensiv um ihr Aussehen bemühen, während dies von Männern längst nicht im selben Maße verlangt wird. Ein Mann muß unter Umständen sogar aufpassen, nicht *zuviel* Wert auf sein Äußeres zu legen, denn er könnte sonst als eigenartig, im Extremfall sogar als homosexuell eingestuft werden. Ein typisches Beispiel für diese paradoxe Situation ist das Motto: »Ein Mann wird interessant, eine Frau alt.« Von einer Frau erwartet man selbstverständlich, daß sie sich beim ersten Auftreten von Alterserscheinungen die Haare färbt und sich mit Liposomen-Anti-Falten-Cremes eindeckt, beim Mann würde man eine solche Reaktion eher belächeln und behaupten, er stecke in der »Midlife-Krise«.

Wahrscheinlich könnte man zu diesem Phänomen noch zahllose Beispiele ähnlicher Art aufführen. Was sind aber die Gründe dafür, daß an die Attraktivität eines Mannes völlig andere Ansprüche gestellt werden als an die einer Frau? Warum ist es für eine Frau nicht genauso normal wie für einen Mann, jüngere und hübschere Partner attraktiv zu finden und mit diesen Beziehungen einzugehen, wenn kein Anlaß besteht, jemanden zu suchen, der einem sozioökonomische Sicherheit bietet?

Offenbar gibt es eine Tendenz, auch die emanzipierte Frau, die auf eigenen Füßen steht, als abhängig vom Mann anzusehen – und keinesfalls umgekehrt. Diese weit verbreitete Sichtweise wird unserer Zeit im Grunde nicht mehr gerecht, da sie oft nicht vernünftig zu begründen ist. Vielleicht kann die evolutionäre Theorie diesen Zusammenhang ein wenig zu erhellen helfen, indem sie den Blick auf psychische Mechanismen wendet, die eventuell auch heute noch in uns wirken und zu einem solchen scheinbar irrationalen Verhalten beitragen, ohne daß uns dies bewußt ist.

3 Gesucht: Der Traumpartner

Wie kommt es, daß die beiden Geschlechter unterschiedliche Partnerwahlkriterien entwickeln?

Einen Hinweis geben die Lebensziele, welche die beiden Geschlechter zur Zeit der Partnerwahl angeben. Szilagyi (1975) fand deutliche Unterschiede in einer demographisch repräsentativen Stichprobe. Während die befragten Frauen am häufigsten eine *gute Ehe* und am zweithäufigsten die *Kindererziehung* nannten, standen bei Männern der *berufliche Erfolg* bzw. ein *schönes Haus* über allem (S. 149).

Es ist interessant, daß auch eine Vertreterin des in der Einführung als SSSM beschriebenen milieutheoretischen Ansatzes zu einem ähnlichen Befund kommt. Bilden (1980) spricht von einer »Arbeitsteilung nach Geschlecht« (S. 785), nach der Männern eher die Produktions-, während Frauen die Reproduktionsarbeit zugewiesen wird. Letztere beinhaltet die Hausarbeit, die Kindererziehung und die »Beziehungsarbeit« (S. 785). Nach Bildens Ausführungen ist die unterschiedliche Gewichtung der »Beziehungsarbeit« die Folge der durch die Erziehung wirkenden gesellschaftlichen Faktoren von Kapitalismus und Industrialisierung. (Nebenbei sei bemerkt, daß Szilagyis Befunde aus der damals noch sozialistischen Volksrepublik Ungarn stammen.) Immerhin verfolgt Bilden die geschlechtsspezifischen Unterschiede bis zur Geburt zurück.

> Bei Neugeborenen gibt es, wohl hormonell bedingte, Differenzen zwischen Mädchen und Jungen, die unterschiedliche Ausgangsbedingungen für die Aneignung von Welt darstellen dürften. (S. 787).

Sie zitiert einige Untersuchungen, die Knaben ein höheres Aktivitätsniveau attestieren. Demnach schlafen Knaben weniger, sie setzen sich entfernteren Umweltreizen stärker aus, während Mädchen besonders berührungsempfindlich sind.

Bilden verfolgt die geschlechtsspezifischen Unterschiede bis zur Entstehung des einzelnen Menschen (Ontogenese). Bischof (1980) geht noch weiter, sogar bis zur Entstehung der Art (Phylogenese). Im wesentlichen erörtert er drei Fragen.

1. *Warum stammen wir überhaupt von zwei Eltern ab?* Er zeigt, wie schwerfällig die Fortpflanzung durch zwei Eltern ist. Zwei fremde Individuen müssen sich treffen, feststellen, ob sie von gleicher Art, unterschiedlichem Geschlecht und richtigem Alter sind. Dann »müssen sie noch ihre Motivation synchronisieren, damit die Fortpflanzungsaktivitäten auf die rechte Weise ineinandergreifen« (S. 27). Denkbar wäre eine Fortpflanzung aus nur einem Elternteil. Nicht nur Einzeller können sich durch Teilung vermehren, sondern auch der Mensch: Man denke nur an die eineiigen Zwillinge. Zum Regelfall wurde jedoch die komplizierte Fortpflanzung durch zwei Eltern, da eine Mischung zweier Erbanlagen eine weitaus größere Merkmalsfülle ermöglicht als die (bis auf seltenste Mutationen) identische Reproduktion eines Individuums. Diese Vielfalt ermöglicht es, bei jeder Umweltveränderung (und beim Angriff immer neuer Krankheitserreger) einige adäquat angepaßte Individuen »zur Hand« zu haben, und dient somit der Ausbreitung der übrigen Gene, die ebenfalls mit zur Erbanlage des betreffenden Individuums gehören. Die zum Überleben erforderliche »adaptive Elastizität« (S. 28) wäre ohne die genetische Variabilität nicht denkbar, und dazu bedarf es der Fortpflanzung durch zwei Eltern.

2. *Warum sind beide Eltern verschieden?* Die Zweigestaltigkeit der Geschlechter wird auf die Unterschiedlichkeit von Samen und Eizelle zurückgeführt. Hat man eine bestimmte Menge Keimmaterial zur Verfügung, gibt

es zwei optimale Strategien der Portionierung: Einerseits werden wenige *große* (und somit besonders lebensfähige) Keimzellen produziert, andererseits *zahlreiche* kleine bewegliche (dadurch erhöht sich die Wahrscheinlichkeit, auf eine andere Keimzelle zu treffen). So erfolgte die Selektion der Samenzellen nach Beweglichkeit und der Eizellen nach Vitalität auf Kosten der Beweglichkeit. Daß Samenproduzenten und Eiproduzenten verschiedene Fortpflanzungsorgane haben, erklärt sich aus der »Erfindung der inneren Befruchtung« (S. 31). Diese ist viel sparsamer und sicherer, als das Keimmaterial ins Meerwasser zu entlassen. Da die kleine Samenzelle wesentlich beweglicher ist als die Eizelle, findet die Befruchtung im eizellenproduzierenden Organismus statt. Bischof sieht darin die »folgenschwerste Weichenstellung in der Genese der Geschlechterdifferenzierung« (S. 31).

An dieser Stelle muß der Begriff der »elterlichen Investition« eingeführt werden. Gemeint sind die Zeit, Energie, Gesundheit usw., die, um Nachkommen zu erzeugen und am Leben zu erhalten, investiert werden. Die gleiche Gesamtinvestition kann in großen Portionen auf wenige Nachkommen oder in kleinen auf viele aufgeteilt werden. Die innere Befruchtung bedeutet einen »nicht unterschreitbaren Mindestbetrag an elterlicher Investition« (S. 32) für das weibliche Geschlecht, der weit über dem des männlichen liegt. *Somit wird die Frau von der Natur gezwungen, ihre Investition in großen Portionen zu verteilen, was beim Mann nicht der Fall ist.* Nach der Befruchtung hat das weibliche Individuum keine andere Wahl, als während der gesamten Schwangerschaft weiter zu investieren. Wegen der höheren elterlichen Investition und der insgesamt stark begrenzten Kinderzahl müssen die weiblichen Individuen *viel selektiver* sein als die männlichen. Der Preis für einen Fehler bei der Partnerwahl ist für das weibliche Geschlecht viel höher als für das männliche. Für dieses ist die elterliche Investition nach der Begattung abgeschlossen, es muß nichts austragen, pflegen oder stillen. Darüber hinaus hat es selbst dann keinen wesentlichen Anteil seiner Befruchtungsmöglichkeiten verspielt, wenn aus dieser Begattung keine gesunden Nachkommen hervorgehen. Statt der Konzentration auf eine optimale Auswahl wird beim männlichen Geschlecht der Wettbewerb untereinander gefördert. Da die Weibchen die Kinderzahl rationieren, müssen sich die Männchen »um die knappen Fortpflanzungschancen« (S. 34) prügeln.

3. Wie unterschiedlich sind die Geschlechter beim Menschen? Punkt 2 hat deutlich gemacht, daß die Unterschiedlichkeit des Verhaltens der Geschlechter im Hinblick auf die Partnerwahl auf ungleiche elterliche Investition zurückgeht. Was passiert aber, wenn ein weibliches Individuum alleine physisch nicht in der Lage ist, die Kinder durchzubringen? Dies führt dazu, daß männliche Individuen, die ihre Partnerin verlassen, durch die natürliche Auswahl von der Weitergabe ihrer Anlagen ausgeschlossen werden, da ihre Kinder dann eben nicht durchkommen. In der Folge wird die männliche elterliche Investition in dieselben »großen Portionen hineingezwungen ... wie die weibliche« (S. 37): Allmählich breitet sich die Monogamie aus. Damit geht ein Abbau sowohl der Unterschiedlichkeiten der Körpermerkmale, als auch der Verhaltensmerkmale der Geschlechter einher. Wie stark die Angleichung ist, hängt davon ab, wie lange eine Art monogam lebt. In der Geschichte der Menschheit ist die Monogamie eine Neuentwicklung. In unserem gesamten Verwandtschaftsbereich, bei den höheren Primaten, herrscht Polygamie vor. Neben den anatomischen Änderungen durch den aufrechten Gang haben klimatische Faktoren eine höhere väterliche Investition erforderlich gemacht. Je weiter sich der Mensch von der tropischen

Urheimat Afrikas entfernt hat, desto weniger reichte für die Kinder aus, was die Mütter durch Sammeln besorgen konnten. In den kalten Regionen Europas und Asiens war es unabdingbar, daß die Väter die Verantwortung für den Jagderfolg übernommen haben. Dies führte zu jenen sekundären Anpassungen[1], die wir heute in den Verhaltenstendenzen der Rassen wiederfinden (vgl. Rushton 1990).

> Jedenfalls spricht vieles dafür, daß wir als Art im Übergang von einem polygamen Ausgangsmaterial in eine monogame Zukunftsform begriffen sind (Bischof 1980, S. 38).

Da diese Entwicklung noch nicht abgeschlossen ist, gibt es noch Unterschiede wie etwa in der Körpergröße, -behaarung, Stimmlage usw. Auch die Verhaltensunterschiede sind noch nicht ganz abgebaut, aber es gibt keine so krassen Geschlechtsgegensätze wie bei jenen Primaten, die in einer ausgeprägten Vielweiberei leben.

Nach Buss u. Barnes (1986) sind die wichtigsten Kriterien für die Partnerwahl Hinweise für den Reproduktionserfolg. Je nach Geschlecht zeigen diese sich unterschiedlich. Betrachten wir nun, wie sie sich jeweils darstellen.

Die Vorzüge der Frauen

Es ist schon den Gedanken wert, sich einen Urzustand vorzustellen, in dem die Männer außer der Arterkennung keine weiteren Präferenzkriterien hatten und

---

[1] Gemeint sind evolutionäre Adaptionen, die nicht mehr allen Menschen gemeinsam sind, da sie sich nach dem Verlassen der Urheimat nach den jeweiligen Umweltbedingungen entwickelten.

sich wahllos mit einer beliebigen Frau paarten. Männer, die sich mit Frauen eingelassen hatten, welche altersmäßig außerhalb ihrer reproduktiven Jahre waren, hatten keine Erben hinterlassen. Ähnlich erging es denjenigen, die an schwerkranke oder von Parasiten befallene Frauen gerieten. Im Gegensatz dazu hatten ihre Geschlechtsgenossen, welche Frauen am Gipfel ihrer Fruchtbarkeit »erwischt« hatten, einen wesentlich besseren reproduktiven Erfolg verbuchen können. Über Tausende von Generationen führt dieser ungleiche Erfolg zur Herausbildung eines psychischen Mechanismus, der die Männer dazu bewegt, Frauen mit hoher Fruchtbarkeit zu bevorzugen.

Es gibt drei Sorten von Hinweisen, die etwas über die Reproduktionsfähigkeit und die Fertilität einer Frau aussagen:

- Merkmale der körperlichen Erscheinung,
- Verhaltensmerkmale, die auf ein hohes Energieniveau schließen lassen, und ein
- »guter Ruf«, d.h. Information, die andere über ihre Gesundheit, ihren Zustand, ihr Verhalten, insbesondere ihr Sexualverhalten weitergeben.

Da die Fruchtbarkeit einer Frau nicht unmittelbar sichtbar ist, sind optisch gut wahrnehmbare Merkmale relevant, die damit in enger Beziehung stehen. Zu diesen eng mit ihrem Alter und mit ihrer Gesundheit zusammenhängenden Merkmalen gehören Jugendlichkeit auch in der federnden Bewegungskoordination (»anmutiger Gang«), ein hoher Östrogenspiegel, der sich u.a. in einer glatten, makellos weichen Haut, glänzenden, langen Haaren zeigt und weiße Zähne. Auch die Sanduhrfigur gehört dazu, also ein Taille-zu-Hüften- bzw. Taille-zu-Brust-Verhältnis von je etwa 70 %, das sowohl deutlich macht, daß die Frau noch nicht (fortgeschritten) schwanger ist, als auch, daß sie über jene Fettpolsterung verfügt, die zum lebensnotwendigen Stillen unter den kargen Versorgungsbedingungen unserer Vorfahren unerläßlich war. Da diese Merkmale unter den vorkosmetischen Verhältnissen der afrikanischen Savanne gute Hinweise darstellten, konnten Männer mit entsprechenden Vorlieben dieselben häufiger vererben als ihre Geschlechtsgenossen, die diese Merkmale bei ihrer Partnerwahl nicht berücksichtigten.

Deshalb bevorzugte die natürliche Auslese Männer, die ihr Verhalten von einer Präferenz für jene körperlichen Merkmale (der Schönheit) leiten ließen, die wirksame Hinweise auf Alter und Gesundheit – und damit die reproduktive Fähigkeit – darstellen (Buss u. Barnes 1986, S. 569, übersetzt vom Verfasser).

Im Gegensatz dazu kann die Reproduktionsfähigkeit eines Mannes aufgrund seiner körperlichen Erscheinung nicht so genau beurteilt werden. Da das Alter die männliche Fortpflanzungsfähigkeit weniger einschränkt, bietet eine Präferenz für Merkmale, die vom Alter des Mannes abhängig sind, keinen besonderen Selektionsvorteil.

Was den »guten Ruf« angeht, zeigen die Befunde eine unterschiedliche Bedeutung der Keuschheit bei Frauen und Männern. Männer, die großen Wert auf die Monogamie ihrer Frau legten, konnten einen höheren Reproduktionserfolg erzielen, da die Kinder in der Regel Träger ihrer Anlagen waren. Für den Reproduktionserfolg der Frau spielt der enthaltsame Lebenswandel des Mannes keine Rolle, denn ihre Anlagen finden sich in jedem ihrer Kinder, unabhängig davon, ob der Vater dieser Kinder monogam war.

In einer wirklich groß angelegten Untersuchung an über 10000 Frauen und Männern in 37 Kulturen fand

Buss (1989), daß die Keuschheit des Partners von Männern wesentlich höher bewertet wird als von Frauen. Obwohl die Bedeutung der Keuschheit von Kultur zu Kultur unterschiedlich war – z.b. bewerten sie Chinesen höher als Schweden und Amerikaner – gab es keine Kultur, in der die Frauen mehr Wert auf die Keuschheit ihrer Partner gelegt hätten als umgekehrt.

Insgesamt entwickelten sich bei Männern Mechanismen, die die Wahl einer Partnerin begünstigen, die einerseits mit großer Wahrscheinlichkeit gesunde Kinder gebären kann, andererseits eine möglichst optimale Sicherheit gewährt, daß sie zur Fortpflanzung nur die Anlagen ihres Mannes heranzieht und ihm nicht etwa ein »Kuckucksei« ins Nest legt.

Was Frauen bei Männern mögen

Im letzten Abschnitt haben wir gesehen, wie die Fruchtbarkeit der Frau zum Reproduktionserfolg beiträgt. Bedingt durch die riesige Anzahl an Spermien, die einem Mann auch bis ins hohe Alter zur Verfügung stehen, ist sein Beitrag nicht so stark von den Merkmalen abhängig, die wir bei Frauen besprochen haben. Der Beitrag des Mannes zum Reproduktionserfolg besteht über die Befruchtung hinaus in der Bereitstellung von Schutz und Versorgung für die Frau und ihre Kinder. Wählt die Frau einen Mann, der ihr und ihren Kindern den Zugang zu status- und reichtumsbedingten Quellen ermöglichen kann, bedeutet dies:

unmittelbare materielle Vorteile für die Frau und den Nachwuchs,

- einen deutlichen Reproduktionsvorteil wiederum für den Nachwuchs durch die erworbene soziale und ökonomische Überlegenheit,
- genetische Reproduktionsvorteile für den Nachwuchs, wenn die Eigenschaften, die zu Status und Verdienstkraft führen, erblich mitbedingt sind.

Somit genossen jene Frauen, die Männer mit Eigenschaften bevorzugten, die eine starke Verdienstkraft ermöglichten, einen Selektionsvorteil.

Nun kommt es beim Menschen häufig in einem Alter zur Paarbildung, in dem der Mann sein volles Vermögen noch gar nicht erarbeiten konnte. Deshalb braucht die Frau möglichst zuverlässige Hinweise, die darauf schließen lassen, was ein bestimmter Mann in der Zukunft »leisten« kann. Zwei wohlbekannte Voraussagekriterien dafür sind Ambition und Intelligenz. Als evolutionäre Anpassung führt dies dazu, daß Frauen die beiden Eigenschaften bei ihren Partnern bevorzugen. In der bereits erwähnten Studie fand Buss (1989), daß – mit Ausnahme der Zulus – in allen 37 untersuchten Kulturen die Frauen die Verdienstkraft ihrer Partner als Auswahlkriterium deutlich wichtiger fanden als die Männer. Darüber hinaus legen Frauen in 30 Kulturen einen wesentlich höheren Wert darauf, daß ihr Partner ambitioniert ist als umgekehrt. Auch die Intelligenz des Partners war eine sehr begehrte Eigenschaft in allen 37 Gruppen.

Allerdings besagt die Fähigkeit, sich ein gewisses Vermögen zu schaffen, nichts darüber, ob der betreffende Mann bereit ist, dieses mit einer bestimmten Frau und ihren Kindern zu teilen. Emotionales Engagement – also der Ausdruck der liebevollen Fürsorglichkeit – könnte ein zuverlässiger Hinweis für die entsprechende Bereitschaft des Mannes sein. Als überdauernde Persönlichkeitseigenschaft spricht dieses Engagement dafür, daß der Betref-

fende vor den Belastungen der Vaterschaft nicht davon-
läuft, sondern sich engagiert einsetzt.

Auch diese Eigenschaft wurde in allen 37 Kulturen
hoch präferiert.

Gesund ist schön

Die Angehörigen einer Art, die von Krankheitserregern befallen werden kann, entwickeln eine evolutionäre
Anpassung, um Partner mit körperlichen Merkmalen zu
bevorzugen, die mit einem Widerstand gegen die Erreger
zusammenhängen. Merkmale, die eine solche Widerstandsfähigkeit verraten, werden subjektiv als körperlich
anziehend wahrgenommen. Diese Attraktivität des Partners wird um so wichtiger, je größer die Verbreitung
gefährlicher Krankheitserreger ist, wie Gangestad u. Buss
(1993) in ihrer Untersuchung in 29 Kulturen gefunden
haben. Da die widerstandsfähigen »guten Gene« nicht
sichtbar sind, müssen die Partner eine Art »ehrliche Werbung« betreiben. Dabei kann z.B. die Selbstbehinderung
als Werbemittel eingesetzt werden.

Der große, farbenprächtige Schwanz des Pfaus hat keinen
unmittelbaren Vorteil für seinen Träger. Im Gegenteil, er
macht ihn wesentlich weniger manövrierfähig und Räubern
von weitem sichtbar. Was er der Partnerin verrät, ist, daß
es sich um einen Pfau mit vorzüglichen Fähigkeiten handelt, der trotz dieser Behinderung sein Dasein im Griff hat.

Die gleiche Wirkung hat es, wenn ein Individuum
mit einer Behinderung seines Immunsystems selbst fertig
wird und dies durch sichtbare körperliche Merkmale
kundtut. In ihrer Untersuchung fanden Gangestad u.
Buss, daß sich Gesichtsmerkmale eignen, um Individuen,
die von Krankheitserregern befallen sind, von nichtbefal-

lenen zu unterscheiden. Zwei Merkmale, die bei Männern in den meisten Kulturen als attraktiv gelten, sind breite Backenknochen und ein ausgeprägtes Kinn. Diese Merkmale entwickeln sich nach der Pubertät, wenn die Testosteronproduktion ausreichend hoch ist. Testosteron ist nun ein starker Immununterdrücker. Demzufolge haben nur Männer diese Gesichtsmerkmale, deren Widerstandsfähigkeit besonders stark entwickelt ist, so daß sie diese Schwächung ihres Immunsystems überleben. Andere Individuen mit einem von Haus aus schwächeren Immunsystem, können sich eine solche Immunbehinderung nicht leisten, da sie damit leichter den Krankheitserregern zum Opfer fallen. Die Tatsache, daß auch andere Merkmale der Attraktivität (z.B. lange Haare und glatte Haut bei Frauen) mit der Immununterdrückung in Zusammenhang stehen, paßt gut zur evolutionären Adaptation der Werbung »guter Gene«.

Buhlen: Wettbewerb um die Gunst der/des Auserwählten

Insgesamt läßt die evolutionspsychologische Annahme erwarten, daß Frauen eher mit Attraktivitätsmerkmalen werben und bei Männern nach Status und Verdienstkraft Ausschau halten, während Männer genau umgekehrt mit Status und Verdienstkraft werben und Attraktivität suchen. Buss u. Barnes (1986) testeten diese Annahme sowohl an freien Aufzählungen als auch an Präferenzurteilen von Männern und Frauen und fanden eine überwältigende Bestätigung für ihre Voraussage. Auch die Inhaltsanalyse von Bekanntschaftsanzeigen im Kap. 6 spricht für diese These.

Elder (1969) fand, daß man den Berufsstatus eines Mannes, welchen eine Frau heiratet, aufgrund ihrer körperlichen Attraktivität besser vorhersagen kann als aufgrund anderer Merkmale der Frau wie Status, Intelligenz oder Bildungsstand.

Alle besprochenen Hinweise für den reproduktiven Erfolg, die Frauen und Männer zeigen, können manipulativ beschönigt werden. Eine solche Täuschung kann dann erwartet werden, wenn den Betreffenden dadurch ein Reproduktionsvorteil winkt. Aufgrund der Tatsache, daß die beiden Geschlechter beim Partner unterschiedliche Merkmale hoch schätzen, ist eine geschlechtsspezifische Vorhersage von Täuschungen möglich.

Da dem Mann die reproduktive Fähigkeit wichtig ist und die Tatsache, daß er nicht etwa in Nachkommen eines fremden Mannes investiert, ist anzunehmen, daß Frauen ihr Alter »nach unten abrunden«, ihr Aussehen entsprechend aufbessern und ihre früheren sexuellen Begegnungen verschweigen.

Frauen schätzen die Fähigkeit und die Bereitschaft des Mannes, sie und ihre Kinder zu versorgen, sie zu beschützen und sich für die Beziehung und die Familie auch emotional zu engagieren. Deshalb kann man erwarten, daß Männer mit ihrem materiellen Vermögen prahlen, ihre Bereitschaft, sich festzulegen, aufbauschen und Liebe vortäuschen, um eine Frau »herumzukriegen«.

Die Präferenz des einen Geschlechts beeinflußt damit auch den Wettbewerb zwischen den Mitgliedern des anderen Geschlechts, sowohl was die Taktiken angeht, potentielle Partner anzuziehen, als auch jene, sie danach erfolgreich zu behalten.

Es ist zu erwarten, daß der innergeschlechtliche Wettbewerb der Männer darin besteht, die Konkurrenten durch Hinweise auf ihren materiellen Status zu übertreffen. Der entsprechende Wettbewerb unter Frauen könnte darin bestehen, daß sie sich gegenseitig zu überbieten versuchen, die für Männer wichtigen Merkmale ihrer reproduktiven Fähigkeit zur Schau zu stellen.

Buss (1988) überprüfte diese These, indem er Frauen und Männer bat, fünf Handlungen aufzuschreiben, die ihre Bekannten einsetzen, um für Mitglieder des anderen Geschlechts begehrenswerter zu erscheinen. Männern sind Verhaltensweisen zugeschrieben worden, die mit Ressourcen angeben: »Er beeindruckt sie, indem er sie in ein exklusives Lokal einlädt«, »Er holt sie in einem teuren Wagen ab«, »Er erzählt, wie wichtig er an seinem Arbeitsplatz ist«.

Frauen wenden – wesentlich häufiger als Männer – Taktiken an, die geeignet sind, ihr Aussehen aufzubessern: »Sie schminkt sich«, »Sie geht ins Sonnenstudio«, »Sie macht eine Diät«, »Sie zieht sich auffallend an«.

Was die langfristige Beziehungsstrategie angeht, muß der eroberte Partner behalten und der in Aussicht gestellte Reproduktionserfolg eingelöst werden. Eine wirksame Strategie, eine Frau zu behalten, besteht darin, ihre ursprüngliche Präferenz für die Fähigkeit und die Bereitschaft, Ressourcen bereitzustellen, zu erfüllen. Ein Mann, der darin versagt, läuft Gefahr, seine Partnerin an einen erfolgreicheren Nebenbuhler zu verlieren. Ebenso ergeht es einer Frau, die die Erwartung ihres Partners auf ihre gute reproduktive Fähigkeit nicht erfüllt. Interessant in diesem Zusammenhang ist eine historische Übersicht (Betzig 1989), die zeigt, daß ein Nichteinlösen des »Bereitstellungsversprechens« durch den Mann bzw. des »Reproduktionsversprechens« durch Fremdgehen der Frau jeweils als Scheidungsgrund galt. Stellte die Frau keine Ressourcen bereit oder ging der Mann fremd, so sahen die untersuchten Kulturen darin keinen Grund zur Scheidung.

In der zweiten Variante seiner Erhebung fragte Buss (1988) nach Verhaltensweisen, die eingesetzt werden, um die bestehenden Partner langfristig zu behalten. Auch hier setzen Männer die Taktik, Ressourcen zur Schau zu stellen häufiger als Frauen ein:»Er gibt viel Geld für sie aus«,»Er schenkt ihr teuren Schmuck«. Außerdem setzen Männer Drohungen gegen Gleichgeschlechtliche ein:»Er droht, den Typ zusammenzuschlagen, der sie anmacht« und grenzen ihre Partnerin beschützend ab:»Er führt sie von einer Gruppe weg, in der auch Männer anwesend sind«.

Bei Frauen wurden zwei Behaltensstrategien deutlich häufiger gefunden als bei Männern, und zwar die Verbesserung des Aussehens (»Sie macht sich extra hübsch für ihn, um sein Interesse zu erhalten«) und die Androhung des Fremdgehens (»Sie zeigt Interesse an anderen Männern, um ihn zu ärgern«,»Auf einer Party unterhält sie sich mit einem anderen Mann, um ihn eifersüchtig zu machen«). Diese zweite Strategie ist insbesondere im Hinblick auf die Aussage der Evolutionspsychologie beachtenswert, nach der Eifersucht eine Adaptation des Mannes ist, um ihn zu einem Verhalten zu bewegen, das die Wahrscheinlichkeit der eigenen Vaterschaft erhöht. Frauen manipulieren den Eifersuchtsmechanismus der Männer, um ihren Partner zu behalten.

Eifersucht bei Frau und Mann: Der kleine Unterschied[2]

»Eifersucht ist eine Leidenschaft, die mit Eifer sucht, was Leiden schafft«.

Über das Ausmaß des Leidens informieren uns die Akten der Polizei und der Psychiatrie, aus denen hervorgeht, daß das häufigste Motiv für den Mord am Ehepartner Eifersucht ist (Daly u. Wilson 1988). Dabei geht es um die Eifersucht des Mannes und zwar unabhängig davon, welcher Partner dem Mord letztendlich zum Opfer fällt. Der Auslöser ist, daß der Mann erfährt oder vermutet, daß seine Frau untreu ist oder vorhat, ihn zu verlassen.

Wenn ein Mann seine Frau nach deren nachgewiesenen Ehebruch tötet, sieht darin die anglo-amerikanische Gesetzestradition die »Handlung eines vernünftigen Menschen« (Edwards 1954), die strafmildernd berücksichtigt werden soll, denn »eine größere Provokation ist nicht denkbar«. Entsprechend galt die Tötung einer untreuen Ehefrau durch deren Mann in einer Reihe von Staaten der USA gar nicht als Straftat. Obwohl die Gesetze in den 70er Jahren geändert wurden, bleibt die Tat in vielen Fällen weiterhin ungeahndet (Wilson u. Daly 1992). Auch die Rechtstraditionen vieler anderer Völker sind ähnlicher Auffassung. Wie konnte sich diese unterschiedliche Bewertung der Untreue von Frau und Mann in so weit entfernten Kulturen wie denen der Afrikaner und Indianer, Araber und Melanesier gleichmäßig entwickeln?

Gehen wir zurück in die Savanne und betrachten wir eine Gruppe, die dort lebt. Viele ihrer Mitglieder sind

---

[2] Margo Wilson und Martin Daly danke ich für ihre Anregung zu diesem Unterkapitel.

blutsverwandt, und das heißt auch, daß sie durch zahlreiche gemeinsame Gene miteinander verbunden sind. Das bedeutet, daß Verwandte in der Regel auch viele gemeinsame Eigenschaften haben. Gehört zu diesen Eigenschaften z.b. die Bereitschaft, die eigenen Verwandten zu unterstützen, so können mehr Menschen überleben als in Familien, in denen es keine solche Unterstützung gibt. Wenn Geschwister, Eltern und Kinder oder auch Cousin und Cousine sich gegenseitig helfen, fördern sie auch die Verbreitung ihrer gemeinsamen Anlagen. Die Vetternwirtschaft bietet also einen enormen Vorteil, weshalb die Unterstützung zwischen Blutsverwandten sich im Laufe der Evolution zu einer allgemein menschlichen Eigenschaft entwickelt hat. Auch die Vergebung und Versöhnung zwischen Blutsverwandten nach gegenseitigen Verletzungen und Kränkungen ist leichter als zwischen nicht verwandten Menschen.

Gegenüber diesen Bindungen sind diejenigen in der Ehe wesentlich dünner. Das genetische Schicksal des Paares ist nicht dadurch verknüpft, daß sie die gleichen Gene haben, sondern, daß beide ihre Gene mit ihrem gemeinsamen Nachwuchs teilen. Dieser Nachwuchs macht die Verbreitung der Gene beider Eltern möglich. Allerdings wirkt sich die Untreue des Mannes und der Frau auf das genetische Schicksal ihres Partners unterschiedlich aus. Während die Frau stets sicher sein kann, daß das Kind, das sie gebärt, ihre Anlagen trägt, läuft der Mann Gefahr, daß das Kind, das seine Frau gebärt, Anlagenträger eines Rivalen ist. Wenn der Mann seine väterliche Fürsorge trotzdem in das »fremde« Kind investiert, werden seine eigenen Gene nicht weitervererbt; sie sind vom Aussterben bedroht. So führt die Untreue der Frau dazu, daß nur noch ihre Gene vererbt werden, und zwar auf Kosten des Überlebens der Gene ihres gehörnten Ehemannes. Diese Gefahr droht der Frau beim Ehebruch des Mannes nicht.

Er kann sie nicht um das Überleben ihrer Anlagen bringen: Ihr kann man kein Kuckucksei ins Nest setzen, ohne daß sie das merkt[3].

Da die Untreue der Frau für das genetische Überleben ihres Mannes lebensbedrohlich ist, stellt dieser Tatbestand einen wichtigen Grund für die Evolution dar, als Anpassung eine wirksame Vorbeugestrategie zu entwickeln.

In jeder Art, in der die väterliche Investition in die Nachkommen über die Befruchtung hinausgeht, belegt das männliche Individuum deshalb das weibliche mit einem Ausschließlichkeitsanspruch, da der väterliche Investor ein starkes Interesse hat, seine Nachkommen richtig zu erkennen, damit er etwaige väterliche Fehlinvestitionen vermeiden kann. Beim Menschen sind die väterlichen Beiträge vielfach sehr umfangreich, was Zeit, Mühe und Ressourcen über Jahrzehnte hinaus angeht. So ist es eine große Bedrohung für einen Mann, wenn seine Partnerin von einem Rivalen schwanger wird, besonders, wenn der Gehörnte diese Tatsache nicht erkennt und in das Kind so investiert, als wäre es sein eigenes.

Auch für die Frau ist das Fremdgehen des Mannes eine Bedrohung, denn er könnte einen Teil seiner Ressourcen einer anderen Frau und deren Kindern zukommen lassen. Das, was übrigbleibt, könnte zu wenig sein, um die eigenen Kinder der Frau optimal zu versorgen.

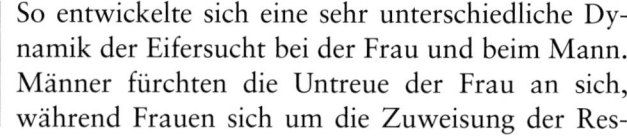

So entwickelte sich eine sehr unterschiedliche Dynamik der Eifersucht bei der Frau und beim Mann. Männer fürchten die Untreue der Frau an sich, während Frauen sich um die Zuweisung der Res-

---

3 Selbst die moderne Technik, ein befruchtetes Ei einzupflanzen, kann nicht hinter dem Rücken der Betreffenden durchgeführt werden.

sourcen und des emotionalen Engagements ihrer Partner sorgen.

Die Vielfalt an Praktiken, die in den unterschiedlichen Kulturen angetroffen werden, zeigen eine universal menschentypische Bemühung des Mannes, von der Sexualität und der reproduktiven Fähigkeit der Frau Besitz zu ergreifen. Evolutionspsychologisch entstanden diese Strategien durch die natürliche Selektion einer männlichen Psyche, die seine Rivalen am wirksamsten ausgrenzen konnte, indem sie die sexuelle und die reproduktive Autonomie der Frau beschränkte.

Das fängt schon an mit der deutlichen Kennzeichnung jener Frauen, die bereits »vergeben« sind: Low (1979) zeigt, daß Frauen weltweit ihren verheirateten Status viel deutlicher zur Schau stellen müssen als Männer, sei es durch Eheringe, durch unterschiedliche Kopftücher und Kleidung oder durch die Anrede »Frau« statt »Fräulein« (im Gegensatz zum einheitlichen »Herr«) und den Familiennamen ihres Ehemannes.

Frauen unterlagen – und unterliegen noch – vielfachen Einschränkungen ihrer Bewegungsfreiheit. So wird man in islamischen Großstädten – wie z.B. Tiaret – das Geschlecht einer nach 19 Uhr auf der Straße nahenden Gestalt mit über 99 %iger Wahrscheinlichkeit richtig erraten, wenn man auf *männlich* tippt[4].

Noch bis 1973 war es das Recht eines jeden Engländers, seine Ehefrau gegen ihren Willen durch geeignete Maßnahmen zurückzuhalten, falls sie vorhatte, sich mit einem anderen Mann einzulassen (Edwards 1981).

---

[4] Daß dabei die reproduktive Funktion geschützt werden soll, sieht man daran, daß Mädchen vor der Pubertät sowie Frauen nach der Menopause eine wesentlich größere Freiheit genießen.

Nach diesen negativ anmutenden Auswirkungen der Eifersucht sei abschließend ein Aspekt erwähnt, der deutlich macht, daß dieses Gefühl auch positive Folgen haben kann: Eine Frau macht ihren Mann eifersüchtig, damit er seine Bemühung um sie intensiviert. Reagiert der Betreffende *nicht* mit Eifersucht, wird das keinesfalls als Beweis seiner »echten« Liebe gesehen, sondern als Mangel an Interesse.

Traum- und Realpartner: Ein Vergleich der Wünsche von Frauen und Männern

In einer Untersuchung an 144 Frauen und Männern haben wir herauszufinden versucht, inwieweit sich die Unterschiedlichkeit der Kriterien von Frauen und Männern, die für die Wahl eines Partners bedeutsam sind, verallgemeinern lassen. Dabei wurden drei Aspekte erfaßt:

Wählen Frauen und Männer einen Traumpartner nach denselben Kriterien wie ihren realen Partner?

Wird der Partner für eine ausschließlich erotische Beziehung (»schöne Stunden«) ähnlich ausgewählt wie der Partner fürs Leben und zur Verwirklichung des Kinderwunsches?

Wählen Frauen und Männer zwischen 45 und 55 Jahren, die ihre reproduktiven Wünsche größtenteils schon erfüllt haben, nach vergleichbaren Gesichtspunkten, wie ihre jüngeren Geschlechtsgenossen zwischen 25 und 35?

Alle Befragten in den beiden Altersgruppen lebten zum Zeitpunkt der Untersuchung in einer Dauerbeziehung. Der erste Abschnitt der Erhebung sollte diejenigen

Merkmale und Eigenschaften in Erfahrung bringen, die bei einem potentiellen Partner Beachtung finden. Die Hälfte der Teilnehmer wurde nach den entscheidenden Kriterien bei der Wahl eines Traumpartners gefragt, während die zweite Hälfte diese Frage in Bezug auf den realen Partner beantwortete. Ihre jeweiligen Anweisungen lauteten:

Gruppe 1: »Stellen Sie sich vor, Sie verlieben sich in Ihren Traummann / in Ihre Traumfrau. Welche Merkmale und Eigenschaften beachten Sie besonders?«

Gruppe 2: »Versetzen Sie sich in die Zeit zurück, in der Sie sich in Ihren Partner verliebt haben. Welche Merkmale und Eigenschaften haben Sie besonders beachtet?«

Die genannten Kriterien wurden den in Tabelle 1 aufgeführten 6 Kategorien zugeordnet.

Ein Hinweis darauf, daß Frauen wählerischer bei der Partnerwahl als Männer sind, ergibt sich aus dem Ergebnis, daß sie deutlich mehr Auswahlkriterien aufzählten als die Männer.

Insgesamt erwiesen sich die beiden Kategorien *Körpermerkmale und Ausdruck* (z.B. Figur, Brüste, Po, Haare, Bewegung, Lachen) und *emotionales Engagement* (z.B. liebevoll, einfühlsam, geduldig, ausgeglichen, fröhlich) bei Frauen und Männern als die wichtigsten.

Männer legen dabei erheblich mehr Wert auf *Körpermerkmale*. 50 % der Kriterien junger Männer für die Wahl ihres Partners entfielen auf diese Kategorie. Dem stehen nur 31 % bei den jungen Frauen gegenüber. Am

Tabelle 1. Prozentuale Verteilung der Merkmale und Eigenschaften, auf die Frauen und Männer in den Altersgruppen 25–35 Jahre (junge) bzw. 45–55 Jahre (ältere) bei ihren Real- und Traumpartnern achten.

Kategorie	1	2	3	4	5	6
Junge Männer zum Realpartner	50	15	21	12	1	1
Junge Frauen zum Realpartner	31	38	10	14	6	1
Junge Männer zum Traumpartner	45	18	18	13	4	2
Junge Frauen zum Traumpartner	30	24	18	12	7	9
Ältere Männer zum Realpartner	30	20	21	18	3	8
Ältere Frauen zum Realpartner	24	31	18	18	8	1
Ältere Männer zum Traumpartner	53	26	6	10	2	3
Ältere Frauen zum Traumpartner	28	30	20	12	4	6
Gesamtvergleiche						
Männer	45	20	16	13	3	3
Frauen	30	31	16	13	6	4
Jüngere	37	24	17	13	5	4
Ältere	35	27	16	14	4	4
Realität	33	27	17	15	5	3
Traum	38	25	15	12	5	5

1 Körpermerkmale, Ausdruck; 2 emotionales Engagement; 3 Kommunikationsfähigkeit; 4 Status, Intellekt; 5 Interessen; 6 Styling.

wichtigsten für die Männer ist, daß die Frau gut aussieht, was an ihren weiblichen Formen, ihren Haaren und ihren Augen festgemacht wird. Frauen legen beim Körper des Partners ihr Hauptaugenmerk auf seine Statur und seine Größe. Während die Augen, das Lächeln und die Stimme für beide Geschlechter eine gleich wichtige Rolle spielen, beachten die Männer Figurmerkmale, Gang und Haare sehr viel häufiger als die Frauen. Was das *emotionale Engagement* angeht, so ist das Bedeutsamkeitsverhältnis für die beiden Geschlechter gerade umgekehrt. Bezogen auf ihren realen Partner entfallen 38 % der von jungen Frauen genannten Kriterien auf diese Kategorie im Vergleich zu 15 % bei den jungen Männern. Humor, Offenheit und Sensibilität sind geschätzte Eigenschaften, aber die Frauen finden es auch sehr wichtig, daß ihr Mann ehrlich und zuverlässig, einfühlsam und liebevoll ist.

Ein Blick auf die Gesamtvergleiche im unteren Teil von Tabelle 1 zeigt, daß ansonsten keine wesentlichen Unterschiede in den Partnerwahlkriterien von Frauen und Männern bestehen. Auch der Vergleich der beiden Altersgruppen verrät, daß die Gewichtung der einzelnen Aspekte vom Alter unabhängig ist.

Stellt man die Kriterien für die Wahl eines Traumpartners denen gegenüber, die für die Wahl des realen Partners bedeutsam waren, fällt auch hier eine große Übereinstimmung auf.

Nachdem die Befragten die ihnen wichtigen Merkmale und Eigenschaften aufgezählt hatten, füllten sie einen Fragebogen in einer der folgenden drei Versionen aus:

▬ zu ihrem realen Partner,
▬ zum Traumpartner fürs Leben und
▬ zum Traumpartner für »schöne Stunden«.

Die ersten 96 von insgesamt 160 Fragen erfassen, welche Ausprägung der Partner in seinen Persönlichkeitseigenschaften haben soll (z.B. wo sein Ort auf der »Eigenständig-schutzbedürftig«- oder auf der »Verschwenderisch-sparsam«-Skala liegt). Die übrigen Fragen bezogen sich auf einzelne Gesichts- und Körpermerkmale (z.B. Augen: hell – dunkel, Haare: hell – dunkel, Po: klein – groß, Brustumfang: klein – groß, Geruch: berauschend – ernüchternd). Damit sollte geprüft werden, wie weit die Kriterien der Partnerwahl als allgemein gültig angesehen werden können.

Die unterschiedlichen Merkmale, die Frauen und Männer bei der Beurteilung eines potentiellen Partners beachten, erwiesen sich über relativ große Altersspannen (25–55 Jahre) und über unterschiedliche Situationen (Realpartner, Traumpartner für schöne Stunden, Traumpartner fürs Leben) als gleich. Die unterschiedlichen Sichtweisen der befragten Frauen und Männer bestätigen die Erwartungen:

Frauen bevorzugen Männer, die kräftig, männlich, durchsetzungsfähig, selbständig, fleißig, gewissenhaft, hilfsbereit, familienbezogen und kinderlieb sind. Was den Körper betrifft, sollte der Mann einen großen, muskulösen Körper, breite Schultern, ein schmales Becken, hohe Wangenknochen, eine lange Nase und eine tiefe Stimme haben.

Männer bevorzugen den Ergebnissen des Fragebogens zufolge Frauen, die hübsch, weiblich, jung, heiter und modebewußt sind. Sie sollten glatte Haut und lange – nach Meinung der Mehrheit der Befragten – helle Haare haben. Falten um die Augen sind ebenso unerwünscht wie eine ausgeprägte Körperbehaarung. Daß die am Anfang des Kapitels beschriebene »Sanduhrfigur« geschätzt ist, wird bestätigt: Ein großer Po und ein entsprechender Brustumfang sind durchaus beliebt, ebenso eine schmale Taille.

Diese Gegenüberstellung der Geschlechter in beiden Versuchsteilen macht deutlich, daß Männer sehr viel stärker auf das Aussehen bezogen sind, und zwar genau auf jene Merkmale, die im engen Zusammenhang mit der Fruchtbarkeit der Frau stehen. Deshalb richten Männer ihr Augenmerk auf die Figur-, Haut- und Haarattribute ihrer Auserwählten.

Für Frauen spielt das soziale Verhalten des Mannes, speziell die für seine Befähigung als guter Ernährer wichtigen Aspekte die entscheidende Rolle. Hierzu zählen die soziale Dominanz, die Beziehungsfähigkeit und das emotionale Engagement des Mannes.

Insgesamt zeigt sich, daß sich die unterschiedlichen Kriterien von Frauen und Männern für die Bewertung eines Partners über große Altersbereiche und über unterschiedliche Situationen sehr gut verallgemeinern lassen.

4 Gleich und gleich gesellt sich gern

Ein Versuch zur Vorhersage der Sympathie

Als Menschen widmen wir alle einen großen Teil unseres Lebens der Sympathie und der Liebe – diese Gefühle zu entdecken, durch sie zu leiden und bisweilen mit ihnen glücklich zu sein. Daß sie nun zum Gegenstand wissenschaftlicher Forschung gemacht werden, mag den Leser trotzdem überraschen. Bis vor zwei Jahrzehnten gab es auch kaum systematische Untersuchungen über die zwischenmenschliche Anziehungskraft. Über die Entstehungsmechanismen chemischer Verbindungen wußten wir viel besser Bescheid als über jene der menschlichen.

Doch werfen wir zunächst einen Blick in den römischen Liebesratgeber, Ovids *Ars amatoria,* und betrachten wir seine Hinweise für die Entstehung, ja die bewußte Herbeiführung von Sympathie:

> Jetzt schick' ich mich an, dir zu sagen, durch welcherlei Künste du die Erkorene fängst (S. 25).

Ovids Empfehlung für die erfolgversprechendste Grundhaltung erinnert an den Kerngedanken der mentalen Konditionierung in der modernen Verhaltenstherapie:

> Fasse zuerst im Geist das Vertrauen, du könnest sie alle fangen; dann fängst du sie auch, wenn du die Falle nur stellst (S. 25).

Als vorbereitende Werbetechnik empfiehlt er den Einsatz eines Meinungsführers (vgl. Katz u. Lazarsfeld 1965):

> Doch erst sorge dafür, daß der Magd des zu ködernden Mädchens
> du dich vertraust. Sie macht leichter zur Herrin den Weg.
> Wähle dir sie, die im Rat der Gebieterin stehet am höchsten (S. 31).

Der »Frühexperimentalpsychologe« Ovid betrachtet Sympathie als ein Konzept, das von mehreren Faktoren abhängt. Er äußert sich zu etlichen Variablen, die von den »Liebeskünstlern« beeinflußt werden sollten und gibt deren wirksamste Ausprägungen an. Er beginnt beim Styling und gibt detaillierte Hinweise zur Optimierung des Aussehens:

Reinlich sei – so gefällt er – der Leib, doch gebräunt von dem Marsfeld;
frei von Flecken und gut passend das Obergewand.
Sei nicht die Zunge belegt, noch die Zähne bezogen mit Zahnstein;
schlottre der lockere Fuß nicht im vertretenen Schuh.
Sei nicht struppig das Haar und nicht entstellend geschoren,
laß mit Geschick dir stets Haare verschneiden und Bart.
Dulde nicht Schmutz an den Nägeln und laß' zu lang sie nicht wachsen.
Niemals starr' ein Haar dir aus der Nase hervor.
Daß mit widrigem Hauch nicht dufte der Atem des Mundes (S. 43).

Zu einem Zeitpunkt, zu dem noch keine Berührungen ausgetauscht werden, plädiert er bezüglich des Kommunikationsverhaltens für den Einsatz von angeborenen Auslösemechanismen:

Nächte mit Sorgen durchwacht, sie zehren am Leibe des Jünglings;
Kummer und Schmerz, wie ihn stets innige Liebe gebiert.
Daß dein Sehnen dir werde gestillt, errege du Mitleid,
daß, wer immer dich sieht, müsse gestehen: »Er liebt!«
(S. 59).
Tränen auch sind von Gewinn; Diamanten erweichst du durch Tränen.
Zeig' ihr, wenn du es kannst, Wimpern und Wangen benetzt (S. 53).

Er rät auch zu »zufälligen« Berührungen oder zum zärtlichen »Fußeln« bei einer Mahlzeit:

> Zupf mit dem Finger ihr Kleid; stoß mit dem Fuß an den Fuß (S. 49).

Einen wichtigen Wirkfaktor der entstehenden Sympathie sieht Ovid in den situativen Bedingungen. Er meint, eine besonders leidenschaftliche Einstellung des Partners könnte während eines gemeinsamen Besuchs von aufregenden Gladiatorspielen erreicht werden:

> Solche Gelegenheit bietet der beginnenden Liebe der Zirkus oder des gaffenden Markts grausenverkündender Sand (S. 17).
> Sehet dem Kampfspiel zu, wo der Sand sich vom rauchenden Blut färbt,
> seht, wie das glühende Rad hastig sich schwenkt um das Ziel (S. 141).

Einen auch im modernen Sinne experimentellen Beleg für die letzte Annahme finden wir bei Dutton u. Aron (1974). Eine attraktive Interviewerin führte eine Befragung einzelner männlicher Spaziergänger unter zwei Bedingungen durch. Die eine war emotional aufregend, die andere neutral:

- Die als aufregend angesehene Bedingung war auf der Capilano-Canyon-Hängebrücke in British Columbia. Diese ist eine 1,5 m breite und 137 m lange, leicht schwingende Hängebrücke 70 m oberhalb des felsigen Flusses.
- Die zweite Brücke, die als Vergleichsbedingung für die erste diente, war 700 m entfernt, fest gebaut und nur 3 m oberhalb eines friedlichen Nebenarms desselben Flusses.

Die befragten Männer sollten eine kurze Phantasie-geschichte zu einem Bild erzählen. Das Bild stellt eine junge Frau dar, die sich das Gesicht mit einer Hand verdeckt und die andere ausstreckt. Dabei interessierten sich die Forscher für zwei Verhaltensmaße:

- Anzahl und Intensität der sexuellen Andeutungen in den Geschichten, und
- Anzahl der Befragten, die die attraktive Interviewerin um ihre Telefonnummer baten.

Unter der aufregenden Bedingung sprachen die Männer wesentlich mehr sexuelle Inhalte an. Auf das Angebot der Interviewerin, sich mit ihr zu einem späteren Zeitpunkt zu treffen, um das Experiment genauer erklärt zu bekommen, griffen deutlich mehr Männer unter der aufregenden als unter der neutralen Bedingung zurück.

Setzte man einen männlichen Interviewer ein, so ergab sich kein Unterschied im Verhalten der beiden Gruppen.

Eine Erklärung für dieses Phänomen bietet die Zweifaktorentheorie der Emotion von Schachter u. Singer (1962): Die durch die Situation Kampf/Blut/Sterben ausgelöste körperliche Erregung wird wahrgenommen, aber fälschlicherweise auf den neuen Partner zurückgeführt. (»Wenn mir durch diesen Menschen die Knie erzittern, mein Herz erbebt und meine Hände so feucht werden, dann muß ich ihn doch sympathisch finden!«)

Zweifelsohne gibt es noch andere Faktoren der Sympathieentstehung als die geschilderten Auswirkungen der situativen Bedingungen bei Ovid. Welcher Erklärungsansatz wessen Herz höher schlagen läßt, ist ganz sicher wieder eine Frage individueller Sympathiezuweisung.

Was macht jemanden sympathisch?

Sternberg (1986) zeigt in seiner Dreieckstheorie der Liebe, daß die Anwendbarkeit eines multifaktoriellen Sympathiekonzepts weit über den Rahmen heterosexueller Beziehungen hinaus möglich ist. Bei Ovid schien das Konzept der Sympathie eine leicht sexuelle Färbung zu haben. Was macht aber den Liebesbegriff aus in »Heimatliebe« und »Elternliebe«, »Lieben Sie Brahms?« und »Lieben Sie Leder?«[1]

Warum lebt eine Liebe lang, und warum schwindet eine andere so schnell dahin? Sternbergs Artikel befaßt sich sowohl mit der Phänomenologie der Liebe als auch mit unterschiedlichen Beziehungsarten. Sein Modell ist ein Dreieck, dessen Spitzen für die Komponenten »Vertrautheit«, »Verlangen« und »Verbindlichkeit« stehen (Abb. 2). Die primär gefühlsmäßige Komponente »Vertrautheit« bezieht sich auf Nähe, Wärme und Geborgenheit in einer liebenden Beziehung. Zur motivationalen Komponente »Verlangen« gehören physische Attraktivität und psychosexuelle Befriedigung. Die dritte, am ehesten der bewußten Kontrolle unterliegende kopfmäßige Komponente behandelt die Entscheidung für jemanden, den wir lieben, und langfristig die Verbindlichkeit, mit der wir uns für diese Liebe einsetzen.

Die gefühlsmäßige Komponente wird als »warm«, die motivationale als »heiß« und die vom Kopf als »kalt« beschrieben. Während die Vertrautheit erst über die Zeit wachsen kann, ist die motivationale Komponente besonders am Anfang einer potentiellen Sympathie von großer Bedeutung.

---

[1] Werbeslogan der Firma Walter, eines Ateliers der Fetisch-Szene in München.

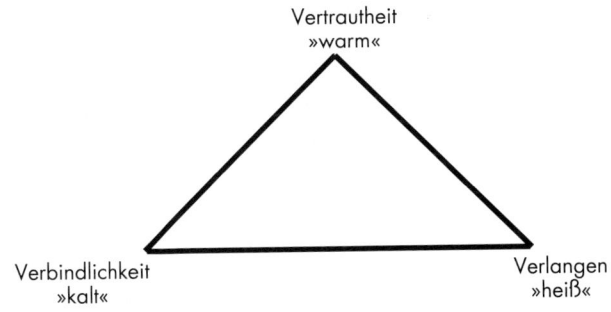

Vertrautheit
»warm«

Verbindlichkeit
»kalt«

Verlangen
»heiß«

Abb. 2. Sternbergs Dreiecksmodell der Liebe.

Das Modell legt nahe, daß auch den »vom Kopf kommenden« Aspekten eine gewisse Bedeutung zukommt. Wie gut eine »potentielle Sympathie« sich aufgrund dieser Aspekte voraussagen läßt, sollte die folgende Untersuchung klären.
Die Untersuchung umfaßte vier Schritte.

Im ersten wurden Hinweise erhoben, die die Befragten für die Sympathiebeurteilung für relevant hielten. Die Auswertung erfolgte nach drei Faktoren: nach dem Geschlecht des Beurteilers, des Beurteilten und nach der Aufteilung der Sympathiekriterien in unmittelbar wahrnehmbare *Merkmale* bzw. subjektiv zugeschriebene *Eigenschaften*. Dies ermöglichte die Auswahl jener Kombination von Beurteiler und Beurteilten der Sympathie, bei der die Bedeutsamkeit des Kopf-Aspekts am höchsten zu sein verspricht (Abschnitt: »Erkundung der Sympathiekriterien«).
Am zweiten Versuch nahm eine größere Gruppe von Frauen teil, die sich untereinander *nicht* kannten und an denen es die Vorhersagbarkeit der Sympathie zu testen galt. Entsprechend der angedeute-

ten Auswahl in Versuch 1 schrieben sie ihre Einfälle
nieder. Aufgrund dieser Aufzeichnungen konnte
ihre paarweise »Sympathieverträglichkeit« berechnet werden (Abschnitt: »Was fällt Dir da ein? –
Erkundung der Assoziationen«).

Die Gültigkeit der theoriegeleiteten Vorhersage
wurde im dritten Versuch geprüft. Die Teilnehmerinnen wurden zu einem kopfmäßig anspruchsvol-
len Quiz in Dreierteams eingeladen. Die Gruppen
wurden so zusammengestellt, daß zu jeder Person A
eine laut Vorhersage hochsympathische Person B
und eine geringstsympathische Person C eingeladen
wurde. Die Sympathiepräferenz der Teilnehmerin A
für eine ihrer beiden Mitspielerinnen wurde nach
dem gemeinsamen Quiz-Spiel in verschiedenen
Kontexten erfragt (Abschnitt: »Magst Du bei Unbekannten Deine Seelenverwandte lieber als die An-
dersdenkende?«).

Im vierten Versuch wurde das Gewicht eines weiteren stark sympathierelevanten Kriteriums (Attraktivität) mit der untersuchten kognitiven Variablen an
einer neuen Gruppe untersucht (Abschnitt: »Sympathische Bekannte: Ein Herz und ein Hirn?«).

Erkundung der Sympathiekriterien

Zunächst wurden die nach Meinung der Teilnehmer relevanten Voraussetzungen für Sympathie im folgenden Erkundungsversuch erfaßt: 64 (je Geschlecht 32)
Studenten verschiedener Fachrichtungen und Semester-
zahl zwischen 20 und 30 Jahren gaben an, welche wahr-
nehmbaren Merkmale und welche erschließbaren Eigenschaften eine Frau/einen Mann sympathisch machen. Tabelle 2 zeigt die häufigsten Nennungen über alle Gruppen

Tabelle 2. »Sympathische« Merkmale und Eigenschaften (Ziffern: Häufigkeit der Nennungen).

28 offen	13 Interessen	11 lächeln
23 Kleidung	12 Lachen	10 Stimme
21 Humor	12 interessiert	10 selbstbewußt
16 ehrlich	12 intelligent	10 natürlich
16 Augen	11 schlank	10 Charme

hinweg, Tabelle 3 stellt die Verteilung aller Nennungen in den Gruppen dar.

Bei der Inhaltsanalyse fällt auf, daß die Frauen ihre Sympathievorstellungen deutlich wortreicher zum Ausdruck bringen als die Männer (604 im Gegensatz zu 534 Nennungen). Außerdem scheint sich über das jeweils andere Geschlecht mehr sagen zu lassen (Frauen: 309 vs. 295; Männer: 277 vs. 257).

Tabelle 3. Prozentuale Verteilung der Sympathiemerkmale auf die Kategorien.

Kategorien	Frauen für Frauen	Männer für Frauen	Frauen für Männer	Männer für Männer	Insgesamt
1 Körpermerkmale	9	17	20	14	15
2 Styling	15	15	13	19	15
3 Ausdruck	15	11	9	8	11
4 Kommunikative Fähigkeiten	21	20	22	21	21
5 Intellekt	5	5	7	8	6
6 Einstellungen	10	7	9	10	9
7 Selbstsicherheit	14	10	9	10	11
8 Sinnlichkeit	1	5	3	2	3
9 Fröhlichkeit	6	8	6	5	6
R Rest	4	2	2	3	3
Anzahl der Nennungen	295	309	277	257	1138

Die *Aussehens*-Kategorie führt mit einem Drittel der Nennungen die Liste an. Bei der Inhaltsanalyse wurde sie unterteilt in die gegebenen »Körpermerkmale« und in das veränderliche »Styling«. Im gegengeschlechtlichen Umgang sind die Körpermerkmale wichtiger, im gleichgeschlechtlichen dominiert das Styling. Begutachtet eine Frau eine zweite auf potentielle Sympathie, so machen die körperlichen Merkmale der Begutachteten nur 9 % des Gesamturteils aus. Dieselben weiblichen Merkmale fallen bei einem männlichen Begutachter mit 20 % mehr als doppelt so hoch ins Gewicht.

Der Umgang mit dem »Ausdruck« erweist sich als Spezialgebiet der Frauen. Am besten können Frauen den Ausdruck von Frauen verwerten, dann den von Männern. Männer können mit dem Ausdruck insgesamt weniger anfangen, besonders, wenn es um ihre eigenen Geschlechtsgenossen geht.

In den Tabellen 4 bis 7 werden jene Merkmale und Eigenschaften präsentiert, die jeweils eine Frau/einen Mann für eine Frau/einen Mann sympathisch machen und die mindestens zweimal genannt wurden.

Geht Liebe etwa durch die Nase?

Ein Vergleich der vier Gruppen zeigt, daß Riechen-Können eine spezifische Bedeutung für die Sympathie hat. In drei der vier Gruppen nannten je 18 % der Personen das Kriterium »Geruch« oder »Duft«. In der vierten Gruppe war dieses für 56 % bedeutsam. Dies war dann der Fall, wenn Frauen angaben, was für sie wichtig ist, damit sie einen Mann sympathisch finden. Wie in Kap. 8 ausführlich dargestellt, weiß man aus der Immunopsychologie, daß der Eigengeruch mit der genetisch bedingten Abwehrkonstellation zusammenhängt. Schematisch dargestellt würden zwei Individuen mit der gleichen Immunstruktur »A« ihre Nachkommen vor nur halb so

Tabelle 4. Was Frauen für Frauen sympathisch macht. (Die erste Ziffer gibt die Nummer der Kategorie an, die zweite Ziffer die Zahl der Nennungen.)

1	2	schöne Hände	4	2	Verständnis
1	2	Zähne	4	2	warm
1	3	Hände	4	3	ehrlich
1	5	Augen	4	3	freundlich
2	2	Frisur	4	3	interessiert
2	2	Schmuck	4	4	Charme
2	3	gepflegte Hände	4	8	offen
2	4	gepflegte Haare	6	3	Engagement
2	5	Kleidung	6	6	Interessen
3	2	ausdrucksvolle Augen	7	2	Auftreten
3	2	Ausstrahlung	7	2	selbstbewußt
3	2	offener Blick	7	2	selbständig
3	3	Stimme	7	2	sicher
3	3	Gang	7	3	Mut
3	4	Gestik	7	5	natürlich
3	4	Bewegung	8	3	Erotik
4	2	aufgeschlossen	9	2	Lebenslust
4	2	aufmerksam	9	2	lustig
4	2	hilfsbereit	9	2	Witz
4	2	redegewandt	9	3	lachen
4	2	sensibel	9	3	lächeln
4	2	verläßlich	9	4	Humor

Tabelle 5. Was Männer für Frauen sympathisch macht (Erläuterungen s. Tabelle 4).

1	2	schlank	4	2	tolerant
1	2	schöne Augen	4	2	Verständ.iis
1	3	Hände	4	2	warm
1	4	groß	4	3	ehrlich
1	5	Mund	4	5	höflich
1	6	Augen	4	6	Charme
2	2	Geruch	4	9	offen
2	2	kein Bart	5	4	intelligent
2	2	lange Haare	6	2	Geschmack
2	2	Schuhe	6	2	Interessen
2	3	gepflegte Haare	6	4	großzügig
2	3	gepflegtes Äußeres	7	2	Auftreten
2	5	Kleidung	7	2	gelassen
3	2	Bewegung	7	2	kritikfähig
3	2	Gang	7	2	selbstbewußt
3	2	Mimik	7	2	selbstsicher
3	3	Ausstrahlung	8	3	Erotik
3	3	Gestik	8	3	sensibel
3	5	Stimme	8	3	zärtlich
4	2	aufmerksam	9	2	Witz
4	2	freundlich	9	3	Lachen
4	2	gesprächsbereit	9	3	Lächeln
4	2	gutes Benehmen	9	11	Humor
4	2	interessiert			

Tabelle 6. Was Frauen für Männer sympathisch macht (Erläuterungen s. Tabelle 4).

1	2	Äußeres	4	2	interessant
1	2	Figur	4	2	kann schweigen
1	2	Hände	4	2	Toleranz
1	2	langbeinig	4	2	zuverlässig
1	2	reine Haut	4	4	interessiert
1	2	wohlgeformte Beine	4	4	zuhören können
1	3	großer Busen	4	6	ehrlich
1	3	sportlich	4	6	offen
1	4	Augen	5	2	geistig beweglich
1	7	schlank	5	4	intelligent
2	2	dezentes Make-up .	6	2	musisch
2	2	Duft	6	2	unkonventionell
2	2	elegant	7	2	Auftreten
2	2	gepflegte Hände	7	2	eigenständig
2	3	lange Haare	7	2	natürlich
2	5	Kleidung	7	2	Selbstironie
3	2	Ausstrahlung	7	3	selbstbewußt
3	2	geschmeidige Bewegung	8	2	sexy
4	2	aufgeschlossen	8	2	sinnlich
4	2	aufmerksam	9	2	Lachen
4	2	direkt	9	4	Lächeln
4	2	freundlich			

Tabelle 7. Was Männer für Männer sympathisch macht (Erläuterungen s. Tabelle 4).

1	2	groß	4	3	interessiert
1	2	schöne Hände	4	4	zuhören können
1	2	sportlich	4	5	ehrlich
1	3	sportliche Figur	4	7	offen
2	2	Frisur	5	2	geistig beweglich
2	2	Geruch	5	2	Selbstironie
2	2	lässig	5	4	intelligent
2	2	Schuhe	6	2	Interessen
2	4	gepflegt	6	2	musisch
2	8	Kleidung	6	2	unkonventionell
3	2	fester Händedruck	7	2	natürlich
3	2	Gesichtsausdruck	7	3	Auftreten
3	2	Stimme	7	4	selbstbewußt
4	2	direkt	8	2	sexy
4	2	freundlich	9	2	Lachen
4	2	kann schweigen	9	2	lustig
4	2	Toleranz	9	4	Humor
4	2	zuverlässig			

vielen Infektmöglichkeiten schützen wie Individuen, die ihren Nachkommen zwei unterschiedliche Schutzsysteme »A« und »B« mitgeben. Um diese Gefahr zu minimieren, warnt die Natur mit dem Signal: »Vorsicht, da stinkt 'was!« Da in der Welt der Säugetiere die innere Befruchtung dem weiblichen Partner eine wesentlich höhere elterliche Investition (vgl. Kap. 3) pro Nachkomme abverlangt, ist es verständlich, daß Frauen viel häufiger die Nase rümpfen. Sie müssen wählerischer sein, denn eine ungünstig getroffene Wahl vermindert nicht nur die Überlebenschancen ihrer Nachkommenschaft und somit die Erhaltung ihrer eigenen Anlagen, sie könnten dann neun Monate Schwangerschaft und die Stillzeit umsonst investiert haben. Da Männern diese Konsequenzen nicht bevorstehen, ergab sich kein Selektionsdruck, nach dem auch sie die Partnerin so genau auf ihren Geruch hin prüfen müßten.

Nach den vorliegenden Ergebnissen sind die physisch-emotionalen Komponenten besonders relevant für die Beurteilung der Sympathie. Reine »Kopf«-Faktoren, z.b. Einstellungen, spielen – mit etwa 9 % Beteiligung – eine scheinbar sekundäre Rolle. Da aber die Gedankenprozesse der Beurteilung eines Sympathiekandidaten kaum ohne die Sprache denkbar sind, erscheint es dennoch erfolgversprechend, gerade die kognitiven Faktoren zur Prognose der Sympathie heranzuziehen.

Was fällt Dir da ein?
Erhebung der Assoziationen

»Am Anfang war das Wort.« (Johannes 1,1).

Wortassoziationen sind nicht nur als der Königsweg der Psychoanalyse und insbesondere der analytischen Psychologie C.G. Jungs (z.b. 1935) zur Erforschung des »Unbewußten« gewählt worden, sondern auch eine Grundlage der experimentalpsychologischen Forschung nach dem Konzept der assoziativen Bedeutung von Marx (1984). Nach diesem neobehavioristischen Ansatz wird Bedeutung nicht als etwas, was einem Wort anhaftet wie Farbe oder Form angesehen, vielmehr wird sie ermittelt aus der Menge aller (verbalen) Reaktionen, die ein Reizwort in einer bestimmten Gruppe von Hörern auszulösen imstande ist. Daß die assoziative Ähnlichkeit sich auch zur Vorhersage der interpersonellen Sympathie eignen könnte, zeigte sich eher zufällig anläßlich einer Vergleichsuntersuchung von glücklich verheirateten Ehepaaren und alleinlebenden jungen Erwachsenen bezüglich ihrer Einstellung zur Paarbeziehung (vgl. Hejj, in Review). Pro Ehepaar assoziierten beide Partner getrennt zu 12 beziehungsrelevanten Reizwörtern wie Zärtlichkeit, Seitensprung, Streit, Emanzipation usw. Dabei fiel auf, daß die Partner derselben Ehe häufig dieselben Einfälle aufschrieben. Natürlich müssen ähnliche Assoziationen und Zusammenleben nicht ursächlich zusammenhängen. Wir wissen nicht, ob sich jeweils zwei Gleichdenkende zusammenfinden oder ob sich die gleichen Einfälle erst im Laufe eines langen gemeinsamen Weges ergeben. Deshalb wurde die Annahme, daß eine größere Ähnlichkeit der Assoziationen als Vorhersage für eine intensivere Sympathie herangezogen werden kann, an »Sich-noch-nicht-Kennenden« geprüft.

Der Versuchsplan ist denkbar einfach. 70 sich gegenseitig nicht bekannte, nichtverheiratete junge Erwachsene assoziierten auf die beschriebene Art und Weise. Die Vorversuche haben gezeigt, daß die körperliche Komponente einen wichtigen Störeinfluß darstellt und deshalb so weit wie möglich ausgeschaltet werden sollte. Die Daten legen nahe, daß dies am ehesten im gleichgeschlechtlichen Umgang möglich ist, besonders bei Frauen (vgl. Tabelle 3). Deshalb wurde nur mit Frauen (Studentinnen zwischen 20 und 30 Jahren) gearbeitet.

Die 70 Frauen assoziierten pro Begriff eine Minute lang frei zu den in Tabelle 8 aufgeführten 12 Begriffen, die aufgrund ihrer Relevanz aus Versuch 1 abgeleitet worden waren. Die Reihenfolge wurde für jeden Einzelversuch neu ausgelost, um Effekte, die durch die Reihenfolge der Items auftreten zu vermeiden. Die Anweisung des Versuchsleiters lautete:

»Es soll festgestellt werden, wie viele verschiedene Wörter Du Dir in kurzer Zeit zu einem Begriff einfallen lassen kannst. Bitte schreibe diese untereinander auf! Du hast dazu eine Minute Zeit. Insgesamt gibt es 12 Begriffe, jeder steht auf einem gesonderten Blatt. Achtung, ziehe Deinen ersten Begriff!«

Tabelle 8. Die 12 Begriffe geordnet nach der Anzahl der Einfälle (bei 70 Frauen) unter Angabe der drei häufigsten Nennungen.

Begriff	Einfälle	Die drei häufigsten Nennungen		
1 Freizeit	768	Sport (35)	lesen (21)	Urlaub (20)
2 Augen	764	Wimpern (31)	blau (25)	Brille (22)
3 Stimme	749	laut (30)	singen (26)	leise (23)
4 Bewegung	747	Sport (37)	laufen (27)	tanzen (14)
5 Streit	726	Schreien (17)	Versöhnung (16)	Wut (15)
6 Sinnlichkeit	713	Erotik (18)	Liebe (16)	Sex (15)
7 Frau	700	Mann (36)	weiblich (19)	Mutter (16)
8 Schönheit	683	Natur (15)	Ausstrahlung (15)	Augen (15)
9 Beruf	679	Geld (25)	Arbeit (19)	Streß (17)
10 Emanzipation	627	Frau (31)	Mann (17)	Frauen (17)
11 Intelligenz	615	Wissen (20)	Schule (16)	lernen (12)
12 Sympathie	609	Freundsch (24)	Liebe (17)	lachen (14)

Tabelle 9. Assoziationen zum Begriff »Sympathie«, die mindestens zweimal genannt wurden.

24	Freundschaft	2	Zauber
17	Liebe	2	Zähne
13	Lachen	2	Wohlfühlen
12	angenehm	2	Wellenlänge
11	Lächeln	2	Wellen
10	Freunde	2	übereinstimmen
10	Aussehen	2	Trauer
10	Augen	2	tolerant
10	Antipathie	2	Tiefe
9	verstehen	2	sympathisch
9	nett	2	streicheln
8	Zuneigung	2	strahlen
8	mögen	2	Sonne
8	Interesse	2	sich treffen
8	Ausstrahlung	2	schüchtern
7	Wärme	2	Schönheit
6	Stimme	2	schön
6	Nähe	2	positiv
6	Freude	2	offen
5	Vertrauen	2	Mund
5	Gemeinsamkeit	2	Mimik
5	Gefallen	2	Männer
5	freundlich	2	lieben
5	Freund	2	Kommunikation
4	Verständnis	2	interessant
4	unterhalten	2	Hilfsbereitschaft
4	Spaß	2	Haß
4	reden	2	Gestik
4	Partner	2	Gespräch
4	Harmonie	2	Gesicht
4	Charakter	2	gernhaben
3	selten	2	Gegenüber
3	Offenheit	2	Gefühl
3	Musik	2	Geborgenheit
3	Mensch	2	fühlen
3	Kontakt	2	Freundlichkeit
3	Kleidung	2	Freundin
3	Kennenlernen	2	Fremdwort
3	Interessen	2	Frauen
3	Hilfe	2	Fest
3	Hände	2	Familie
3	Ehrlichkeit	2	Charme
3	Blickkontakt	2	blau
3	Begegnung	2	Beziehung
2	zusammen	2	Anziehung

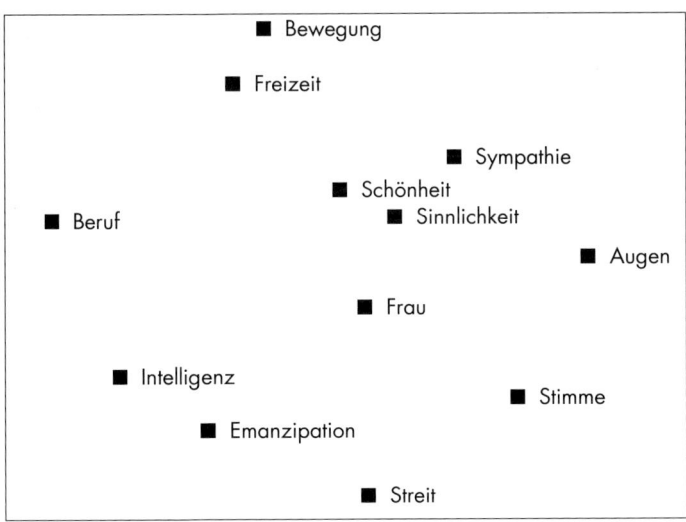

Abb. 3. Ähnlichkeitsfeld der 12 Begriffe in der kognitiven Struktur der 70 Frauen errechnet aus den 8380 Assoziationen.

Um sicherzustellen, daß die Assoziationen tatsächlich durch die jeweiligen Begriffe ausgelöst werden und nicht vom vorhergehenden Reizwort angeregt worden sind, mußten die Teilnehmerinnen zwischen den einzelnen Begriffen als Löschaufgabe folgende Bezeichnungen rückwärts buchstabieren:

toller Versuch, Sozialhilfe, Räumungsverkauf, Weihnachtsbaum, Telefonzelle, Lagerregal, Photosynthese, Holzhammer, Bismarckhering, Gruselkabinett, Floßfahrt.

Tabelle 8 ordnet die 12 Begriffe nach der Anzahl der Einfälle, die sie jeweils auslösen und listet die häufigsten Nennungen auf. Um eine Inhaltsanalyse des Sympathiebegriffs zu ermöglichen, wird die dazu gehörende Assoziationshierarchie in Tabelle 9 präsentiert.

Abbildung 3 stellt die Bedeutungsähnlichkeit der Begriffe graphisch dar. Je mehr gemeinsame Einfälle zwei

Begriffe auslösen, desto näher werden sie aneinander abgebildet. Lösen sie nur wenige gemeinsame Assoziationen aus, landen sie weit voneinander entfernt. Die Ähnlichkeitszusammenhänge zwischen den 12 Begriffen würden zu ihrer angemessenen Darstellung eigentlich 11 Dimensionen erfordern. Auf dieser Buchseite werden sie in 2 Dimensionen gedrängt veranschaulicht.

»Sympathie« ist assoziativ am deutlichsten mit »Sinnlichkeit« (22,8 % gemeinsame Einfälle) und »Schönheit« (19,7 %) verwandt. Nüchtern-kognitive Faktoren spielen eine weitaus untergeordnetere Rolle: »Intelligenz« (8,5 %), »Beruf« (6,5 %) und »Emanzipation« (6,1 %).

Magst Du bei Unbekannten Deine Seelenverwandte lieber als die Andersdenkende? – Die Begegnung mit zwei Extremtypen

Für je zwei Frauen wurden nun der prozentuale Anteil ihrer gemeinsamen Einfälle – genannt Überlappungskoeffizient (ÜK) – berechnet[2]. Die 70 Teilnehmerinnen wurden derart in Triaden (Dreiergruppen) aufgeteilt, daß zu Person A einer Triade jeweils eine Person B mit der größten und eine Person C mit der kleinsten assoziativen Ähnlichkeit gefunden wurde. Die Teilnehmer der besten 20 Triaden, d.h. der Triaden mit möglichst großer Ähnlichkeit zwischen A und B sowie möglichst wenig Übereinstimmung zwischen A und C, wurden dann jeweils zu dritt zu einem kognitiven Experiment

---

[2] Haben 2 Personen keine einzige gemeinsame Assoziation, so beträgt der ÜK 0 %. Sind die beiden Assoziationslisten identisch, führt dies zu einem ÜK von 100 %. Gewöhnlich ergeben sich ÜKs zwischen diesen beiden Extremwerten.

eingeladen. Nach diesem Versuch sollten die A-Teilnehmer angeben, welche ihrer beiden Mitspielerinnen ihnen sympathischer war. Erklärt die überwiegende Mehrheit[3] B für sympathischer, spricht dies für die Gültigkeit der Annahme:»Die Ähnlichkeit des Assoziationsverhaltens kann als Vorhersage für ein späteres Sympathieerleben verwendet werden«.

Schließlich nahmen 16 Dreiergruppen an dem Experiment teil. Die Versuche fanden an einem gemütlichen Ort, z.B. in der Wohnung der Teilnehmerinnen statt und dauerten etwa 30 Minuten. Dabei hatten die drei Frauen einer Triade als Team im Wettbewerb gegen die anderen Teams drei Aufgaben zu lösen (Lösungen s. Tabelle 10).

Aufgabe 1: Auf einer unbeschrifteten Südostasienkarte sollten sie 17 numerierte Staaten erkennen und benennen, sich auf die Hauptstädte und die jeweils berühmteste Besonderheit eines Landes einigen.

Aufgabe 2: »Seerosen verdoppeln ihre Fläche in 24 Stunden. Am ersten Tag des Sommers befand sich eine Seerose auf dem See. Am 30. Tag war der ganze See zugewachsen. Am wievielten Tag war der See zur Hälfte zugewachsen?«

Aufgabe 3: »Eine Enzyklopädie in 10 Bänden à 100 Blatt steht auf Ihrem Bücherregal geordnet nach Band 1 bis 10 von links nach rechts. Ein Bücherwurm fängt bei Blatt 1 Band 1 an, frißt sich durch das ganze Werk und hört beim letzten Blatt von Band 10 auf. Wieviele Blätter hat er angefressen, wenn wir von den Deckblättern absehen?«

---

[3] Für Fachleute: Ermittelt über den Binomialtest.

Nach Ablauf der Bearbeitungszeit ging ein Versuchsleiter mit der A-Person in einen anderen Raum und stellte drei weitere Fragen:

1. »Wenn Du mit einem zweiköpfigen Rateteam an einem Fernsehquiz teilnehmen würdest, wen von Deinen beiden Mitspielern würdest Du eher mitnehmen?«
2. »Wenn Du auf meine Rechnung einen Deiner beiden Mitspieler jetzt auf ein Glas Wein (bei Nichtalkoholikern ein entsprechendes Getränk) mitnehmen könntest, wen würdest Du einladen?«
3. »Wen von Deinen beiden Mitspielern findest Du sympathischer?«

Der Teilnehmerin wurde daraufhin nochmals Diskretion zugesichert, und man kehrte zu den anderen zurück. Die Lösungen der Aufgaben wurden besprochen, und es wurde die Möglichkeit angeboten, die Ergebnisse des Versuchs mit dem Verfasser zu erörtern. Anschließend wurde angeregt, gemeinsam noch ein Glas Wein zu trinken.

Die Antworten der 16 As ergaben genau 8mal eine Bevorzugung von B (Person mit größter assoziativer Ähnlichkeit) und 8mal von C (Person mit kleinster assoziativer Ähnlichkeit) Das heißt, daß entgegen unserer Annahme die ähnlich Denkenden nicht häufiger sympathisch gefunden wurden als die deutlich unterschiedlich Denkenden. Über kopfmäßige Aspekte ließ sich die Sympathie also nicht vorhersagen.

Da die Versuchsteilnehmerinnen selbst vielfach angaben, daß ihre Sympathieeinschätzungen im höchsten Maße vom ersten optischen Eindruck beeinflußt waren, machten wir einen zweiten Versuch mit Personen, die sich vergleichsweise gut kennen und ihre Sympathieentschei-

Tabelle 10. Die Lösungen der Aufgaben und Häufigkeit der richtigen Lösung.

1. Aufgabe Land	Erkannt [%]	Hauptstadt	Bekannt [%]	Besonderheit
Japan	100	Tokio	93	Technik/Überbevölkert
Indien	100	Delhi	64	Heilige Kuh/Frauenverbrennung
China	93	Peking	86	Schlitzaugen/Peking Ente
Ceylon	93	Colombo	43	Tee
Nordkorea	86	Pjongjang	00	Kommunistisch
Südkorea	79	Seoul	29	Olympiade
Philippinen	69	Manila	50	Marcos/1000 Paar Schuhe
Thailand	64	Bangkok	57	Sextourismus
Mongolei	64	Ulan-Bator	7	Mongoloide Kinder
Vietnam	50	Hanoi	7	Vietnamkrieg
Bangladesh	50	Dhaka	7	Hunger
Nepal	43	Katmandu	21	Dach der Welt
Taiwan	36	Taipeh	14	Billigprodukte
Birma	21	Rangun	0	Drogenumschlagplatz
Kambodscha	14	Phnom Penh	0	Rote Khmer
Laos	7	Vientiane	0	Militärdiktatur
Bhutan	0	Thimbu	0	

2. Aufgabe: Seerosen: Am 29. Tag (100 %)
3. Aufgabe: Bücherwurm: 800 Blatt gefressen (53 %)

dungen nicht von Zufälligkeiten des Augenblicks leiten lassen.

■ Sympathische Bekannte: Ein Herz und ein Hirn?

Die obigen Voraussetzungen schienen unter den Teilnehmern des Experimentalpsychologischen Praktikums des Verfassers erfüllt zu sein. Die Teilnehmer kannten sich durch den gemeinsamen Besuch verschiedener Veranstaltungen über drei Semester hinweg. Deshalb wurde der letzte Versuch an dieser Gruppe durchgeführt.

Die Assoziationen wurden zu Reizwörtern erhoben, die den Teilnehmern nicht so geläufig waren wie jene des Hauptversuchs. Die 17 Teilnehmer mußten sich zu jedem der 12 Reizwörter je 10 Nennungen einfallen lassen. Tabelle 11 zeigt die häufigsten Assoziationen der einzelnen Teilnehmer (zu über 40 % der Reizwörter assoziierte Begriffe). Wenn die Studentin Nr. 10 bei 8 von 12 unterschiedlichen Reizwörtern an »Liebe« oder der Student Nr. 3 siebenmal an »Frau« denkt, so springen diese individuellen Antworttendenzen ins Auge, ohne daß wir gleich eine tiefenpsychologische Erklärung bemühen müssen.

Außerdem stellte jeder Teilnehmer seine subjektive Sympathierangfolge der anderen auf (allen Teilnehmern wurde zugesichert, daß sie ihre Daten niemandem zeigen müßten). Wie im vorherigen Versuch ließ sich auch hier kein nennenswerter Zusammenhang zwischen der Ähnlichkeit der Assoziationen und der Sympathie nachweisen. Dies zeigt, daß sich der kopfmäßige Aspekt der gleichen Gedanken auch bei Sich-besser-Kennenden nicht eignet, die Sympathie vorauszusagen.

Tabelle 11. Assoziationen, die von den einzelnen Teilnehmern über alle 12 Reizwörter (*Augen, Beruf, Bewegung, Emanzipation, Frau, Freizeit, Intelligenz, Schönheit, Sinnlichkeit, Stimme, Streit, Sympathie*) hinweg auffallend häufig genannt wurden.

Person Nr. Geschlecht	Einfall	Häufigkeit	% der Reizwörter
10 w.	Liebe	8mal	67
3 m.	Frau	7mal	58
7 w.	Liebe	5mal	42
9 w.	Liebe	5mal	42
13 w.	Erotik	5mal	42
8 w.	Mann	5mal	42
16 w.	Mann	5mal	42
12 w.	Kind	5mal	42

Bereits Tabelle 3 hatte gezeigt, wie wichtig äußere Merkmale für das Zustandekommen eines Sympathieurteils sind. Wir ließen deshalb die Praktikumsteilnehmer eine individuelle Präferenzliste nach dem Aussehen erstellen.

Bei 14 von 16 Personen war der Zusammenhang zwischen Aussehen und Sympathie deutlich stärker als der zwischen der Gleichheit der Einfälle und der Sympathie.

Das heißt, daß das Aussehen ein weitaus besseres Vorhersagekriterium für Sympathie ist als die assoziative Ähnlichkeit. Dabei hängt für die Männer das Aussehen stärker mit der Sympathie zusammen als für die Frauen. Entsprechend den Daten des Vorversuchs (Tabelle 3: Sowohl im gegengeschlechtlichen wie im gleichgeschlechtlichen Vergleich entfallen mehr Nennungen der Männer als der Frauen auf die Kategorie »Körpermerkmale«) ist das Aussehen wichtiger für das Sympathieurteil von Männern.

Entscheidend ist das Aussehen

Die kopfmäßig-kognitiven Aspekte der Annahme »Gleich und Gleich gesellt sich gern« eignen sich wenig zur Vorhersage der Sympathie. Viel entscheidender als die Ähnlichkeit des Denkens ist das Aussehen.

Der Anpassungswert für den Steinzeitmenschen liegt auf der Hand: Es ist wesentlich günstiger, wenn ein noch nicht eng vertrautes Gegenüber auf sein Wohlwollen oder seine Abneigung gleichsam mit einem Blick geprüft werden kann. Erheblich schwieriger, langwieriger und daher potentiell gefährlicher ist es, wenn seine Absichten und Einstellungen mit Hilfe der – evolutionsgeschichtlich ohnehin sehr spät entwickelten – Sprache erfaßt werden müssen.

Wie hoch das Aussehen in unserer Gesellschaft bewertet wird, erahnt man aus den gewaltigen Beträgen, die jährlich für Kosmetika, Schönheitsfarmen und -chirurgie, Mode usw. aufgewendet werden. Dies wäre wohl kaum der Fall, wenn das Äußere nur in privaten Beziehungen zum Tragen käme. Die Rolle der Attraktivität in mannigfaltigen sozialen Interaktionen wurde von der Sozialpsychologie lange Zeit nicht beachtet. Es paßte nicht zur egalitären Ideologie dieser Disziplin, daß manche von Mutter Natur bevorzugt ausgestattet werden. Für so etwas zutiefst Undemokratisches konnten sich die emanzipatorisch bemühten Forscherherzen nicht erwärmen. Aber ist es wirklich so fortschrittlich, über das Aussehen hinwegzusehen, wenn unattraktive Straftäter wesentlich härter bestraft werden als ihre gutaussehenden Kollegen? Dieser Frage ging Efran (1974) nach. Die Inspiration kam von einer als auffallend attraktiv beschriebenen Muse namens Madeleine Smith, die 1857 in Schottland wegen der Vergiftung ihres Verlobten mit Arsen vor Gericht stand. Obwohl es bekannt war, daß sie bei drei Gelegenheiten Arsen gekauft hatte und außer ihr niemand vom Tod des besagten L'Angeliers profitierte, fanden die Geschworenen zum Urteil »nicht bewiesen«. Es fällt nicht schwer, sich vorzustellen, daß ihre Schönheit sie vor dem Tod durch den Strang bewahrte.

In Efrans Replikationsstudie ging es nicht mehr um Leben und Tod, sondern um eine Täuschung während einer Abschlußprüfung. Er befragte studentische Mitglieder des Fakultätsgerichts, a) wie sicher sie über die Schuld eines Angeklagten seien, b) auf welches Strafmaß sie erkennen würden. Beide Angaben wurden auf einer sechsstufigen Skala gemessen. Zu den identischen Fallgeschichten gab er je ein Foto eines attraktiven bzw. unattraktiven, weiblichen bzw. männlichen Studenten, das den Angeklagten darstellen sollte. Besonders kraß war der Unterschied bei den weiblichen Angeklagten: bei der unattraktiven war die Gewißheit der Schuld 84 %, bei der attraktiven nur 36 %, jeweils gemittelt über 108 Beurteiler. Das mittlere Strafmaß betrug entsprechend 60 % bzw. 36 %. Trotz der deutlichen Auswirkung der Attraktivität der Angeklagten gaben die Mitglieder des Fakultätsgerichts an, daß das Aussehen in ihre Urteilsfindung nicht einbezogen würde. Demnach besteht berechtigter Anlaß zu hinterfragen, ob wirklich jeder vor dem Gesetz gleich ist, selbst wenn die betreffenden Richter dies meinen.

Daß weniger Attraktive mit den gesellschaftlichen Herausforderungen schlechter zurechtkommen, konnte an einem Experiment in New York bestätigt werden (Eysenck u. Eysenck 1983): Gefängnisinsassen mit einem entstellten Gesicht (Messer- und Brandmale, Tätowierungen, Injektionseinstichstellen bei Drogenabhängigen) wurden in zwei Gruppen eingeteilt. Die Experimentalgruppe erhielt kosmetische Chirurgie. Ihre Rückfallquote ein Jahr nach der Entlassung aus dem Gefängnis war halb so hoch wie die der Kontrollgruppe (30 % bzw. 56 %). Scheinbar ermöglichte das neue, nicht gezeichnete Aussehen auch andere, sozial stigmatisierte Verhaltensweisen abzulegen und »ein neues Leben« zu beginnen.

Die Reihe der Befunde, die die Bedeutung des Aussehens weit über die Paarfindung hinaus betonen, könnte beliebig fortgesetzt werden. Stellvertretend für die 563 einschlägigen Arbeiten, die der Verfasser während seiner Literaturrecherchen allein aus den letzten sieben Jahren gefunden hat, sollen hier sieben zur Illustration herausgegriffen werden.

- Bei Vergewaltigungsprozessen ist der Anteil der Schuldig-Urteile am höchsten bei einem attraktiven Opfer und einem unattraktiven Angeklagten und am niedrigsten bei einem unattraktiven Opfer und einem attraktiven Angeklagten (Castellow et al. 1990).
- In einem Assessment-Center werden attraktive Managerkandidaten deutlich häufiger vorgeschlagen als nicht attraktive. Ersteren wird eine deutlich höhere künftige Erfolgsrate bescheinigt (Morrow et al. 1990).
- Attraktive Personen, die für ein Produkt werben, erzielen mehr Erfolg als unattraktive. Ihr Aussehen wird als Hinweisreiz auf die Gültigkeit ihrer Kommunikation gewertet (DeBono u. Telesca 1990).
- Ärzte beurteilen attraktive Patienten als wesentlich gesünder als unattraktive Patienten mit derselben Krankengeschichte (Hadjistavropoulos et al. 1990).
- Attraktive Alkoholentzugspatienten werden bei der Entlassung von ihren Therapeuten für gesellschaft-

lich wesentlich besser angepaßt gehalten als unattraktive (Sussman et al. 1990).

▓ Die Attraktivität einer Psychotherapeutin beeinflußt die Bewertung ihres Einfühlsameins und therapeutischen Könnens durch Ausbildungskandidaten beider Geschlechter, skaliert auf der Counselor Rating Form (Conoley u. Bonner 1991).

▓ Attraktive Frauen werden in weiblichen und geschlechtsneutralen Jobs unattraktiven gegenüber bevorzugt; sie werden aber in Berufen, die ihrer traditionellen Geschlechtsrolle nicht entsprechen, niedriger eingeschätzt. Besonders beeinträchtigt sind die Chancen gut aussehender Frauen in Führungspositionen, wenn ihre Attraktivität durch ein weibliches Erscheinungsbild (Kleidung, Kosmetik, Frisur) betont wird (Cash u. Janda 1985).

Nach alledem ist die überragende Bedeutung der Attraktivität zumal für die Sympathie unbestritten. Trotzdem erschien die Annahme möglich, daß zumindest in einem kognitiv betonten Milieu wie unter unseren emanzipatorisch sozialisierten Studenten auch die kognitive Ähnlichkeit zur Vorhersage der Sympathie herangezogen werden könnte. Nach den Ergebnissen unserer Untersuchung müssen wir uns jedoch selbst unter diesen scheinbar kognitiv-freundlichen Bedingungen – zumindest vorläufig – einzig mit dem Aussehen als zuverlässigem Indikator zufrieden geben. Aus diesem Grund wird Kap. 5 der Attraktivität, ihrer Kontextabhängigkeit und deren Auswirkung auf die Personenwahrnehmung gewidmet.

5 Warum fürchten die Männer Pfarrerin B?

Attraktivität und Kontext

Die Ergebnisse des 4. Kapitels haben gezeigt, daß das Aussehen die Sympathiebeurteilung wesentlich beeinflußt. Nach einer Übersicht über die wichtigsten Zweige der Attraktivitätsforschung soll in diesem Kapitel die kontextabhängige Auswirkung der Attraktivität auf die Gesamtbeurteilung der Persönlichkeit untersucht werden.

Attraktivität und Sympathie

Henss (1992) erforschte die Auswirkung von vier Faktoren auf die beurteilte Attraktivität. Diese waren: Geschlecht des Beurteilers, Geschlecht des Beurteilten, Alter des Beurteilers, Alter des Beurteilten. Die Bedingungen wurden systematisch mit 64 Fotos und 240 Frauen und Männern in neun Experimenten variiert. Seine Befunde zeichnen ein eindeutiges Bild:

Ganz im Gegensatz zu der Annahme, Schönheit liege im Auge des Betrachters, fand er, daß »Attraktivität ... unabhängig vom Geschlecht der Beurteiler und der Beurteilten mit sehr hoher Konsistenz beurteilt (wird)« (S. 273).

»Attraktivität, Schönheit und sexuelle Anziehung sind – aus der Sicht der Individuen – praktisch dasselbe« (S. 281). Alle Zusammenhangsmaße liegen sehr hoch (Interkorrelationen um 0.85).

»Wer attraktiv (schön / sexuell anziehend) ist, ist im großen und ganzen auch sympathisch« (S. 281).

»Gleichgültig, ob es um Attraktivität, Schönheit, sexuelle Anziehung oder Sympathie geht: Die Standards von Männern und Frauen sind nahezu deckungsgleich« (S. 285). Männer und Frauen haben dieselben Bewertungsrichtlinien. Demnach sind sich Männer und Frauen nicht nur darüber einig, wer als attraktiv gilt, sondern auch darüber, wer mehr und wer weniger sympathisch erscheint.

Bei Betrachtung der Zusammenhangsmaße zwischen Attraktivität und Sympathie bei einzelnen Individuen fällt auf, daß beide Konzepte für alle 240 Personen positiv zusammenhängen. Henss (1992) zieht das Fazit: » Wer *attraktiv ist, ist auch sympathisch* « (S. 324).

Attraktivität und vermeintliche Leistungsfähigkeit

Von den zahlreichen Versuchen, die beweisen, daß attraktive Frauen und Männer positiver als unauffällige bewertet werden, sei hier auf Kindel (1980) verwiesen. Sie ließ Fotos von Männern und Frauen danach bewerten, wie attraktiv, ehrlich, erfahren, fleißig, geschickt, gesellig, hilfsbereit, intelligent und optimistisch die abgebildete Person sei. Die durchgängig positivere Bewertung der Attraktiven konnte für alle Eigenschaften bewiesen werden. Je nach der Ausprägung der Attraktivität werden unterschiedliche Stärken angenommen: Attraktive erhalten höhere intellektuelle als soziale Werte, Unauffällige hingegen höhere soziale als intellektuelle Werte. Das Novum an Kindels Untersuchung ist, daß sie auch den Zusammenhang der Attraktivität mit der Erfolgs- und Mißerfolgszuschreibung erfaßt. Die Leistung konnte auf innere (Begabung, Anstrengung) oder äußere (Glück, Aufgabenleichtigkeit) Faktoren zurückgeführt werden. Der Erfolg von Attraktiven wurde ihrer Begabung und Anstrengung zugeordnet, bei Unauffälligen aber auf Glück und auf die Leichtigkeit der Aufgaben zurückgeführt. Umgekehrt wurde der Mißerfolg der Attraktiven

87

mit Pech und zu schwierigen Aufgaben erklärt, der der Unauffälligen hingegen einer mangelnden Begabung und einer mangelnden Anstrengung zugeordnet. Daß Attraktive für leistungsfähiger gehalten werden, geht auch daraus hervor, daß sie »in den USA im Schnitt 1869 Dollar jährlich mehr (verdienen) als ihre nicht so ansehnlichen Geschlechtsgenossen« (Lechmann 1987, S. 38).

■ Zur Bedeutsamkeit der Attraktivität

Lechmann (1987) erinnert daran, daß wir bereits als Kinder lernen, Gut und Böse nach dem Aussehen zu unterscheiden:

> Dornröschen ... ist wunderschön und von großem Edelmut. Die böse Hexe aus »Hänsel und Gretel« ist häßlich und verschrumpelt (S. 38).

In der Tat sprechen auch die zitierten Ergebnisse dafür, daß die inneren Werte in vielen sozialen Kontexten aus dem Äußeren erschlossen werden.

Auch Goleman u. Bennett-Goleman (1990) argumentieren ähnlich:

> Wir gehen stillschweigend davon aus, daß attraktive Menschen automatisch auch bessere Menschen sind. Und weil wir annehmen, daß sie besser sind, behandeln wir schöne Menschen so, als seien sie tatsächlich besser (S. 22).

Dadurch vermitteln wir ihnen ein gefestigtes Selbstwertgefühl, das Erfolge tatsächlich wahrscheinlicher macht. Einen der Wirkmechanismen demonstriert Lechmann (1987) durch ein Experiment. Männer und Frauen, die sich nicht kannten, bekamen den Auftrag, miteinander ein Telefongespräch zu führen. Die Männer erhielten ein Foto, das angeblich ihre Gesprächspartnerin darstellen sollte. In Wirklichkeit stellten die Fotos entweder besonders attraktive oder unauffällige Frauen dar. Männer, die glaubten, mit einer attraktiven Frau gesprochen zu haben, fanden ihre Telefonpartnerin humorvoller, lockerer und geschickter als jene, die mit den unattraktiven »Fotomodellen« zu sprechen glaubten. Der interessanteste Befund dieser Studie ist aber, daß auch unabhängige Beurteiler der aufgezeichneten Gesprächsprotokolle bestätigten, daß die schön geglaubten Frauen tatsächlich freundlicher und entspannter waren: ein gutes Beispiel für eine sich selbst erfüllende Prophezeihung im Sinne von Goleman und Bennett-Goleman.

Buss u. Barnes (1986) untersuchten die Präferenzkriterien der Partnerwahl. Ausgehend von evolutionspsychologischen Überlegungen leiteten sie ihre geschlechtsspezifische Annahme ab. Wie in Kap. 2 und 3 gezeigt, sind die wichtigsten Kriterien *Hinweise für den Reproduktionserfolg*. Die Reproduktionsfähigkeit und die Fertilität von Frauen hängen eng mit ihrem Alter und mit ihrer Gesundheit zusammen. Merkmale der körperlichen Erscheinung wie eine makellos weiche Haut, ein guter Muskeltonus, ein harmonischer Gang, weiße Zähne und glänzendes Haar sind hervorragende Prädiktoren für Alter und Gesundheit.

Deshalb bevorzugte die natürliche Auslese Männer, die ihr Verhalten von einer Präferenz für jene körperlichen Merkmale (der Schönheit) leiten ließen, die wirksame Hinweise für Alter und Gesundheit – und damit die reproduktive Fähigkeit – darstellen (S. 569, übersetzt vom Verfasser).

Im Gegensatz dazu kann die Reproduktionsfähigkeit eines Mannes aufgrund seiner körperlichen Erscheinung nicht so genau beurteilt werden. Da das Alter die männliche Reproduktionsfähigkeit weniger einschränkt, bietet eine Präferenz für Merkmale, die vom Alter des Mannes abhängig sind, keinen besonderen Selektionsvorteil. Der Reproduktionserfolg beinhaltet jedoch mehr als nur Befruchtung und Fertilität. Besonders der Zugang zu status- und reichtumsbedingten Quellen bedeutet a) unmittelbare materielle Vorteile für den Nachwuchs, b) einen deutlichen Reproduktionsvorteil für den Nachwuchs durch die erworbene soziale und ökonomische Überlegenheit und c) genetische Reproduktionsvorteile für den Nachwuchs, wenn die Eigenschaften, die zu Status und Verdienstkraft führen, erblich mitbedingt sind. Somit genossen jene Frauen einen Selektionsvorteil, die Männer bevorzugten, welche die Umwelt- und Erbvorteile bieten konnten, die an eine starke Verdienstkraft gebunden sind. Insgesamt läßt die evolutionspsychologische Annahme erwarten, daß Frauen eher mit Attraktivitätsmerkmalen werben und bei Männern nach Status und Verdienstkraft Ausschau halten, während Männer genau umgekehrt mit Status und Verdienstkraft werben und Attraktivität suchen. Buss u. Barnes testeten diese Annahme sowohl an freien Aufzählungen als auch an Präferenzurteilen von Männern und Frauen und fanden eine überwältigende Bestätigung für ihre Voraussage. Auch die Inhaltsanalysen von Bekanntschaftsanzeigen (Koestner u. Wheeler 1988; Berghaus 1986; s. auch Kap. 6) sprechen für die Gültigkeit dieser Annahme. Im Lichte dieser Befunde ist die Bedeutsamkeit der *weiblichen Attraktivität* besonders verständlich. Es fällt auf, daß der größte Teil der Attraktivitätsforschung sich auf Frauen konzentriert. Sowohl Lechmanns (1987) Beispiele für die frühkindlichen Wurzeln der Attraktivitätszuschreibung (Dornröschen, die Hexe) wie auch das berichtete Telefonexperiment bezog sich auf die Attraktivität von Frauen.

Exkurs in die Sexualmedizin:
Die weibliche Brust in der Kulturgeschichte

Unter dem Titel »Die weibliche Brust – Surrogat und Faszinosum« faßt Huber (1984) die Beiträge der Sexualmedizin zur Attraktivitätsforschung zusammen. Den stammesgeschichtlichen Bedeutungszuwachs der Brust als erotisches Signal führt er zum einen auf das Verschwinden der äußeren weiblichen Geschlechtsteile als Folge der menschlichen Körperaufrichtung, zum anderen auf die zunehmende Einbeziehung der weiblichen Brüste in das menschliche Liebesspiel zurück.

Die physiologische Voraussetzung ist der Stillreflex, der auch durch ein zärtlich-lustvolles Spiel mit der Brustwarze ausgelöst wird. Dieser Reflex bewirkt eine Ausschüttung von Oxytozin aus dem Hinterlappen der Hirnanhangdrüse in die Blutbahn. Dadurch bedingt kommt es zu rhythmischen Kontraktionen zur Erweiterung der Milchgänge vor der Mündung auf der Brustwarze (ursprünglich, um den Milchfluß zu erleichtern) sowie der glattmuskulären Elemente der Gebärmutter und der Vagina, was die weiblichen Lustempfindungen beträchtlich verstärken kann.

Huber zeigt, daß die Zunahme des Interesses an der weiblichen Brust erst durch die biologische Verkindlichung des zivilisierten Menschen bedingt wurde. »In einfachen Jäger- und Sammlerkulturen und bei primitiven Ackerbauern (ist) das erotische Interesse an weiblichen Brüsten relativ gering ausgeprägt« (S. 639). Die Domestikation und die Urbanisation führen aber »zu einer Reifungshemmung, zum Nicht-Erwachsenenwerden – sowohl bei Haus- und Stalltieren als auch beim Menschen selbst« (S. 638). Mit einem Streifzug durch die Kulturgeschichte belegt Huber, daß die Einstellung zur weiblichen Brust ein gültiger Indikator ist für allgemeine gesellschaftliche Tendenzen wie Toleranz, Harmonie, Geborgenheit und Friedfertigkeit.

Bereits 3000 bis 2200 vor Christus hinterließen die hochkultivierten Ägypter unzählige Kunstwerke, die belegen, wie sehr sie von wohlgeformten Frauenbrüsten angetan waren. Obwohl das milde Klima fast ganzjährig das Nacktsein erlaubt hatte, wurden Personen höheren Standes (Hofbeamten, Herrscher oder gar Götter) verhüllt dargestellt.

> Vollständig nackt zu sein war damals zwar nicht schockierend wie heute, aber eben plebejisch, Kleider zu tragen war hingegen vornehm und ein Statussymbol. Unabhängig davon ließ man jedoch Hofdamen, Prinzessinnen, Herrscherinnen oder Göttinnen unbedenklich ihre jungen Brüste stolz und frei zur Schau tragen (S. 641).

Demnach empfand man diese spezielle Nacktheit für das soziale Prestige keineswegs als abträglich.

Nach dem Untergang der antiken Welt und den vielen Jahrhunderten »gnostisch-christlicher Leibfeindlichkeit«[1] (S. 645) kam Protest gegen letztere auf. Exemplarisch greift Huber zwei Epochen heraus: Die Renaissance und der Barock haben nicht nur die bildenden Künste zu diesbezüglichen Höchstleistungen angestachelt, die Brüste wurden auch im Gedicht ausgiebig verherrlicht. Huber wird von der Welle des damaligen Busenkults erfaßt:

---

[1] Der Verfasser möchte daran erinnern, daß auch die Heilige Schrift im Hohenlied Salomons noch busenverherrlichende Passagen enthält. »Es gleicht deiner *Brüste* Paar zwei jungen Zwillingen einer Gazelle, die unter den Lilien weidet« (4,5), »Wie schön und wie reizend bist du, du Liebe in der Wonne! Dein Wuchs ist dem Palmenbaume, den Trauben sind gleich deine *Brüste*. O könnte ich erklimmen den Palmenbaum, umfassen seine Zweige! Und möchten doch sein deine *Brüste* wie Trauben am Weinstock« (7,7–9), »Ich bin eine Mauer, und wie Türme sind meine *Brüste*« (8,10).

Ich könnte Ihnen beliebig viele »schimmernde Alabaster-brüste«, »Schneebälle«, »Marmorkugeln« oder »Zucker-ballen« aus damaligen Gedichten (M. Opitz, Ch. Hofmann v. Hofmannswaldau, B. Neukirch oder J. Chr. Günther) zi-tieren (S. 645).

Am Ende seines (hier nur fragmentarisch referier-ten) kulturgeschichtlichen Streifzuges kommt Huber zu dem Schluß, daß busenrestriktive Zivilisationen aggressi-ver und kriegerischer waren als die

> glücklicheren Menschen jener Zeiten und Kulturen, in de-nen man nicht nur im realen Liebesleben, sondern auch in Dichtung und bildender Kunst weibliche Brüste zu schät-zen wußte und sie künstlerisch verherrlicht hat (S. 645).

Bezogen auf diese »freundliche und liebenswerte Zugabe der Mutter Natur«, die frei sei von jener Ambiva-lenz, die durch den Anblick des Genitales »bei vielen Menschen ausgelöst« werde, spricht Huber von einem »*Hauch von Fetischismus*« (S. 645).

Zeitgeist, Attraktivität und Fetisch

Bereits diese kurze geschichtliche Betrachtung legt die Vermutung nahe, daß das jeweilige Attraktivitätsideal sich mit dem Zeitgeist ändert und diesen gewissermaßen ver*körpert*. Die in diesem Zusammenhang verwendeten Begriffe *Kult, Verehrung* und *Faszinosum* lassen deutlich fetischistische Mitschwingungen anklingen. Laut Pschy-rembel (1982) ist ein Fetisch ein

> Zauberding (portug.), bei dem ... Körperpartien außerhalb der Genitalsphäre oder Kleidungsstücke, die mit dem Lie-besobjekt zusammenhängen, zur geschlechtlichen Erregung führen (S. 358).

Die beiden verbreitetsten Theorien des Fetischismus sind die psychoanalytische und die lerntheoretische.

Die *psychoanalytische* Theorie geht davon aus, daß die Konfrontation mit der anatomischen Weiblichkeit dem Mann unerträgliche Kastrationsängste einflößt. Die Phalluslosigkeit der Frau erinnert den Mann an die Möglichkeit seiner Kastration. Diese Ängste sind so schwerwiegend, daß sie die Erregung und die Potenz ernsthaft bedrohen würden, es sei denn, der Mann kann sich symbolisch überzeugen, daß die Frau doch einen Phallus hat (Bak 1968). Deshalb braucht er Objekte an der Frau, in denen er – zumindest symbolisch – den weiblichen Phallus sehen kann, und die ihn somit von der Konfrontation mit der Phalluslosigkeit und den damit verbundenen Kastrationsängsten erlösen.

Die *lerntheoretische* Erklärung basiert auf der klassischen Konditionierung. Wird ein zunächst neutrales Objekt mehrfach in sexuell erregenden Kontexten erlebt oder ist dieses Objekt in Phantasien anwesend, die zum masturbatorischen Orgasmus führen, so kann das Objekt selbst sexuelle Erregung auslösen; es wird zum Fetisch (McGuire et al. 1965). In der Sprache der Lerntheorie wird es zum *»konditionierten Stimulus«*, genauso, wie der Glockenton Pawlows Hunden das Wasser im Munde zusammenlaufen ließ.

Es ist nicht leicht zu entscheiden, welche der beiden Theorien nun zutrifft, da Fetischisten kaum zu wissenschaftlichen Untersuchungen eingeladen werden können und, weil sie keinen Leidensdruck haben, auch selten zur Therapie gehen. Darüber hinaus bezieht sich die psychoanalytische Theorie auf eine unbewußte Erfahrung, die definitionsgemäß nicht unmittelbar erfragt werden kann. Rosengrant (1986) fand einen Weg, die Gültigkeit beider Theorien zu vergleichen. Der Schlüssel war die Inhaltsanalyse der Mädchen des Monats in der Zeitschrift *Play-*

Abb. 4. Playboy-Werbung an der Plakatwand.

boy. Er nahm an, daß diese Mädchen dem jeweiligen Frauenbild des Zeitgeistes entsprechen, da *Playboy* eine überaus große Verbreitung sowie eine hervorragende Akzeptanz genießt (Abb. 4). Das prominenteste Frauenbild ist in jeder Ausgabe das Mädchen des Monats, und es ist zu *Playboy*s finanziellem Vorteil, sich auf das jeweils populäre Frauenbild einzustimmen.

Rosengrant nahm an, daß die mit diesen Modellen in Berührung stehenden unbelebten Objekte eine fetischistische Funktion haben. Da das gesamte Bild erregend wirken soll, kann davon ausgegangen werden, daß jedes Element dazu beiträgt. Entsprechend der psychoanalytischen Theorie postulierte er einen positiven Zusammenhang zwischen anatomischer Weiblichkeit und der Anzahl der zugleich dargestellten Fetischobjekte: Je deutlicher die anatomische Weiblichkeit, um so stärker die Kastrationsangst, desto größer der Bedarf an Fetischobjekten.

Als Maß für die anatomische Weiblichkeit galt zum einen die Üppigkeit der *Sanduhrfigur* (s. Kap. 3), zum anderen die unverhüllte Darstellung der Genitalien. Da diese erstmalig in der Januarausgabe von 1971 erfolgte, ist die Üppigkeit der beste Indikator der anatomischen Weiblichkeit für die Zeit zwischen 1959 und 1970. Die Fetischobjekte wurden folgendermaßen bewertet: Ein Punkt wurde gerechnet für jedes getragene oder gehaltene Kleidungsstück und für jeden Gegenstand, der in unmittelbarer Berührung mit dem Körper des Modells stand. Objekte, die typischerweise in Paaren vorkommen (Schuhe, Strümpfe, Handschuhe usw.), wurden mit einem Punkt kodiert, ob sie nun einzeln oder doppelt vorlagen. Da die analytische Theorie der Fuß- und Beinbekleidung (FBB) eine besondere Rolle zuschreibt (z.b. Greenacre 1953), wurde die Gesamtheit der Fetischpunkte in die Teilmengen FBB und Nicht-FBB unterteilt.

Die Befunde zeigen, daß die Mädchen des Monats in der Tat dem Zeitgeist folgen und daß sich das dargestellte Frauenbild systematisch ändert. Von 1959 bis 1970 nimmt die Üppigkeit stetig ab. Busen- und Hüftmaße werden kleiner, die Taillenmaße größer. Mit der abnehmenden anatomischen Weiblichkeit nimmt auch die Anzahl der Fetischobjekte von 1959 bis 1970 stark ab. Von 1971 bis 1985 nimmt die Darstellung der primären Geschlechtsmerkmale zu, und mit der Zunahme an genitaler Explizität steigt auch die Anzahl der Fetischobjekte.[2] Dieser starke Zusammenhang zwischen der anatomischen Weiblichkeit und der Anzahl der Fetischobjekte ist ein deutlicher Beleg für die psychoanalytische Theorie des Fetischismus. Die Lerntheorie kann diese Befunde

---

[2] Für den Nicht-FBB-Wert errechnet sich eine Korrelation von + 0.73, für den FBB-Teilbereich sogar + 0.90. Statistische Angaben nach Rosengrant (1986, S. 629).

nicht erklären, da aus ihrer Sicht kein Zusammenhang zwischen der anatomischen Weiblichkeit und einem konditionierten Fetischobjekt besteht.

Die Lerntheorie könnte allerdings eine Erklärung dafür liefern, daß ein bersonders starker Zusammenhang zwischen anatomischer Weiblichkeit und Anzahl der Fetischobjekte aus der FBB-Kategorie bestand. Nach Freud (1905) erwacht die frühkindliche Sexualität spätestens am Anfang der genitalen Phase im fünften Lebensjahr. Erikson (1977) bezeichnet dies als infantil-genitale Phase. Beide Autoren gehen davon aus, daß das primäre Liebesobjekt des Knaben, auf das auch die sexuelle Begierde zunächst gerichtet wird, die Mutter ist. Da das Kleinkind in diesem Alter vornehmlich in der Nähe der Mutter herumkrabbelt, spielt und sich an ihr festhält, bezieht sich seine aktuelle »Frauenperspektive« auf die Beine der Mutter und bei unseren klimatischen Verhältnissen auf ihre Bekleidung. Die altersentsprechende Neugier auf die mütterlichen Geschlechtsteile muß sich in den meisten Fällen mit dem vordergründig Sichtbaren zufriedengeben, und das sind nun mal die Schuhe, die Beine und ihre Bekleidung. Sollte die Mutter in der kindlichen Phantasie tatsächlich mehr oder weniger diffus begehrt werden, so werden die entsprechend intensiven Gefühle stets vom sinnlichen Eindruck der sicht- und (an)faßbaren FBB begleitet. Die lange Kette von Wiederholungen, bis das Kind aus der bodennahen Perspektive herauswächst, bietet hervorragende Bedingungen für eine klassische Konditionierung. Der Wiederkehr der Bodennähe in zahlreichen sexuellen Spielvarianten[3] spricht ebenfalls für diese

---

[3] Man denke nur an die Begrüßungszeremonie in der sadomasochistischen Beziehung: sich vor jemandem hinknien, zu ihm krabbeln, flach auf den Boden legen, die Stiefel küssen usw. (vgl. Geißler 1990).

Annahme: Die Fetischobjekte der FBB-Kategorie müssen keine symbolischen Phalli sein, sie könnten ihre Funktion auch durch klassische Konditionierung in der geschilderten Phase der Lerngeschichte erworben haben.

Die protestantische Ethik und der maßgeschneiderte Körper

In allen Kulturen und zu allen Zeiten haben die Menschen versucht, sich zu verschönern. Lechmann (1987) stellt fest: »Unsere heutigen Schönheitsmittel sind milde Biowässerchen im Vergleich zu den Bräuchen einiger Naturvölker: Um schön zu sein, ritzen sie sich Narben in die Haut oder quetschen sich Teller zwischen die Lippen« (S. 39). Solchen *Duckbills* genannten Frauen des Stammes *Geji* begegnete auch der Verfasser in seinen Gymnasialjahren in Nigeria (Abb. 5).

Im Lichte der bisherigen Befunde wird verständlicher, weshalb dem Aussehen auch in der westlichen Welt eine so große Bedeutung beigemessen wird. Drolshagen (1990) schätzt, daß sich in Deutschland 100000 Menschen jährlich einer Schönheitsoperation unterziehen – für über 180 Millionen Mark.

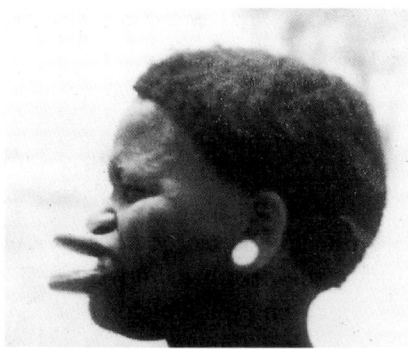

Abb. 5. Geji-Frau mit Lippentellern.

Die Kosmetikindustrie in der Bundesrepublik macht einen Umsatz von 11 Milliarden Mark, in den USA wird insgesamt mehr Geld für Schönheitspflege ausgegeben, als der Staat in Bildungseinrichtungen oder Sozialleistungen investiert (S. 32).

Gingen Buss u. Barnes (1986) von evolutionär gültigen Hinweisen auf den Reproduktionserfolg als Kriterien der Attraktivität aus, so sieht Drolshagen (1990) im Anpassungsdruck an die geltenden Schönheitsideale die Auswirkungen der protestantischen Ethik. Eine Frau, die sich nicht an die geltenden Regeln der Attraktivität anpaßt und von den zahlreichen Möglichkeiten der *Demokratisierung der Schönheit* (Diät, Kosmetik, Aerobic, Fitneß-Training, Sonnenbank usw.) keinen Gebrauch macht, wird nach Drolshagen für faul und undiszipliniert gehalten.

Ein mit Fleiß und Beharrlichkeit hergestellter, an die internationale DIN-Norm für Frauenschönheit herangeführter Körper ist nicht zuletzt Zeugnis der Unterwerfung unter die protestantische Ethik von harter Arbeit, Selbstverleugnung, Kasteiung, Verzicht und Opfern, ... – eine Ethik, die den willigen Geist vom schwachen Fleisch trennt, den Körper traditionell mißbilligt, diffamiert und mehr als Fluch denn als Segen erachtet (S. 33).

Unterwerfung und Verzicht auch im Körperlichen machen die asketisch-reine Ehefrau und die streng-liebevolle Mutter durch ihre sehnig-hagere Gestalt ehrbar, während die üppige, sinnlich-weiche Frau zur Projektionsfigur für das Sündhafte wird. Drolshagen argumentiert, wie die protestantische Ethik nicht zulasse, daß man irgend etwas vor dem Blick des Nächsten verstecke, so sei auch unser Körper und unser Gesicht »eine Leinwand, auf der tugendhafte wie unkeusche Taten und Gedanken ... für alle Welt sichtbar zutage treten« (S. 33). Damit wird der Mensch zum Rohmaterial seines eigenen Schöpfungsaktes und ab einem bestimmten Alter für sein Aussehen selbst verantwortlich.

Diesen ideologischen Überbau macht Drolshagen (1990) dafür verantwortlich, daß sich immer mehr Menschen dem Erwartungsdruck der Attraktivität der Edlen beugen und die Schmerzen der Körperverletzung durch den Schönheitschirurgen freiwillig auf sich nehmen. Daß es hierbei nicht ausschließlich um die Betonung der Merkmale des Reproduktionserfolgs und der Jugend geht, belegt Drolshagen dreifach:

- Der Anteil der Männer, die sich aus Karrieregründen schönheitsoperieren lassen, beträgt 20 % in Deutschland und bereits 30 % bei der amerikanischen Gesellschaftselite der WASPs[4].
- Immer mehr Nichteuropäer entscheiden sich für ein Aussehen, das Luthers Schlag ähnelt. In Tokio und Peking lassen sich Tausende von Männern jährlich »runde« Augen operieren, zum Teil, weil sie sich dadurch geschäftliche Vorteile erhoffen[5]. Laut Drolshagen verschont die Auswirkung der protestantischen Ethik auch die Negriden nicht: »In London und New York haben sich einige Ärzte auf die Verkleinerung negroider ... Nasen spezialisiert« (S. 34).

---

[4] White Anglo-Saxon Protestants.
[5] Die Geschäftstüchtigkeit kann aber nicht der alleinige Grund sein. Dem Verfasser fiel auf seinen Japan- und Chinareisen auf, daß die Schaufensterpuppen in den Modeboutiquen und den Kaufhäusern durchwegs den Europiden und nicht den Mongoliden ähnelten. Dieses Schönheitsideal des Fremden ist gerade in Japan besonders auffällig, da sich der Japaner sonst den Europäern durchaus überlegen fühlt.

100

Als Musterbeispiel dient Drolshagen der Arbeitersohn aus dem Slum, der sich durch das Messer des Chirurgen von den Ausprägungen seiner natürlichen Identität in bezug auf Rasse, Alter und Geschlecht trennen ließ, ehe er in seiner neuen Kunstidentität zum weltweiten Idol *Michael Jackson* werden konnte. An seinem Beispiel zeigt Drolshagen, wie solch künstliche Auswüchse die ursprüngliche Zielsetzung der protestantischen Ethik untergraben und von vielen auch als bedrohlich erlebt werden. Die Bedrohung besteht darin, daß man sich nicht mehr auf die »Echtheit« der Attraktivität (vielleicht bedingt durch ein gottgefälliges Leben?) verlassen kann, da sich nun durch den chirurgischen Eingriff in den Schöpfungsplan Emporkömmlinge ihren gerechten, gottgegebenen Rollen entziehen können.

Pfarrerin B: Im Talar eine andere als am Badesee?

In den obigen Abschnitten wurde deutlich, daß das Aussehen mit vielen Persönlichkeitseigenschaften in Beziehung gesetzt wird. Folgt man der Argumentation von Drolshagen (1990), so müßte neben den biologischen, psychischen und sozialen Wirkfaktoren auch der protestantischen Ethik eine wichtige Rolle zugedacht werden. Einen Aspekt dieser Rolle zu untersuchen, ist Aufgabe des im folgenden geschilderten Versuchs.

Wenn sich die protestantische Ethik über die Attraktivitätswahrnehmung auf die Persönlichkeitsbeurteilung auswirkt, so müßte dies besonders stark zu beobachten sein bei einer Person, die sowohl die Attraktivität wie auch die protestantische Ethik verkörpert: bei einer attraktiven protestantischen Pfarrerin. Ein glücklicher Zufall ermöglichte es dem Verfasser, Kontakt zu einer ehemaligen Wohnheimnachbarin aus der Studentenzeit aufzunehmen, die nun 30jährig nicht nur eine sehr attraktive Frau ist, sondern auch als Pfarrerin einer Gemeinde vorsteht. Ein Gespräch machte deutlich, daß Pfarrerin B immer wieder mit einem beziehungsstörenden Wahrnehmungswechsel konfrontiert wird, der der Grundannahme von Drolshagen zumindest nicht widerspricht. Pfarrerin B übt ihre Berufung mit Leib und Seele aus. Zugleich ist sie ebenfalls mit Leib und Seele *Frau*. Obwohl sie aufgrund ihrer Attraktivität und ihres ansprechenden Wesens Männer sehr schnell in ihren Bann zieht, berichtet sie, daß die angehenden Beziehungen an der Stelle abgebrochen werden, wenn die Männer ihren Beruf erfahren. Deshalb genießt sie ihre unvoreingenommenen Auftritte am 1000 km entfernten Urlaubsort ausgiebig.

Durch einen Versuch sollte ihr subjektiver Eindruck dieser Kipp-Wahrnehmung objektiviert und einige Gründe dafür gefunden werden. Mit dem Versuchsvorhaben war Pfarrerin B unter Zusicherung der Anonymität einverstanden und an den Ergebnissen entsprechend interessiert. Dem Versuch lagen vier Annahmen zugrunde:

▪ Nach den im Abschnitt »Attraktivität und Sympathie« (s. S. 86) besprochenen Befunden von Henss (1992) kann erwartet werden, daß die beurteilte Attraktivität durch Frauen und Männer nicht unterschiedlich sein wird.

▪ Entsprechend der These von Drolshagen (1990) wäre zu erwarten, daß die Rollenerwartung an eine protestantische Pfarrerin ihre Attraktivität lediglich im Kontext eines redlichen Lebens beurteilen läßt. Andererseits legt die evolutionär orientierte These von Buss u. Barnes (1986) nahe, daß sie ohne ihre Berufsangabe besonders unter dem Aspekt ihres hohen potentiellen Reproduktionserfolgs gesehen wird (vgl. S. 89). So erwarten wir deutliche Unterschiede in der Attraktivitäts- und Redlichkeitsbewertung in den beiden Rollen als »Frau« und als »Pfarrerin«.

▪ Im Sinne der Arbeit von Kindel (1980) sollten diese Unterschiede auch im Leistungsbereich beobachtbar sein (vgl. S. 87).

▪ Die letzte Erwartung leitet sich aus der Studie von Rosengrant (1986) ab. Die typische Berufsbekleidung einer (auch) anatomisch sehr weiblichen Pfarrerin könnte als (Sakral-)-Fetisch zur Bedrohungsreduktion beitragen (vgl. S. 94). Unter diesen Umständen müßten Männer Frau B in ihrer Rolle als Pfarrerin attraktiver finden.

Allerdings läßt die These des evolutionären Reproduktionserfolgs (Buss u. Barnes 1986) genau das Gegenteil erwarten: Frau B wirkt dann besonders attraktiv, wenn sich ihre attraktive Figur nicht hinter einem Talar verbirgt. Diese gegensätzlichen Erwartungen ermöglichen einen Vergleich der beiden Thesen.

▪ Wie wirkt Frau B?

Entsprechend der Tradition in der Attraktivitätsforschung, nicht zuletzt aber wegen der gut standardisierbaren Beurteilung wurden als Versuchsmaterial Farbfotos im DIN-A4-Format verwendet. Die beiden Bilder waren von den Rahmenbedingungen her vergleichbar. Variiert wurde lediglich die Bekleidung. Bild 1 stellte Frau B im Badeanzug dar, Bild 2 im Talar. Die Beurteilung erfolgte ohne zeitliche Befristung in drei unabhängigen Personengruppen.

Gruppe B (Badeanzug) bekam Bild 1 zu sehen, und zwar ohne jeden Hinweis auf den Beruf.

Gruppe T (Talar) bewertete Bild 2, ebenfalls ohne weitere Angaben zum Modell.

Gruppe I (Info) sah Bild 1, wurde aber in der Anweisung zweimal darauf aufmerksam gemacht, daß es sich bei der abgebildeten jungen Dame um eine protestantische Pfarrerin handelt.

An der Untersuchung nahmen 96 Studenten im Alter von 28-31 Jahren teil, je 48 weiblich und männlich. Die meisten brauchten zwischen 15 und 20 Minuten für die Beurteilung. Sie füllten einen Bewertungsbogen aus, der in Anlehnung an Henss (1992) zusammengestellt worden war. Die 90 Attraktivitäts- und Persönlichkeitseigenschaften waren zwischen je zwei entgegengesetzten Adjektivpolen neunstufig zu beurteilen. Die den Bewertungen zugrundeliegende Struktur wird mittels der statistischen Technik *Faktorenanalyse* aufgedeckt.

Die Faktorenanalyse ist eine statistische Technik, die zur Erforschung von Grunddimensionen der Persönlichkeitseigenschaften gern eingesetzt wird. Unterschiede zwischen verschiedenen Menschen lassen sich auf diesen Grundimensionen beschreiben (vgl. Cattell 1972; Eysenck 1977; Guilford 1975). Anfangs scholten die Skeptiker die Unsicherheiten der Methode. Diese Unsicherheit wurde jedoch weitgehend beseitigt, als Norman (1963)»die Existenz von 5 weitgehend unabhängigen, leicht interpretierbaren Persönlichkeitsfaktoren« (S. 574) nachwies, die sich in der Folge als höchst stabil erwiesen haben. Digman u. Inouye (1986) sprechen sogar von einem Gesetz:»Eine Reihe von Studien über Persönlichkeitseigenschaften führte zu einem Befund, dessen Stabilität den Status eines Gesetzes verdient. Der Befund ist dieser: Wenn eine große Zahl von Bewertungen verwendet wird und wenn sie eine weite Sicht der Persönlichkeit erfassen, kann die Vielfalt der Persönlichkeitseigenschaften durch fünf robuste Faktoren beschrieben werden«

(S. 116, übersetzt vom Verfasser). Diese sind in der Persönlichkeitspsychologie unter dem Namen *Die großen Fünf* bekannt. In Normans (1963, S. 577) Terminologie sind dies:

I. Ausdrucksfreude
II. soziale Verträglichkeit
III. Gewissenhaftigkeit
IV. Neurotizismus
V. Kultiviertheit/Intelligenz

Zu diesen allgemeinen Aspekten der Persönlichkeit kamen die spezifischen Aspekte, die durch die Attraktivitätsforschung relevant wurden und deshalb in den Bewertungsbogen ebenfalls aufgenommen wurden.

Die Dimension »Attraktivität« wurde durch Skalen wie attraktiv – unattraktiv, häßlich – schön, sexuell abstoßend – sexuell anziehend erfaßt.

Zwei biologische Rahmenbedingungen des Aussehens wurden durch die Dimensionen »Männlich – Weiblich« bzw. »Körperliche Gesundheit« registriert.

Da das Aussehen auch von der »Verpackung« mitbeeinflußt werden könnte, wurde auch die »Mode«-Dimension mit erhoben.

Wie oben erläutert (vgl. S. 87) hat Kindel (1980) einen deutlichen Zusammenhang zwischen der Attraktivität und der (internen) Leistungszuschreibung gefunden. Um diesem Zusammenhang über den »Kultiviertheit/Intelligenz«-Faktor hinaus nachzugehen, wurde die Dimension »Autonomie/Durchsetzungsfähigkeit« ebenfalls erhoben.

Die faktorenanalytische Auswertung der 90 Bewertungsvariablen ergab 10 wesentliche Dimensionen. Tabelle 12 ordnet die Faktoren nach ihrer Bedeutsamkeit im Vergleich zu den anderen Faktoren (Eigenwerten). Für jeden Faktor werden diejenigen Variablen aufgelistet, aus denen er sich zusammensetzt (definiert als Ladung > 0,5). Innerhalb der einzelnen Faktoren sind die Variablen nach ihrer Relevanz für diesen Faktor (Ladungsstärke) geordnet.

Nach dem Zeugnis von Tabelle 12 wird die Gültigkeit der am Anfang dieses Abschnitts angenommenen Dimensionen sehr gut bestätigt. Die zusammengehörigen Variablen einer Dimension bilden tatsächlich einen Faktor.

Tabelle 12. Der Erhebungsbogen, aufgeteilt in 10 Faktoren, geordnet nach der Relevanz der Variablen.

Faktor 1: Attraktivität

$-.8471^{a}$	gutaussehend	nicht gut aussehend
.8209	sexuell abstoßend	sexuell anziehend
.8110	häßlich	schön
$-.8075$	attraktiv	unattraktiv
$-.7724$	erotisch	unerotisch
.7652	nicht hübsch	hübsch
.7303	abstoßend	anziehend
.6656	wenig Charme	viel Charme
$-.6622$	sexy	nicht sexy
$-.6598$	begehrt	verschmäht
$-.6229$	aufregend	langweilig
.5233	wenig Ausstrahlung	viel Ausstrahlung

Faktor 2: Soziale Verträglichkeit

.7589	egoistisch	hilfsbereit
.6664	hinterlistig	aufrichtig
$-.6398$	nicht eingebildet	eingebildet
.6268	angeberisch	bescheiden
.6147	feindlich	kooperativ
.5964	protzig	schlicht
.5954	überheblich	bescheiden
.5557	mißgünstig	wohlwollend
$-.5046$	ehrlich	unehrlich
$-.4790$	führt eine gute Ehe	führt e. schlechte Ehe

Faktor 3: Extraversion/Ausdrucksfreude

.6948	unglücklich	glücklich
$-.6858$	zufrieden	unzufrieden
$-.6492$	locker	verkrampft
$-.6449$	unbefangen	gehemmt
.6344	ernst	heiter
.6029	zurückgezogen	gesellig
$-.5952$	entspannt	ängstlich
$-.5910$	unternehmungslustig	zurückhaltend
$-.5783$	fröhlich	traurig
.5701	pessimistisch	optimistisch
.5649	niedergeschlagen	froh
.5283	verschwiegen	offen
$-.5128$	beliebt	unbeliebt

Tabelle 12. Fortsetzung.

Faktor 4: Autonomie/Durchsetzungsfähigkeit

−.7108	selbständig	unselbständig
.7077	abhängig	unabhängig
−.7035	selbstbewußt	verschüchtert
−.6795	robust	verletzlich
−.6733	stark	schwach
−.6273	kräftig	schwächlich
−.5699	eigenständig	schutzbedürftig

Faktor 5: Gewissenhaftigkeit

.7266	nachlässig	sorgfältig
.6874	ungenau	genau
.6044	faul	fleißig
.5667	oberflächlich	tiefgründig
.5574	ungeschliffen	kultiviert
.5531	sorglos	gewissenhaft
−.5323	zuverlässig	unzuverlässig
−.5158	beharrlich	sprunghaft
−.4949	gepflegt	ungepflegt

Faktor 6: Intelligenz/Kultiviertheit

.8167	dumm	intelligent
−.7026	intellektuell	ungebildet
.6527	langsam im Denken	schnell im Denken
.6430	nicht kunstverständig	kunstverständig

Faktor 7: männlich–weiblich

−.8317	männlich	weiblich
.8300	nicht männlich	männlich
.7888	weiblich	nicht weiblich

Faktor 8: Mode

−.8129	modebewußt	nicht modebewußt
.7813	unelegant	elegant
−.7756	modern	unmodern
−.7731	chic	bieder
.6787	anspruchslos	anspruchsvoll
−.6023	umschwärmt	links liegen gelassen

[a] Das negative Vorzeichen in dieser Tabelle bedeutet, daß der jeweils positive Pol auf der *linken* und nicht, wie bei den positiven Werten, auf der rechten Seite steht. Bei Faktor 7 gibt es keinen positiven oder negativen Pol.

Tabelle 12. Fortsetzung.

Faktor 9: Körperliche Gesundheit		
.6954	nicht sportlich	sportlich
.6561	körperlich krank	körperlich gesund
–.6413	wirkt jugendlich	wirkt älter
.5706	gebrechlich	kerngesund
–.5344	gesund	krank
–.5137	jung	alt

Faktor 10: Emotionale Stabilität		
.8590	erregbar	gelassen
.7375	nervös	ausgeglichen

Der prominenteste Faktor ist die »Attraktivität«. Die Leitvariable dieses Faktors ist *gutaussehend*. Wie auf S. 86–87 besprochen, folgen dann die Variablen *sexuell anziehend*, *schön* und *attraktiv*. Auch scheinbar abstraktere Variablen wie *viel Charme*, *viel Ausstrahlung* und *aufregend* (als Gegenteil von *langweilig*) belegen ihren Zusammenhang untereinander und mit der »Attraktivität« durch die Ladung auf demselben Faktor.

Der zweitwichtigste Faktor bei der Bewertung von Pfarrerin B war die »Soziale Verträglichkeit«. Die Leitvariable ist *hilfsbereit*, gefolgt von *aufrichtig*, *nicht eingebildet*, *bescheiden* und *kooperativ*. Diese Eigenschaften bedingen nach Meinung der Befragten, daß die bewertete Person *eine gute Ehe führt*.

Der drittbedeutsamste Faktor »Extraversion/Ausdrucksfreude«. Neben den »klassischen« Indikatoren *locker*, *unbefangen*, *gesellig* und *unternehmungslustig* gehören auch *glücklich*, *zufrieden*, *heiter* und *fröhlich* hierher. Dies sind die Eigenschaften, die laut Urteil der Befragten mit *Beliebt*heit einhergehen.

Faktor 4 bezieht sich auf die »Autonomie« und das »Durchsetzungsvermögen«. Der Leitvariable *selbständig* folgen *unabhängig*, *selbstbewußt* und *robust*.

Der 5. Faktor entspricht der »Gewissenhaftigkeit« (*sorgfältig*, *genau*, *fleißig*, *zuverlässig*).

Faktor 6 ist »Kultiviertheit/Intelligenz« mit der Leitvariable *intelligent*. Auch *kunstverständig* gehört zu diesem Faktor.

Faktor 7 ist die Geschlechtspolarität »männlich–weiblich«.
Faktor 8 umfaßt die »Mode«. Neben den erwarteten Begriffen *modebewußt, elegant* und *modern* wird die »tiefere Bedeutung« aus der verhältnismäßig hohen Ladung von *umschwärmt* oder *links liegen gelassen* deutlich.
Faktor 9 beschreibt die »körperliche Gesundheit«. *Sportlich, gesund* und entsprechend der These von Buss u. Barnes (1986) *jung* finden hier zusammen.
Der letzte Faktor deutet die Reste der »emotionalen Stabilität« durch *erregbar* und *nervös* bzw. deren Gegenteile an.

Zwischen Attraktivität und Gewissen

Zur Überprüfung unserer Annahmen wurden nun die Faktorwerte von Männern und Frauen über alle drei Situationen hinweg situationsspezifisch verglichen (Tabelle 13).

Der Geschlechtsvergleich der Attraktivitätsbeurteilung bestätigt Annahme 1: Frauen und Männer sind sich über die *Attraktivität* von Frau B einig, und zwar in jeder der drei Situationen.

Genauso verhält es sich mit den biologischen und gestalterischen Rahmenbedingungen der Attraktivität: keine Geschlechtsunterschiede bezüglich ihrer Weiblichkeit (Faktor 7), ihrer körperlichen Gesundheit (Faktor 9) und für wie modebewußt sie gehalten wird (Faktor 8).
Bei den *großen fünf* Persönlichkeitsfaktoren herrscht Übereinstimmung zwischen den Geschlechtern lediglich über Pfarrerin Bs Gewissenhaftigkeit (hier Faktor 5). In allen anderen Faktoren wird sie von den Frauen positiver bewertet als von den Männern. Die Frauen halten sie für ausdrucksfreudiger, sozial verträglicher, emotional stabiler und intelligenter. Außerdem halten sie sie für autonomer und durchsetzungsfähiger (Faktor 4).

109

Tabelle 13. Gruppenvergleiche (t-Tests) mit Angabe des Geschlechts bzw. der Situation mit der positiveren Beurteilung.

Faktor	1 Attrakt.	2 Sozial	3 Extrav.	4 Durchs.	5 Gew.	6 Intell.	7 m–w	8 Mode	9 Körp.	10 Emot.
Frauen (F) vs. Männer (M)										
Alle Situationen		F	F	F		F				F
Badeanzug		F	F			F				
Talar										
Badeanzug+Berufsinfo				F		F				F
Badeanzug (B) vs. Talar (T)										
Alle Teilnehmer	B				T			B	B	
Frauen	B				T			B	B	
Männer	B				T			B	B	
Badeanzug (B) vs. Badeanzug + Berufsinformation (I)										
Alle Teilnehmer				I	I	I				
Frauen					I	I				
Männer					I	I				
Talar (T) vs. Badeanzug + Berufsinformation (I)										
Alle Teilnehmer	I				T			I	I	
Frauen	I				T			I	I	
Männer	I				T			I	I	

Dieses Phänomen der günstigeren Beurteilung des eigenen Geschlechts wurde von Henss (1992) als *Eigengruppenbonus* beschrieben. Im vorliegenden Versuch treffen sogar beide Aspekte zu, deren Wirksamkeit Henss für den Eigengruppenbonus nachgewiesen hatte: Die Frauen stimmen nicht nur mit dem Geschlecht der Beurteilten überein, sondern auch in ihrem Alter. Allerdings verschwindet dieser Effekt, wenn Pfarrerin B im Talar gezeigt wird. Es könnte sein, daß es den Frauen, von denen keine Pfarrerin ist, dann nicht mehr möglich ist, sie mit der eigenen Gruppe zu identifizieren.

Annahme 2 bezog sich auf Unterschiede in der Attraktivitäts- und Redlichkeitsbewertung (erfaßt durch Faktor 5 Gewissenhaftigkeit) in den beiden Rollen als »Frau« und als »Pfarrerin«:

> Tatsächlich wird Frau B im Badeanzug für erheblich attraktiver gehalten als im Talar. Sie wird im Badeanzug nicht nur als deutlich modebewußter angesehen, sondern auch als körperlich gesünder, was auch für die These von Buss u. Barnes (1986) spricht. Auch die von Drolshagens Argumentation abgeleitete Erwartung erfährt eine gewisse Bestätigung: In ihrer Rolle als protestantische Pfarrerin wird Frau B für auffallend gewissenhafter gehalten.

Die Durchsetzungsfähigkeit wurde in beiden Situationen nicht abweichend beurteilt. Allerdings könnte diese Tatsache nur dann als klarer Widerspruch zu Annahme 3 interpretiert werden, wenn die Abhängigkeit der Durchsetzungsfähigkeit von der Attraktivität auch bei einer ganzen Gruppe unterschiedlicher zu bewertender Personen ausbliebe.

Beim Vergleich von Gruppe B (Badeanzug-Bild) mit Gruppe I (Badeanzug-Bild plus Berufsinformation) zeigte sich, daß die Auswirkung der nur verbal dargebotenen Information (»Bei der jungen Dame handelt es sich um eine protestantische Pfarrerin«) erheblich schwächer war als die der bildlichen Dokumentation. Immerhin reichte dieser Satz, um dasselbe Foto für intelligenter, gewissenhafter, durchsetzungsfähiger und sozial verträglicher zu halten. Mit Ausnahme der *Intelligenz* waren die Effekte jedoch nicht so groß, daß sich die Mittelwertsunterschiede auch bei den kleineren Personenzahlen der einzelnen Geschlechtsgruppen ausgewirkt hätten. Somit hängt die Beurteilung der Intelligenz am wenigsten vom optischen Bild und am stärksten von der Zusatzinformation ab.

Auch der Vergleich von Gruppe I mit Gruppe T (gleiche Berufsinformation, aber unterschiedliches Bild) belegt, daß das von der Person *Gesehene* wesentlich stärker gewichtet wird als das über die Person *Gehörte*. Das Muster entspricht dem Ergebnis *Badeanzug vs. Talar*: Ob Pfarrerin oder nicht, wird sie im Badeanzug für attraktiver, modebewußter und körperlich gesünder gehalten. Nur die ihr zugeschriebene Gewissenhaftigkeit wächst beachtlich, wenn sie sich im Talar zeigt. Umgekehrt ausgedrückt wird eine protestantische Pfarrerin, die ihre Attraktivität im Badeanzug preisgibt, für weniger gewissenhaft gehalten.

Annahme 4 war eine Anwendung des Befunds von Rosengrant (1986). Demnach könnten Männer Frau B in ihrer Rolle als Pfarrerin attraktiver finden, vorausgesetzt die typische Berufsbekleidung einer (auch) anatomisch sehr weiblichen Pfarrerin würde als (Sakral-)Fetisch zur Bedrohungsreduktion beitragen. In Wirklichkeit trifft das Gegenteil zu:

Männer finden Frau B im Badeanzug auffallend attraktiver. Der Befund spricht für die in Annahme 4 postulierte Gegenthese des evolutionären Reproduktionserfolgs (Buss u. Barnes 1986).

Wie Pfarrerin B selbst beobachtet hatte, führt die unausweichliche Konfrontation mit ihrem Beruf zu einer anderen Beurteilung ihrer Persönlichkeit. In ihrer Berufskleidung wirkt sie zwar gewissenhafter, aber dieser Kontext verhüllt ihre sonst unbestrittene Attraktivität und läßt sie auch nicht so gesund erscheinen. Die von ihr erlebten Rückzüge der Männer beweisen, daß der wahrhaftig wirksame Kontext für ihre wahrgenommene Attraktivität weniger an der (ohnehin veränderbaren) stofflichen Verhüllung liegen dürfte. Vielmehr dürften die Rückzüge an dem vermeintlich unauflöslichen Widerspruch zwischen dem durch ihr Amt implizierten Gewissen und der aus ihrer Attraktivität folgenden sexuellen Anziehung liegen.

Dieser Widerspruch könnte auf folgenden naiv-psychoanalytischen Annahmen gründen. Die (dauerhafte) Konfrontation mit der Person im Amt Gottes läßt das Über-Ich besonders streng werden. Ein derart gestärktes *Über-Ich* kann dem *Es* jegliches Genußpotential gnadenlos unterbinden. Ohne dieses Potential ist die Genußfähigkeit nicht gewährleistet, die Begegnung wird zum Fiasko und das Selbstvertrauen des Kandidaten weiter angeschlagen. Ein rechtzeitig erfolgter Rückzug könnte die Funktion haben, die Betreffenden vor all dem zu schützen.

6   Wirksam werben

Bekanntschaftsanzeigen

Schon 300 Jahre ist es her, als der Herausgeber der *Collection for the Improvement of Husbandry[1] and Trade* am 19.7.1695 den damals mutigen Versuch wagte und unter besonderer Beteuerung ihrer Echtheit die folgende Bekanntschaftsanzeige veröffentlichte:

> Ein junger Mann von etwa 25 Jahren in einem sehr guten Beruf, der von seinem Vater mit 1000 £ ausgestattet wird, würde liebend gern eine angemessene Verbindung eingehen (übersetzt vom Verfasser).

Wie das folgende Zitat zeigt, faßte diese neue Einrichtung auch in Deutschland schnell Fuß:

> Ein honettes Frauenzimmer ledigen Standes, guter Gestalt, sucht ... einen guten Doctor oder Advocaten ledigen Standes ..., so groß und wohl aussieht (Frag- und Anzeigen-Nachrichten, Frankfurt, 8.7.1738; beide Anzeigen zitiert nach Hassebrauck 1990, S. 101).

Nach über 250 Jahren erfreut sich diese Form der Beziehungsanbahnung immer noch extremer Beliebtheit: In einer Stichprobe jener 19 deutschsprachigen Zeitschriften und Zeitungen, die Kontaktanzeigen enthielten und die am 15.12.1990 an einem Münchener Kiosk erhältlich waren, konnten 2101 nichtkommerzielle Bekanntschaftsanzeigen gefunden werden (vgl. Tabelle 17).

Auch wenn seit der ursprünglichen Einladung zum »suitable match« inzwischen nicht immer die Ehe das Ziel der Kontaktsuchenden ist, so enthalten derzeit die

---

[1] Die Klangähnlichkeit mit dem allgemein bekannten *husband* bedarf der Erklärung. »*Husbandry*« hat nichts mit Ehemannvermittlung zu tun und wird auch nicht von »*husband*« in seiner Bedeutung als menschlicher Ehemann abgeleitet. Vielmehr handelt es sich um die Steuerung analoger Prozesse in der Welt der Haustiere: um Tierzucht.

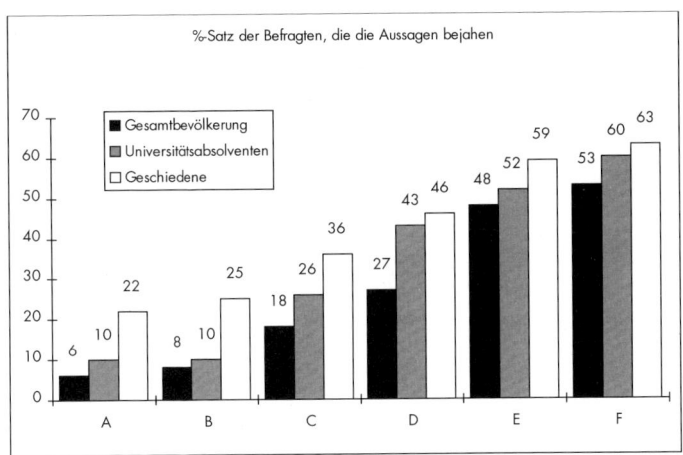

%-Satz der Befragten, die die Aussagen bejahen

Gesamtbevölkerung
Universitätsabsolventen
Geschiedene

A   B   C   D   E   F

Abb. 6. Repräsentativbefragung des Sample Instituts (Mölln) zu Kontaktanzeigen (KA) an 1300 Personen ab 14 Jahren in Gesamtdeutschland (Juli 1995). *A* Habe selbst Partner über KA kennengelernt, *B* Habe persönlich schon auf KA geantwortet, *C* Kenne jemanden, der Partner/in über KA kennenlernte, *D* Kann mir vorstellen, auf eine KA zu antworten, *E* Lese KA aus Spaß, *F* Guter Weg, neue Menschen kennenzulernen.

meisten Druckmedien seitenlange Rubriken mit Bekanntschaftsanzeigen. Darüber hinaus erscheinen heutzutage spezielle Zeitschriften, die sich vorwiegend dem Abdruck von Kontaktanzeigen widmen, z.b. *Damenwahl, Living Single, Österreichisches Kontakt Magazin* (ÖKM), *Sankt Pauli Nachrichten, Single News Register.*

Im Rahmen eines Forschungsauftrages hatte der Verfasser die Gelegenheit, mit Hilfe eines großen Meinungsforschungsinstituts sechs Fragen zur Verbreitung und Akzeptanz von Bekanntschaftsanzeigen in Gesamtdeutschland an eine repräsentative Stichprobe zu richten. Die umfangreichen Ergebnisse werden in Abb. 6 zusammengefaßt. Die Aussagen der Frauen und der Männer unterschieden sich kaum.

117

Zwar gab nur jede 17. Person der Gesamtbevölkerung an, selber einen Partner durch Kontaktanzeigen kennen gelernt zu haben, doch wirken sich die Bildungsschicht und der Familienstand auf die Akzeptanz der Anzeigen aus: Besonders hoch ist die Verbreitung von Annoncen in der höchsten Bildungsschicht sowie unter Geschiedenen. Unter den Universitätsabsolventen lernte jeder 10. einen Partner über eine Annonce kennen, bei den Geschiedenen gar jeder Fünfte. Ebenfalls jeder Fünfte in der Gesamtbevölkerung kennt jemanden, der einen Partner über eine Anzeige kennenlernte, bei den Geschiedenen trifft dies für jeden Dritten zu. Bezogen auf die Gesamtbevölkerung kann sich jeder Vierte vorstellen, auf eine Kontaktanzeige zu antworten. Jeder Zweite liest diese Anzeigen aus Spaß, und ebenfalls jeder Zweite hält sie für einen guten Weg, neue Menschen kennenzulernen, auch wenn es sich nicht um »den Traumpartner« handelt.

■ Sind Kontaktanzeigen entwürdigend?

Trotz der großen Verbreitung fällt es den meisten Menschen schwer, sich zur Partnersuche durch die Zeitung offen zu bekennen. Berghaus (1986) befaßt sich mit der negativen öffentlichen Meinung über Inserate und Inserenten: »... in Heirats- und Bekanntschaftsanzeigen werde gelogen, werde Traumbildern nachgejagt, werde der Mensch zur Ware hinabgewürdigt« (S. 56). Diese öffentliche Meinung kann auf namhafte Vorboten zurückblicken. August Bebel vertrat die Überzeugung, daß es sich bei den Inserenten um Personen mit »einer total verlotterten Gesinnung« (1922, S. 115) handeln muß. Für Jürgen Habermas (1970) sind Annoncen der Beleg dafür, daß die Bedingungen des kapitalistischen Arbeitsmarktes in die privaten zwischenmenschlichen Beziehungen vordringen. Die sich entfremdeten Menschen werden zur Ware degradiert:

>In verkaufsfertiger Abkürzung« bieten sie sich nach dem Gesetz »von Angebot und Nachfrage« öffentlich feil (S. 82). In »marktkonformen Anzeigen« (S. 85) werden sie, »den Regeln des Marktes entsprechend durch Reklame in bestellbare Ware verwandelt« (S. 90): »Unsere Existenz hat sich hinter das, was meßbar ist, zurückgezogen: Körpergröße und Alter, Figur und Haarfarbe, Beruf und Konfession, Barvermögen, Eigentum an Haus und Grund und Boden. Und dann kommt der Charakter nach Vorschrift« (S. 83f) (Zitat aus Berghaus 1986, S. 58-59).

Durch ihre Untersuchung an 2135 bundesweit angesprochenen Inserenten belegt Berghaus, daß die drei wesentlichen Kritikpunkte an der Kommunikationsweise »Kontaktanzeigen« lediglich auf deren strukturelle Eigengesetze zurückzuführen sind. Die Kritikpunkte sind:

- die scheinbare Vermarktung der Menschen in den Anzeigen,
- die Zielprojektion in den Anzeigen: erträumte Vertrautheit bei realer Fremdheit und
- der Zwang der Anzeige zur Verbalisierung des Nonverbalen.

Diese Kritikpunkte sollen im folgenden nochmals aufgegriffen und genauer betrachtet werden.

Die Vermarktung der Ware Mensch

Mitunter trifft man auch bei den von Berghaus (1986) interviewten Inserenten auf eine Wortwahl, die an Habermas erinnert:

> »Ich wollte mit meiner Anzeige meinen hiesigen Marktwert feststellen« (39jährige Gymnasiallehrerin, geschieden).
> »Es gibt kaum akzeptable Männer auf dem Markt« (52jährige Lehrerin, geschieden).

Berghaus (1986) zeigt, daß es ein Mißverständnis ist, eine Verdinglichung der Inserierenden anzunehmen. In Wirklichkeit kommt diese scheinbare »Verdinglichung« dadurch zustande, daß hier die »Selektionsentscheidungen, die bei jedem Kennenlernprozeß zwischen Menschen ablaufen, bloßgelegt und kritisierbar gemacht« (S. 59) werden. Wie am Beispiel des kulturspezifischen Annäherungsverhaltens in Kap. 7 ausführlicher dargestellt, verläuft die Entwicklung menschlicher Beziehungen in Intensitätsstufen. An den Übergangsstellen dieser Stufen wird aufgrund von Selektionskriterien entschieden, ob die Beziehung fortgesetzt und intensiviert wird oder nicht.

Will man jemanden ohne Kontaktanzeigen kennenlernen, so verfolgt man dabei auch bewußte Strategien zur Kontaktaufnahme. Man entschließt sich z.b., entweder ein Fest, ein öffentliches Lokal oder eine wissenschaftliche bzw. politische Veranstaltung zu besuchen. Bei diesem Ansatz ist die Wahl des Lokals oder der Veranstaltung sowie des günstigsten Zeitpunkts eine erste Selektionsentscheidung: Es macht einen Unterschied, ob ich nach Mitternacht in die *Schwabinger Sieben*[2] gehe oder zum Brunch in den *Bayerischen Hof*[3]. Analog geht

---

[2] Treffpunkt der Cannabisszene.
[3] Nobelhotel.

es beim Inserieren um die Wahl der geeigneten Zeitung und der Zeit der Veröffentlichung, um die gewünschten Adressaten zu erreichen. Berghaus zeigt eine weitere Analogie auf:

> Überlegungen zur Selbstdarstellung münden üblicherweise in der Wahl einer bestimmten Kleidung, einer Frisur, einer Gesprächsstrategie; beim Inserieren in der Wahl bestimmter sprachlicher Formulierungen über sich selbst in der Anzeige (S. 59).

Darüber hinaus werden die Signale, die körperlichen Merkmale und die Aufmachung eines persönlich kennengelernten Gegenübers genauso für die Selektionsentscheidungen genutzt wie die Beschreibung derselben Attribute in den Anzeigen zum Vorsortieren möglicher Interessenten.

In seiner Übersicht amerikanischer Untersuchungen zur »natürlichen« Beziehungsanbahnung stellt Stroebe (1977) fest, daß zunächst eher soziologische Charakteristiken wie sozioökonomischer Hintergrund und Religion den Beziehungsfortschritt beeinflussen, bevor individuelle und persönlichkeitsorientierte Einstellungen und Bedürfnisse zum Tragen kommen. Berghaus (1986) betont, daß

> die Entwicklung menschlicher Beziehungen immer eine Phase einschließt, in der berechnende, eher »objekt«- als »person«-angemessene Selektionskriterien wirksam sind (S. 60).

Damit ist der Vorwurf, Beziehungen würden speziell beim Inserieren entmenschlicht, entkräftet. Das Besondere an Anzeigen ist lediglich, daß die Suchstrategie hier explizit gemacht und aufgeschrieben wird.

Die Zielprojektion in den Anzeigen: Erträumte Vertrautheit bei realer Fremdheit

Auch die Verbindung von Sachaussage und Liebesentwurf in Anzeigen reizt Habermas (1970), seine Entmenschlichungstheorie bestätigt zu sehen:

> Romantische Liebesideologie wird mit der Abschätzung des Partners nach seinem sozioökonomischen Standort scheinbar vermittelt. In Wahrheit ist dies die Verschleierung eines offenen Antagonismus des Heiratsmarktes, der die »Persönlichkeitswerte« des einzelnen pathetisch behauptet, um gleichzeitig die Person auf ihre dinglichen und verdinglichten Attribute zu reduzieren (S. 86).

Dagegen setzt Berghaus (1986) ihre These »der projektiven Vertrautheit bei realer Fremdheit« (S. 62). Habermas Antagonismus sei in Wirklichkeit »der Zwang des Mediums zur Zieldefinition und damit zum Vorgriff auf eine später mögliche, aber nicht sichere Beziehungssituation« (S. 62). In der Anzeige stehen sachliche (»verdinglichende«) Angaben und der Entwurf eines Liebesideals scheinbar antagonistisch nebeneinander. Sie repräsentieren eine frühe und eine spätere Stufe von Beziehungsintensität. Da eine Kleinanzeige den zeitlichen Ablauf eines Lebensplans unmöglich maßstabsgetreu abbilden kann, wird in ihr ein reales Nacheinander in eine *sprachliche Gleichzeitigkeit* gezwungen.

So wesentlich die Mitteilung des Liebesplans für die Selektion sein mag, so belastend ist die verfrühte Selbstenthüllung bei der ersten Begegnung von Angesicht zu Angesicht.

> Auch beim Kennenlernen auf andere Art werden in allen Stadien der Bekanntschaftsentwicklung Mitteilungen ausgetauscht. Aber in der Anfangsphase redet man eher über das Wetter als über die eigenen intimen Belange (S. 62).

Ein Abbau der Hypothek durch die Intimitätsvorwegnahme ist, daß die Inserenten auf die ihnen offenbarten vertraulichen Details nicht früher reagieren, als wenn sie sich zufällig kennengelernt hätten. Eine weitere Möglichkeit, die sich bei einer späteren persönlichen Begegnung als hilfreich erweisen kann, besteht darin, die Bekenntnisse bereits im Anzeigentext scherzhaft und selbstironisch zu relativieren. Ein Beispiel hierfür ist der Titel des Anzeigenratgebers von Constanze Elsner (1990) *Mann mit Tränensäcken sucht Frau mit Lachfalten.*

Der Zwang der Anzeige zur Verbalisierung des Nonverbalen

Erfolgt die Kontaktsuche über eine Anzeige, so muß man sich aufgrund des gedruckten Textes ein Urteil bilden. Es fehlt jegliche nonverbale Zusatzinformation: nicht nur der mit allen Sinnen wahrnehmbare Gesamteindruck bei der persönlichen Begegnung oder zumindest die Stimme am Telefon, sondern auch die letzten Ausdrucksreste, die durch das handgeschriebene Schriftbild vermittelt werden könnten. Die digitale Kommunikation der Sprache kennt keinen Code zur Vermittlung persönlicher Beziehungen. Berghaus zitiert Watzlawick:

> Überall, wo die Beziehung zum zentralen Thema der Kommunikation wird, erweist sich die digitale Kommunikation als fast bedeutungslos. Das ist ... in zahllosen Situationen des menschlichen Lebens, z.B. in Liebesbeziehungen, Empathie (der Fall) (Watzlawick et al. 1969, S. 64).

Somit stehen Inserenten vor der schwierigen Aufgabe, ihre Beziehungskriterien in einem Kommunikationsmodus auszudrücken, der für diesen Bereich »fast bedeutungslos« ist. Eine störungsfreie Kommunikation wird besonders dadurch erschwert, daß Sehnsüchte, Hoffnungen und Ziele, kurzum gesagt: der Liebesplan, erst durch eine zweifache Transformation den Adressaten erreicht. Die »analogen« Beziehungsaspekte müssen vom Inserenten in einen digitalen Anzeigentext übersetzt werden. Bereits in diesem Transformationsschritt in einen »wesensfremden« Modus wird die Bedeutung verfremdet. Ein weiterer Schritt folgt, wenn ein Interessent die angebotenen digitalen Inhalte »entschlüsselt« und mit seinen auf der analogen Ebene vorliegenden Beziehungswünschen vergleicht.

Das nach der ersten Begegnung manchmal zu beobachtende Unbehagen, der Inserent habe sich aber *anders* beschrieben, muß nicht daran liegen, daß er »gemogelt« hätte.

> Täuschungen und Enttäuschungen gehen weniger auf Lüge, eher auf die prinzipielle Unmöglichkeit zurück, Qualitäten persönlicher Kommunikation und Beziehungen verbal eindeutig zu fassen ... Die doppelte Übersetzung mit jeweiligem Modalitätenwechsel bringt zwangsläufig Mehrdeutigkeit mit sich (Berghaus 1986, S. 65).

Die Analyse von Berghaus könnte auch von den unterschiedlichen Funktionen der Sprache her betrachtet werden (vgl. Bühler 1934; Cohn 1976; Neuberger 1988). So gesehen macht Berghaus deutlich, daß die zunächst sichtbare sachliche *Darstellungsfunktion* weit weniger relevant ist als die *Kontaktfunktion*[4], die aber nur in einem Dialog zum Tragen kommt. Ein von der Darstellungsfunktion her betrachtet trivialer Austausch, z.B. über das

---

[4] Als eine eigene Funktion der Sprache von Malinowski (1923) unter dem Begriff *phatic communion* eingeführt. Am Beispiel des gemeinsamen Fischens auf den Trobirand Inseln zeigt der Autor, daß das koordinierte Handeln ohne eine Absprache kaum denkbar wäre.

Wetter, ermöglicht es, ohne Gesichtsverlust *die* Informationen zu erkundschaften, die für jene Selektionsentscheidungen relevant sind, ob der Kontakt weiter intensiviert werden kann und soll. Somit hat dieses »belanglose Plaudern« in der anfänglichen Fernkommunikation eine wichtige Kontaktfunktion. Allerdings verliert sie an Bedeutung, sobald eine Nahkommunikation, eine physische Berührung erreicht wird[5].

Die allgemeine *Appellfunktion* einer Kontaktanzeige ist: »Mir fehlt jemand, ich möchte geliebt werden«. Wie das im konkreten Fall aussehen könnte und welche spezifischen Hinweise zum Ausdruck gebracht werden, muß zunächst aus dem Anzeigentext erschlossen werden. Daß die Anzeigentexte trotz der beschriebenen Uneindeutigkeiten brauchbare Hinweise enthalten, belegt nicht nur die große Verbreitung der Inserate. Einer Reihe von Untersuchungen ist es gelungen, zumindest für einzelne Darstellungselemente zuverlässige und gültige »Übersetzungen« zu finden. In diese Reihe möchte sich der experimentelle Teil des vorliegenden Kapitels einfügen.

Bekanntschaftsanzeigen als Forschungsobjekt

Lynn u. Bolig (1985) bemerken, daß Bekanntschaftanzeigen sich hervorragend als Quelle für die sozialwissenschaftliche Forschung eignen. Sie haben mindestens drei Vorzüge:

---

[5] Die meisten Menschen würden es sicher sehr befremdlich finden, wenn sie während einer leidenschaftlichen Umarmung, kurz vor der Erlösung »Schönes Wetter heute, nicht wahr?« von ihrem Partner zu hören bekämen.

- Ganz im Gegensatz zu Informationen, die in anderen Untersuchungen über Partnerpräferenzen erhalten werden, werden Bekanntschaftsanzeigen nicht im Wissen um potentielle sozialwissenschaftliche Analysen abgefaßt. Die Unvoreingenommenheit dem Wissenschaftler gegenüber bei der Erstellung des Untersuchungsmaterials stellt also einen besonderen Vorteil der Methode dar.
- Die Konsequenzen der Entscheidung für den Ort der Veröffentlichung von Bekanntschaftsanzeigen sind ökologisch valider, d.h. sie stehen dem »natürlichen« Leben der Inserenten näher als die Konsequenzen der üblichen zwischenmenschlichen Verhaltensproben, die unter Laborbedingungen untersucht werden.
- Bekanntschaftsanzeigen sind in vielen Dimensionen repräsentativer für die Population Partnersuchender als die Studenten der üblichen Laborexperimente.

Hassebrauck (1990) verweist auf die Relevanz von Bekanntschaftsanzeigen für das Verhalten:

> Nicht zuletzt wegen der (nicht nur finanziellen) Kosten, die mit dem Aufgeben einer Heiratsannonce verbunden sind, kann man annehmen, daß die genannten Merkmale der Inserenten und die erwünschten Attribute eines potentiellen Partners die subjektiv wichtigsten sind (S. 102).

Neben statistischen Beschreibungen von Bekanntschaftsanzeigen (Werner 1907; Kaupp 1968) haben entsprechende Untersuchungen zur Prüfung psychologischer Annahmen Tradition. Dies soll an relevanten Arbeiten veranschaulicht werden.

Große Männer und leichte Mädchen: Beliebte Stereotypen

Entsprechend der »Mann-größer-Norm in der Partnerwahl« (Gillis u. Avis 1980) erwarteten Koestner u. Wheeler (1988), daß männliche Inserenten, besonders die kleineren, vorsichtshalber ihre Größe angeben, damit sie sich bei der ersten Begegnung ja nicht vor einer größeren Frau blamieren müssen. Genauso wurde erwartet, daß größere Frauen dies angeben, damit sich kleinere Männer keine falschen Hoffnungen machen.

Im Hinblick auf das Gewicht lautete die Annahme, daß der gesellschaftliche Druck, der in der westlichen Welt nach weiblicher Schlankheit verlangt, bei der Selbstbeschreibung weiblicher Inserenten häufiger zu Gewichtsangaben führt, während Männer häufiger nach Schlankheit bei ihren Respondentinnen verlangen. Insgesamt sollte die *Größe* für Männer, das *Gewicht* für Frauen relevanter werden.

Die Analyse erfolgte anhand entsprechender Angaben in je 100 Anzeigen von Frauen und Männern. Die Prüfung ergab eine bedeutsame Geschlecht-Merkmal-Richtung-Interaktion[6]:

Männer bieten *Größe* und suchen *Gewicht*, während Frauen eher (wenig) *Gewicht* bieten und *Größe* suchen.

Bedeutet dies, daß *kleinere* Männer und *schwerere* Frauen auf dem Kontaktmarkt benachteiligt werden? Immerhin erhalten großwüchsige Männer auch ein deutlich höheres Anfangsgehalt (Feldman 1971) und mehr Stimmen bei politischen Wahlen (Berkowitz et al. 1971).

---

[6] Für Fachleute: $F = 43.25$, d.f. $= 1,398$, $p < 0.001$.

Lynn u. Shurgot (1984) sind diesen Fragen nachgegangen. Sie zählten 395 Anzeigen von *Living Single* aus und registrierten Geschlecht, Größe, Gewicht, Augen- und Haarfarbe sowie lobende Selbstdarstellungen der eigenen Attraktivität der Inserenten. Bezüglich Größe und Gewicht haben sie nur exakte Angaben erfaßt. Erfolgten nur vage Aussagen, wurde der Wert als fehlend kodiert. Die interessierende Zielvariable war die Anzahl der Zuschriften auf die einzelnen Anzeigen, angegeben durch die Redaktion der Zeitschrift.

Die mittlere Größe der männlichen Inserenten betrug 179 cm, die der weiblichen 165 cm.

Tatsächlich erhielten größere Männer mehr Zuschriften. Bei den weiblichen Inserenten hatte ihre Größenangabe keine Auswirkung auf ihre Popularität. Im Sinne von Kap. 2 bieten Lynn u. Shurgot eine evolutionspsychologische Erklärung an. Demnach ist Größe semantisch mit Macht assoziiert, »und Frauen könnten ein größeres Gewicht als Männer darauf legen, daß ihr Liebespartner einer der Großen ist.« (S. 354).

Nun zum zweiten Faktor. Die Männer wogen 77,2 kg, die Frauen 55,8 kg (S. 353). Auch hier war die Geschlecht-Gewicht-Interaktion bedeutsam und der Befund wie vorausgesagt: Leichtere Frauen bekamen mehr Post. Bei den Männern fand sich kein deutlicher Zusammenhang: Frauen scheinen sich nicht übermäßig um das Gewicht ihres Partners zu kümmern. Dieser Befund folgt aus den in den Anfangskapiteln dargestellten geschlechtsspezifischen Adaptationen zur Partnerwahl und ist im Einklang mit anderen Ergebnissen (z.B. Berscheid et al. 1971; Buss u. Barnes 1986), nach denen die körperliche Attraktivität ihrer Partner Männern wichtiger ist als Frauen.

Blondinen bevorzugt?

Feinman u. Gill (1978) fanden in ihrer Befragung, daß Männer bei Frauen helle Augen- und Haarfarben präferierten, während Frauen den Vorzug Männern mit dunklen Augen und Haaren gaben. Auch in der in Kapitel 3 näher beschriebenen Münchner Untersuchung bevorzugen Männer Frauen mit hellen Haaren deutlich.

Weh dem, der sein Licht unter den Scheffel stellt!

Lynn u. Shurgot (1984) zählten ihre 395 Anzeigen auch nach dem Kriterium aus, ob diese mindestens eine *lobende Selbstdarstellung der eigenen Attraktivität* der Inserenten enthielten. Hierzu gehörten Formulierungen wie »nicht schlechtaussehend«, »mein Aussehen erschreckt keine kleinen Kinder«, »photogen«, »attraktiv«, »atemberaubend«, »Adonis«.

Der Haupteffekt der positiven Selbstdarstellungen war bedeutsam: Inserenten, die versicherten, daß sie nicht unattraktiv sind, bekamen mehr Zuschriften als solche, die dies zu tun versäumten (12,8 vs. 7,7 Zuschriften). Freilich ist die Zuverlässigkeit der Beteuerung der eigenen Attraktivität nicht gewährleistet. Aber solange den Respondenten keine andere Informationsquelle zur Verfügung steht, müssen sie davon ausgehen, daß die Beschreibungen zutreffen.

Auch die Geschlecht-Selbstdarstellung-Interaktion war bedeutsam: Frauen profitierten davon mehr als Männer (Frauen: 14,2 vs. 7,3 Zuschriften; Männer: 10,9 vs. 7,8). Dieser Befund ist konsistent mit früheren, nach denen die Reaktionen der Männer auf weibliche Inserenten abhängiger sind von der Anwesenheit von Attraktivitätsbeteuerungen als die Reaktionen der Frauen auf männliche Inserenten.

Der evolutionäre Sinn der Betonung der Attraktivität bei Frauen und der Verdienstkraft bei Männern als Indikatoren für ihren Reproduktionserfolg wurde anhand der Arbeit von Buss u. Barnes (1986) im vorangegangenen Kapitel besprochen. In ihrer Untersuchung der Geschlechtsrollenerwartungen prüfen Koestner u. Wheeler (1988) auch diese Status-gegen-Attraktivität-These. Die beiden Faktoren wurden durch die Auszählung folgender (und ähnlicher) Begriffe in den bereits beschriebenen 2mal 100 Anzeigen definiert:

■ *Attraktivität*: gutaussehend, (bild)hübsch, bezaubernd, wunderschön, attraktiv.
■ *Beruflicher Status*: Akademiker, promoviert, Arzt, Rechtsanwalt, leitender Angestellter, Professor.

Die Annahme erfuhr eine deutliche Bestätigung. Die Geschlecht-Merkmal-Richtung-Interaktion war bedeutsam[7]:

> Männer boten Statusmerkmale um 44 % häufiger an als Frauen, Frauen suchten diese um 95 % häufiger als Männer. Frauen boten Attraktivität um 65 % häufiger an als Männer, Männer verlangten diese von ihren Partnerinnen um 90 % häufiger.

Koestner u. Wheeler (1988) schließen: »In bezug auf Frauen erscheint die körperliche Attraktivität, in bezug auf Männer der berufliche Status wichtiger zu sein«[8] (S. 157).

---

[7] Für Fachleute: $F = 64.58$, d.f. $= 1,398$, $p < 0.001$.

Auch dieser Befund fügt sich in die Kette der beschriebenen: Die Inserenten zeigen ein Verständnis der impliziten Theorien der Anziehung. Männer wie Frauen neigen dazu, genau jene Merkmale und Eigenschaften anzubieten, die vom anderen Geschlecht gesucht werden. Die Studie von Hassebrauck (1990) belegt ebenfalls, daß der Stellenwert des Aussehens nicht unterschätzt werden darf. In seiner Einführung macht er auf einen scheinbaren Widerspruch aufmerksam: Auf der einen Seite steht die experimentell gut gesicherte Bedeutung der physischen Attraktivität für soziale Interaktionen und speziell für den Bereich der Partnerwahl. Auf der anderen Seite vertreten viele die Meinung, daß es »oberflächlich« und »unangemessen« sei, Mitmenschen aufgrund ihres Aussehens zu beurteilen. Einen Beleg für diese Meinung präsentieren Howard et al. (1987): In einer Rangreihe von fünf für heterosexuelle Paarbeziehungen wichtigen Variablengruppen bringen die Befragten das Aussehen auf den vorletzten Rangplatz. Hassebrauck warnt zur Vorsicht:

> Angesichts der umfangreichen empirischen Evidenz für die Bedeutung des Aussehens (vgl. die Übersichten von Hatfield u. Sprecher 1986; Herman et al. 1986 sowie Patzer 1987) kann man allerdings vermuten, daß solche Ergebnisse das Resultat der Reaktivität der Untersuchungssituation sind (S. 102).

---

[8] Buss u. Barnes (1986) machen auf Selektionsauswirkungen dieser geschlechtsspezifischen Präferenzkriterien aufmerksam: »In einem am Marktwert orientierten System der Partnerwahl, wobei zu diesem Marktwert mehrere Merkmale beitragen, finden Männer und Frauen zusammen, die unterschiedliche, aber ähnlich bewertete Eigenschaften aufweisen« (S. 560, übersetzt vom Verfasser). Wenn Frauen die Verdienstkraft und Männer die Schönheit ihrer potentiellen Partner wertschätzen, dann werden arme Männer und unattraktive Frauen stärker ausgeschlossen als unattraktive Männer und arme Frauen.

Deshalb wählt Hassebrauck die Analyse von Kontaktanzeigen, um die Bedeutung der physischen Attraktivität für die Partnerwahl zu untersuchen. Im Hinblick auf die Bedeutung des Aussehens interessieren ihn die Geschlechtsunterschiede und »welche Merkmale als Gegenleistung für Aussehen erwartet oder geboten werden« (S. 103). Anzeigen beinhalten zwei Perspektiven: Selbstdarstellung und Partnerwünsche. Da Kontaktanzeigen immer gebräuchlicher werden, nimmt auch der »Konkurrenzdruck« zu. Um Beachtung zu finden, muß sich der Inserent so positiv darstellen, daß er sich vor dem Hintergrund der massenhaften Mit-Inserenten hervorhebt. Daher erwartet Hassebrauck, daß selbstbezogene gegenüber partnerorientierten Formulierungen überwiegen.

Seine Annahmen prüft er an einer Stichprobe von 378 nichtkommerziellen Kontaktanzeigen aus 12 Ausgaben südwestdeutscher Zeitungen. Mit Ausnahme der Füllwörter (*und, etc.*) kategorisiert er die Texte vollständig; er hält also nicht nur nach einzelnen Aspekten Ausschau. Dabei erhält er 10 Kategorien für die Selbstbeschreibung und analog weitere 10 für die Partnerbeschreibung. Für jede Kategorie stellt er fest, ob die einzelnen Anzeigen mindestens eine Aussage aus ihnen enthalten. Von seinen zahlreichen Befunden sollen hier nur die beiden wichtigsten herausgegriffen werden:

Als einzig bedeutsamer geschlechtsspezifischer Unterschied werden, ähnlich wie bei Koestner u. Wheeler (1988), *Bildungs- und Statusmerkmale* von Männern fast dreimal so oft angeboten wie von Frauen. Entsprechend wünschen Frauen diese Merkmale vom Partner fast dreimal so oft wie Männer.

Gemäß der These ist die *Aussehenskategorie* der Selbstbeschreibung von allen 20 Kategorien am

132

stärksten besetzt: 82 % der Anzeigen weisen entsprechende Inhalte auf. Damit stehen sie weit vor der zweitstärksten Gruppe der *biographischen Angaben* zur Person (Wohnort, Familienstand, Kinder usw.), die nur in 57,9 % der Anzeigen zum Tragen kommt (S. 105–106).

In diesem Zusammenhang ist auch der Befund von Woll (1986) über die Entscheidungsprozesse beim *Videodating* zu erwähnen. Nach den USA erfreut sich diese durch die Verbreitung der Medien »zeitgemäße« Methode der Partnervermittlung auch in Deutschland großer Beliebtheit. Ein Großteil der am Anfang des Kapitels beschriebenen Einschränkungen bei den gedruckten Bekanntschaftsanzeigen fällt bei dieser Kontaktanbahnung weg. Jene Merkmale, auf die uns die evolutionären Anpassungen der Partnerwahl »programmiert« haben, kommen wesentlich besser zur Geltung. Hierzu gehören die körperliche Erscheinung, der Ausdruck, die Bewegung und die Stimme. Um die Verarbeitungsprozesse nachvollziehen zu können, verwendet Woll die Technik des »lauten Denkens«. Das Ergebnis seiner Untersuchung ist verblüffend: Obwohl den Partnersuchenden detaillierte biographische Informationen über die »Kandidaten« mitgeteilt worden waren, war das einzig bedeutsame Entscheidungskriterium das Aussehen.

Welche Merkmale des Aussehens besonders relevant sind, welche sonstigen Eigenschaften die Erfolgschancen einer Anzeige erhöhen können und wie bewußt die geschlechtsspezifischen Strategien eingesetzt werden, sind die Fragestellungen der vorliegenden Untersuchung. Sie gliedert sich in eine Voruntersuchung an 403 Anzeigen der *Münchner Stadtzeitung* (Abschnitt »Guck mal, wer da inseriert«) und eine Hauptuntersuchung an 2101

Anzeigen aus 19 Zeitungen und Zeitschriften (Abschnitt »Wirksam werben – worauf es ankommt«).

▨ Guck mal, wer da inseriert!

Die im Theorieteil besprochenen Untersuchungen stimmten darin überein, daß dem Aussehen (insbesondere dem der Frauen) eine wichtige Bedeutung für die Partnerwahl zukommt. Auf den Punkt gebracht durch Lynn u. Shurgot (1984): »Männern ist das körperliche Aussehen ihrer Liebespartner wichtiger als Frauen« (S. 355). Demnach müßte man erwarten, daß Männer häufiger als Frauen in ihren Kontaktanzeigen ein Foto von ihren Respondenten verlangen. Andererseits spricht Darwin (1871) bei der zwischengeschlechtlichen Auswahl von der »female choice«, da er bemerkt hatte, daß weibliche Individuen bei allen Säugern in ihrer Partnerwahl selektiver und diskriminierender als männliche sind (vgl. das Konzept der *elterlichen Investition*, Kap. 3).

Die Entscheidung zwischen den konträren Voraussagen beider Theorien ist die erste Fragestellung dieses Versuchsteils (Abschnitt »Damenwahl«).

Das Thema der zweiten Fragestellung basiert auf die Behauptung von Koestner u. Wheeler (1988), daß Frauen und Männer jeweils jene Merkmale und Eigenschaften in ihren Selbstdarstellungen betonen, die vom ergänzenden Geschlecht bevorzugt würden. Wenn diese Annahme zutrifft, müßten Anzeigen dem Geschlecht der Inserenten auch dann zugeordnet werden können, wenn sie keine beschreibend geschlechtsspezifischen Informationen enthalten. Ob dies so ist und ob dann das eigentlich intendierte Geschlecht noch bevorzugt wird, wird im Unterkapitel »Geschlechtsspezifische Werbestrategien in Kontaktanzeigen« untersucht.

Tabelle 14. Die Suchorientierung in den einzelnen Sparten der Stadtzeitung Nr. 1986/1.

Rubrik	Frau sucht Frau	Frau sucht Mann	Mann sucht Frau	Mann sucht Mann	Sonstige	Summe
Herzglück		17	82		5	104
Treff und Freundschaft	3	14	71	4	22	114
Lust und Spiele	1	3	47	6	2	69
Gleich und Gleich	14	1	1	95	4	115
Insgesamt	18	35	201	105	43	403

▨ Damenwahl: Wer will denn schon den Kater im Sack?

Als Quelle für die Anzeigen wurde die im Kreise der 20- bis 30jährigen populäre *Münchner Stadtzeitung* genommen. In ihren vier Rubriken (»Herzglück«, »Treff und Freundschaft«, »Lust und Spiele«, »Gleich und Gleich«) bietet sie eine breite Palette von Kontaktanzeigen, die zum Zwecke der Analyse je nach Geschlecht des Suchenden und des Gesuchten in fünf Gruppen unterteilt wurden (vgl. Tabelle 14). 306 männlichen Inserenten (76 %) stehen 53 weibliche (13 %) gegenüber. Bei 43 Inserenten (11 %) war das Geschlecht aus dem Anzeigentext nicht eindeutig identifizierbar. Der Anteil der Homosexuellen ist nicht zu unterschätzen: Sowohl bei den Frauen als auch bei den Männern erreichte er die Hälfte des Anteils der Heterosexuellen. Auf die vier Rubriken verteilen sich die Anzeigen gleichmäßig, nur die rein sexuell orientierte Rubrik »Lust und Spiele« enthält ein Drittel weniger Inserate als die übrigen. Ihre Besonderheit ist auch, daß hier 16mal so viele Männer wie Frauen suchen, während das Mann-Frau-Verhältnis in den anderen Sparten »nur« 5:1 ausmacht. Hieraus ergibt sich, daß Männer sich anbieten und Frauen aussuchen dürfen.

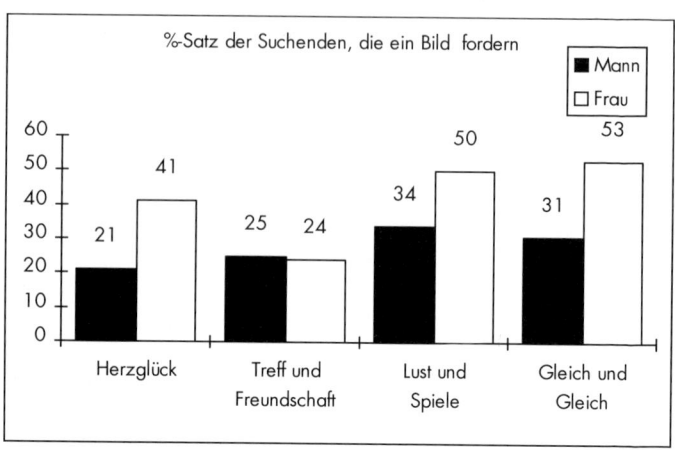

Abb. 7. Prozentsatz der Suchenden, die sehen wollen, von wem eine Zuschrift kommt.

Abbildung 7 zeigt den prozentualen Anteil der Inserenten, die von ihren Respondenten ein Foto verlangen.

Insgesamt erweisen sich die Frauen als wählerischer. Besonders wenn sie sich schon auf eine Begegnung mit deutlich sexueller Zielsetzung einzulassen bereit erklären (Lust und Spiele), wollen 50 % nicht den Kater im Sack. Die gleiche wählerische Sorgfalt gilt allerdings gegenüber dem eigenen Geschlecht (Gleich und Gleich). In diesen beiden Sparten sind auch die Bildansprüche der Männer relativ gesehen am höchsten. Offenbar stehen die Sexualität motivierenden adaptiven körperlichen Auslösemechanismen hier deutlich im Vordergrund. Während sich die beiden Geschlechter nicht unterscheiden, wenn es um eine eher kameradschaftliche Begegnung geht (Treff und Freundschaft), werden die Frauen erheblich kritischer, wenn es ihr Herzglück betrifft.

Habermas könnte mit diesem Befund zufrieden sein, steuert doch das spätkapitalistische Marktgesetz des Angebots und der Nachfrage den Preis, den ein Kontaktsuchender zu zahlen hat. Da je nach Rubrik 5- bis 16mal soviele Männer wie Frauen »im Angebot« sind, können sich Frauen eher erlauben, die Preis-Gabe eines Bildes von denjenigen, die um ihre Gunst buhlen, zu verlangen. Auch wenn nach Lynn u. Shurgot (1984) Männer mehr Wert auf die äußere Erscheinung ihrer Partnerinnen legen, so zeigt sich dieser Effekt nicht in dem Wunsch nach einem Foto.

Geschlechtsspezifische Werbestrategien in Kontaktanzeigen

Nun zum Thema »Wiedererkennbarkeit und Bevorzugung des passenden Geschlechts«. Es wurden 16 Anzeigen aus den vier Rubriken ausgewählt, je Inserentengeschlecht 5 hetero- und 3 homosexuelle. Die Auswahl erfolgte nach dem Kriterium der subjektiven Repräsentativität. Dazu erhielten 15 Teilnehmer einer experimentalpsychologischen Praktikumsgruppe den Auftrag, diejenigen Inserate zu markieren, die nach ihrer individuellen Meinung die Vielfalt in den vier Gruppen (Geschlecht und sexuelle Ausrichtung) am besten abbilden. Selektiert wurden z.B. diejenigen fünf Inserate weiblicher Heterosexueller, die nach übereinstimmender Meinung der Teilnehmer als »typisch« ausgewählt worden waren.

Die Anzeigen im Originaltext

(1) Bin Student, 23, 186, blond, mag verrückte Ideen, schätze gute Gespräche, große u. kleine Kunst, Kneipen, mitreißende Kinofilme u. Theaterstücke. – Suche – lebendiges, unternehmungslustiges Mädchen. Bin begeisterungsfähig, auch gern sportlich u. mag die Natur. Schreib' trotz aller Wenn und Aber! Chiffre 1271

(2) Ich suche einen Freund für aufrichtige Freundschaft, die gegenseitig fördert auch im Alltag, die dem Partner und sich Zeit zur persönlichen und gemeinsamen Entwicklung läßt, die Stärken und Schwächen des Partners akzeptieren, sich positiv und liebevoll (auch lustvoll) begegnen. Ich bin 24, Medizinstudent mit Fehlern und Vorzügen (die aber auch von Deiner Einstellung abhängen) offen für Deinen Brief. Ernstgemeinte Zuschriften bitte mit Bild (Diskretion und Antwort sind klar). Chiffre 1286

(3) W, 30, Zwilling sucht nervenst. Ihn (ca. 35), mit dem man lachen, reden, träumen und weggehen kann, der weiß, daß auch das Wir aus zwei Ich besteht. Chiffre 1350

(4) Ich (W 27) habe 7 Jahre in einer engen Beziehung gelebt, die so, wie sie war, auseinandergeht u. ich liebe, kämpfe, lache, weine u. leide – und das ist ganz schön anstrengend. Ich lerne daraus immer mehr, mein Leben zu leben – das zu tun, was ich will. Und trotzdem sehne ich mich manchmal nach einem Mann, dem es ähnlich geht: Der sich einerseits nach Anlehnen und Ausruhen und andererseits nach Wiedergehen können, um wieder zu kommen, sehnt. Was ich nicht will, sind lockere Bettgeschichten und einen Beziehungssumpf, davon gibt's zuviel! Chiffre 1391

(5) Partner gesucht! Ich, w, 23/174, schlank, sportlich, attraktiv, mag die Natur, Bücher, Skifahren, Musik von Klassik bis Liedermacher, gemütliche Kneipen, Zärtlichkeit und noch vieles mehr. Suche passendes Gegenstück! Bitte Brief mit Bild. Chiffre 1289

(6) W, 25 J., 166 gr./48kg/mittelblond, wünscht eine ernsthafte Dauerbeziehung mit einem ebensolchen Mädchen

(20–22 J). Ich mag Kino / Spaziergänge / Autofahrten / usw. Ich bin still und ruhig und wünsche mir eine Beziehung in der Ehrlichkeit, Sinnlichkeit, Zärtlichkeit und Offenheit in den Gefühlen möglich sind. Ein Bild wäre nett. Chiffre 1325

(7) M, 33, 184 (mit Hund), suche natur- und tierliebe Sie, aufgeschlossen und mit häuslichem Interesse für alles, was zus. mehr Spaß macht (LL, Radeln, Schmusen, Faulenzen) und f. gem. Zukunft. Beantworte jede Zuschrift mit o. ohne Bild. Chiffre 1223

(8) Ich, 23, suche gefühlsbetonten, aber auch energischen Mann zum Verlieben. Du solltest an einer echten Beziehung und an mir interessiert sein und trotzdem Du selbst sein. Eher flippig als durchschnittl. (viell. New Wave), selbstbewußt und offen. Ich bin ein bißchen kompliziert, mag Musik, über alles reden und suche noch nach meinem Weg. Bild wäre toll. Chiffre 1332

(9) Ich suche ein nettes Mädchen für Theater, Essen, Kino, Spazieren, Ausstellungen usw., ca. 20–25, nicht eingefahren und trotzdem realistisch, romantisch, gefühlvoll, weder »Schicki-Micki« noch alternativ, ohne das Bedürfnis, »toller« zu sein als alle anderen. Ich bin m, 24/185, schlank und würde mich über Deinen Brief, eventuell mit Foto sehr freuen. Auf baldige Unternehmungen. Gerhard. Chiffre 1262

(10) Gleich sucht Gleich. 25 J. Frau möchte wieder leben, lachen, träumen, unendlich zärtlich sein. DICH nicht versäumen! In Musik denken, mich verschenken, ganz dasein für DICH, sag wo find ich DICH? Möchte DICH spüren, DICH berühren ein Leben lang, macht DICH das bang? Hast Du Gefühl u. Herz u. Geist, weißt Du auch, was Treue heißt? Dann melde DICH. Foto wäre nett. Gar. zur. Bi zwecklos. Chiffre 1366

(11) »BEGEHRT, GELIEBT, BENUTZT, WEGGEWORFEN, SONST NICHTS«, das möchte ich, m 24/Päd, leider etwas mollig, nicht mehr sagen. Suche deshalb einen Dauerfreund. Chiffre 1218

(12) M 23, 184 groß, dkl. natürl. und ziemlich unerfahren sucht netten, zuverl. Freund (18–24 J), der wie ich seine Neigung nicht unbedingt in der Öffentlichkeit zeigen will. Keine Szene. Bitte Bildzuschrift. (Diskr.) Chiffre 1257

(13) 2 Typen, Machos mit Cabriolet, Squash, Armani, P1, St. Moritz, affektiert und eitel, suchen 2 unausgelastete, attraktive Unternehmerfrauen oder junge bildhübsche Ragazzos für unseren Männlichkeitswahn. Dieses Brainstorming bitten wir kritiklos als glaubhaft zu betrachten. Chiffre 1294

(14) W, 20, hübsch, schlank, nicht dumm und vielseitig interessiert, sucht hübsche, junge und anpassungswillige Bi-Freundin. Du solltest aufgeschlossen und zeigefreudig sein und den Mut haben, Deine Träume u. Wünsche auszuleben. Zuschriften mit Bild u. Telefonangabe an Chiffre 1374

(15) Hübsche Blondine, Katze und Individualistin sucht Erotik und Freundschaft von väterlichem ER. Chiffre 1303

(16) Da ich 40, m, 183, 72 z. Zt. unabhängig bin, kann ich es mir erlauben, nach einem Mädchen meiner Vorstellung zu suchen. Sie kann nicht zu jung sein mit guter Figur von natürlicher Sinnlichkeit, aber zumindest von zärtlichem Wesen. Ich bin sportlich, mag jede Form von Musik. Aber sehr gern mag ich mit einem noch begeisterungsfähigen jungen Mädchen gut leben (reisen). Chiffre 1245

Diese Anzeigen wurden dahingehend verfremdet, daß die eindeutig geschlechtsspezifischen Angaben durch neutrale Bezeichnungen ersetzt wurden (z.B. Person, Wesen, Geschöpf). Auch physikalische Angaben, die die Ratewahrscheinlichkeit zugunsten des einen oder des anderen Geschlechts beeinflußt hätten, wurden durch allgemeinere Formulierungen ersetzt (»Student, 186«, wurde zu »ich studiere, bin groß«, »Blondine und Individualistin« wurde zu »blond und individualistisch«). Die 16 so verfremdeten Anzeigen, je einzeln auf DIN-A-6-Kärtchen geklebt, bildeten das Versuchsmaterial. Die Chiffrenummern dienten lediglich dazu, das Protokollieren der Versuchsergebnisse zu erleichtern.

Die 16 Anzeigen geschlechtsneutral und geordnet nach ihrer Gesamtpräferenz

(1) Ich studiere, bin 23 und groß, blond, mag verrückte Ideen, schätze gute Gespräche, große u. kleine Kunst, Kneipen, mitreißende Kinofilme u. Theaterstücke. Suche lebendiges, unternehmungslustiges Wesen. Bin begeisterungsfähig, auch gern sportlich u. mag die Natur. Schreib' trotz aller Wenn und Aber! Chiffre 1271

(2) Ich suche aufrichtige Freundschaft, die gegenseitig fördert auch im Alltag, die dem Partner und sich Zeit zur persönlichen und gemeinsamen Entwicklung läßt; die Stärken und Schwächen des Partners akzeptieren, sich positiv und liebevoll (auch lustvoll) begegnen. Ich bin 24, stud. med. mit Fehlern und Vorzügen (die aber auch von Deiner Einstellung abhängen) offen für Deinen Brief. Ernstgemeinte Zuschriften bitte mit Bild (Diskretion und Antwort sind klar). Chiffre 1286

(3) Zwilling sucht nervenst. Persönlichkeit, mit der man lachen, reden, träumen und weggehen kann, die weiß, daß auch das Wir aus zwei Ich besteht. Chiffre 1350

(4) Ich (27) habe 7 Jahre in einer engen Beziehung gelebt, die so, wie sie war, auseinandergeht u. ich liebe, kämpfe, lache, weine u. leide und das ist ganz schön anstrengend. Ich lerne daraus immer mehr, mein Leben zu leben das zu tun, was ich will. Und trotzdem sehne ich mich manchmal nach jemandem, dem es ähnlich geht: Der sich einerseits nach Anlehnen und Ausruhen und andererseits nach Wiedergehenkönnen, um wieder zu kommen, sehnt. Was ich nicht will, sind lockere Bettgeschichten und einen Beziehungssumpf, davon gibt's zuviel! Chiffre 1391

(5) Partner gesucht! Ich 23, groß, schlank, sportlich, attraktiv, mag die Natur, Bücher, Skifahren, Musik von

Klassik bis Liedermacher, gemütliche Kneipen, Zärtlichkeit und noch vieles mehr. Suche passendes Gegenstück! Bitte Brief mit Bild. Chiffre 1289

(6) 25 jähr., schlank, mittelblond, wünscht eine ernsthafte Dauerbeziehung mit einem ähnlichen Menschen. Ich mag Kino / Spaziergänge / Autofahrten / usw. Ich bin still und ruhig und wünsche mir eine Beziehung, in der Ehrlichkeit, Sinnlichkeit, Zärtlichkeit und Offenheit in den Gefühlen möglich sind. Ein Bild wäre nett. Chiffre 1325

(7) Bin Ende 20, groß (mit Hund), suche natur- und tierlieben Menschen, aufgeschlossen und mit häuslichem Interesse für alles, was zus. mehr Spaß macht (LL, Radeln, Schmusen, Faulenzen) und f. gem. Zukunft. Beantworte jede Zuschrift mit o. ohne Bild. Chiffre 1223

(8) Ich, 23, suche gefühlsbetontes, aber auch energisches Gegenstück zum Verlieben. Du solltest an einer echten Beziehung und an mir interessiert sein und trotzdem Du selbst sein. Eher flippig als durchschnittl. (viell. New Wave), selbstbewußt und offen. Ich bin ein bißchen kompliziert, mag Musik, über alles reden und suche nach meinem Weg. Bild wäre toll. Chiffre 1332

(9) Ich suche etwas Nettes für Theater, Essen, Kino, Spazieren, Ausstellungen usw., ca. 20–25, nicht eingefahren und trotzdem realistisch, romantisch, gefühlvoll, weder »Schicki-Micki« noch alternativ, ohne das Bedürfnis, »toller« zu sein als alle anderen. Ich bin 24, groß, schlank und würde mich über Deinen Brief, eventuell mit Foto sehr freuen. Auf baldige Unternehmungen. Chiffre 1262

(10) Gleich sucht Gleich. 25j., möchte wieder leben, lachen, träumen, unendlich zärtlich sein. DICH nicht versäumen! In Musik denken, mich verschenken, ganz dasein für DICH, sag wo find ich DICH? Möchte DICH spüren, DICH berühren ein Leben lang, macht DICH das bang? Hast Du Gefühl u. Herz u. Geist, weißt Du auch, was Treue heißt? Dann melde DICH. Foto wäre nett. Gar. zur. Chiffre 1366

(11) »BEGEHRT, GELIEBT, BENUTZT, WEGGEWOR-
FEN, SONST NICHTS«, das möchte ich, 24, groß, leider
etwas mollig, nicht mehr sagen. Suche deshalb Dauerbeziehung. Chiffre 1218

(12) 23, groß, dkl. natürl. und ziemlich unerfahren sucht
nette zuverl. Freundschaft (18–24 J) in der wir unsere Neigung nicht unbedingt in der Öffentlichkeit zeigen wollen.
Keine Szene. Bitte Bildzuschrift. (Diskr.) Chiffre 1257

(13) Sehr forsches Individuum mit Cabriolet, Squash, Armani, P1, St. Moritz, affektiert und eitel, sucht un-
ausgelastetes, attraktives, erfolgsbetontes Pendant oder
junges, bildhübsches Objekt für meinen Größenwahn. Dieses Brainstorming bitte ich kritiklos als glaubhaft zu betrachten. Chiffre 1294

(14) Twen, hübsch, schlank, nicht dumm und vielseitig interessiert, sucht Bi, hübsch, jung und anpassungsfähig. Du
solltest aufgeschlossen und zeigefreudig sein und den Mut
haben, Deine Träume u. Wünsche auszuleben. Zuschriften
mit Bild u. Telefonangabe an Chiffre 1374

(15) Schmusek., hübsch, blond und individualistisch, sucht
Erotik und Freundschaft von älterem Semester. Chiffre
1303

(16) Da ich 40, groß, (Idealgewicht) z. Zt. unabhängig bin,
kann ich es mir erlauben, nach einem Wesen meiner Vorstellung zu suchen. Dieses kann nicht jung genug sein mit
guter Figur von natürlicher Sinnlichkeit, aber zumindest
von zärtlichem Wesen. Ich bin sportlich, mag jede Form
von Musik. Aber sehr gern mag ich mit einem noch
begeisterungsfähigen jungen Geschöpf gut leben (reisen).
Chiffre 1245

Am Versuch nahmen je 14 heterosexuelle Studentinnen und Studenten im Alter zwischen 20 und 25 Jahren teil. Sie wurden einzeln befragt und erhielten zunächst folgende Aufgabe:

»Stelle Dir vor, Du bist seit längerer Zeit ohne Partner und fühlst Dich allein. Beim Durchblättern der Münchner Stadtzeitung entdeckst Du die Kontaktanzeigen. Beim ersten Lesen haben Dich einige Anzeigen besonders angesprochen. Du nimmst diese Anzeigen noch einmal in die Hand, liest sie in Ruhe durch und läßt sie auf Dich wirken. Dann ordnest Du die Anzeigen der Reihe nach, wie sie Dir am besten gefallen.«

Danach bekamen die Teilnehmer die 16 Kärtchen und durften sie ohne zeitliche Begrenzung sortieren.

Die Teilnehmer waren allesamt sehr interessiert und aufgeschlossen für den Versuch. Erklärte einer, daß er fertig sei, folgte eine Nachbefragung, in der der Versuchsleiter herauszufinden versuchte, was diesen Studenten zu seiner Präferenzgebung veranlaßt hatte und was er von den einzelnen Anzeigen hielt.

Zur »Strategie« der *Frauen* gehörte, zwei Pole zu bilden, denen sie die Anzeigen nach Sympathie bzw. Antipathie zuordneten. Auf Befragung gaben sie an, zunächst überlegt zu haben, welcher Partner altersmäßig zu ihnen passen würde, wer – wie sie – ebenfalls Student sei und wessen Stil Lebensfreude, Engagement und Interesse bezeugte, also Merkmale, die nach ihrer Meinung dazu taugten, eine Beziehung zu entwickeln. Obwohl sich einige auch von Anzeigen angesprochen fühlten, die »problematisch klangen«, würden sie sich im konkreten Fall einer Partnersuche nicht an diese wenden wollen. Auf Ablehnung stießen alle Anzeigen, die sie als »zu dick aufgetragen« empfanden, als zu »klischeehaft« oder als zu deutlich sexuell (z.B. Nr. 15, 10 oder 13).

Zur Vorgehensweise der *Männer* gehörte es, zunächst zu überlegen, was sie auf keinen Fall haben wollen. Je nach Person konnten Anzeigen darunter fallen, die »nach einer Dauerbeziehung« klangen, die eine rein erotische Beziehung suchten, die sich langweilig oder »affektiert« anhörten (z.B. Nr. 7, 15). Zu den individuellen Prädikaten gehörten »sumpfig und schnulzig« zu Nr. 10 oder »affektiertes Geschwätz« zu Nr. 13. Weniger bewußt erschien die Bezeichnung des positiven Pols. Häufig wurde die Präferenz lediglich damit begründet, daß die Anzeige »flott« oder »unkompliziert« klinge, und einmal, daß sie auf eine gleichwertige Partnerschaft hindeute.

Erst nach der Begründung der Präferenzentscheidungen in der Nachbefragung wurde den Frauen und Männern die Möglichkeit offenbart, daß einige Anzeigen nicht vom ergänzenden Geschlecht aufgegeben worden sein könnten. An dieser Stelle sollten die Studenten das Geschlecht der einzelnen Inserenten identifizieren. Die entsprechende Anweisung lautete:

»Als letztes bitte ich Dich, die Anzeigen, die Deiner Meinung nach von einem Mann aufgegeben wurden, auf einen Haufen zu legen und die von einer Frau auf einen zweiten Haufen.«

Die Ergebnisse der beiden Versuchsschritte werden in Tabelle 15 zusammengefaßt.

Die beiden Geschlechter bewerten die Anzeigen trotz der Geschlechtsmanipulation keineswegs grundverschieden. Vier der ersten fünf Plazierungen der Männer und alle der letzten fünf erreichen auch bei den Frauen die ersten bzw. die letzten fünf Rangplätze. Die einzige bedeutsame Abweichung betrifft Anzeige Nr. 7, die bei den Frauen an zweiter, bei den Männern an neunter Stelle steht. Die Frauen haben diese Anzeige nicht nur höher präferiert, sie haben sie auch besser erkannt. Dieses Inserat löste den zweitgrößten Rangplatzunterschied in der Erkennung aus: Bei den Frauen landete es auf Platz 5, bei den Männern auf Platz 11,5. Dabei ist es eines der 3 von den 16 Inseraten, die von den Frauen besser als von den Männern erkannt worden waren. Auf mögliche Ursachen

Tabelle 15. Präferenz und Erkennbarkeit der Anzeigen – geordnet nach ihrer Gesamterkennbarkeit.

Anzeigen-nummer[a]	Präferenz der Männer (Rangplatz)	Präferenz der Frauen (Rangplatz)	Gesamt-Präferenz (Rangplatz)	Erkennensleistung der Männer [%]	Erkennensleistung der Frauen [%]	Gesamt-Erkennungsleistung [%]
13M	14	14	13	100	100	100
16M	16	13	16	93	93	93
4W	4	4	4	93	79	86
9M	8	9	9	79	93	86
12M*	10	12	12	79	79	79
15W	15	16	15	93	50	71
3W	2	6	3	79	64	71
7M	9	2	7	64	79	71
1M	3	1	1	79	57	68
10W*	11	11	10	79	57	68
2M*	1	3	2	64	50	57
6W*	5	7	6	57	57	57
8W	7	8	8	71	36	54
5W	6	5	5	57	21	39
14W*	13	15	14	29	43	36
11M*	12	10	11	7	7	7

[a] Bestehend aus der Reihenfolgennummer, die zugleich der Gesamtpräferenz entspricht. Der Buchstabe bezieht sich auf das Inserentengeschlecht.

* Gleichgeschlechtlicher Partner gesucht.

Tabelle 16. Prozentuale geschlechtsabhängige Erkennung.

Befragte	Männliche Inserenten	Weibliche Inserenten	Über alle Inserenten
Männer	70	70	70
Frauen	70	50	60
Gesamt	70	60	

soll bei der Diskussion der Rollentheorie im Anschluß an Abb. 9 eingegangen werden. Der größte Unterschied trat bei Anzeige Nr. 15 auf, die von den Männern zu 93 % erkannt worden war. Hingegen lag die Trefferrate der Frauen nur auf dem Zufallsniveau (50 %). Wie aus Tabelle 16 hervorgeht, lag die Erkennungsleistung der Frauen (60 %) insgesamt deutlich unter der der Männer (70 %). Besonders kraß wird der Unterschied bei der Erkennung weiblicher Inserenten. Die Leistung der Frauen übersteigt nicht die Zufallserwartung (50 %). Die Männer kommen auf 70 %. Dagegen gibt es keinen Unterschied bei der Erkennung männlicher Inserenten. Trotz der insgesamt besseren Erkennungsleistung der Männer (zumal für weibliche Anzeigen), ist ihre erste Wahl ein (homosexueller) männlicher Inserent. Unter ihren »Top 3« befindet sich überhaupt nur eine Frau. Hingegen sind alle drei Höchstplazierten der Frauen Männer.

Sieht man vom Mittelwertsunterschied ab, erkennt man typisch männliche Anzeigen wie Nr. 13, die von *allen* Teilnehmern erkannt werden konnte, und typisch weibliche, wie Nr. 4 oder die bereits besprochene Nr. 15, die nur von einem Mann, aber von mehreren Frauen *nicht* erkannt wurde. Den Gegenpol bildet die Anzeige Nr. 11 eines homosexuellen Mannes, die bis auf je eine Ausnahme von allen einer Frau zugeschrieben worden war. Insgesamt liegen 5 der 6 homosexuellen Inserate zwischen Rangplatz 10 und 16 der Erkennung. Diese

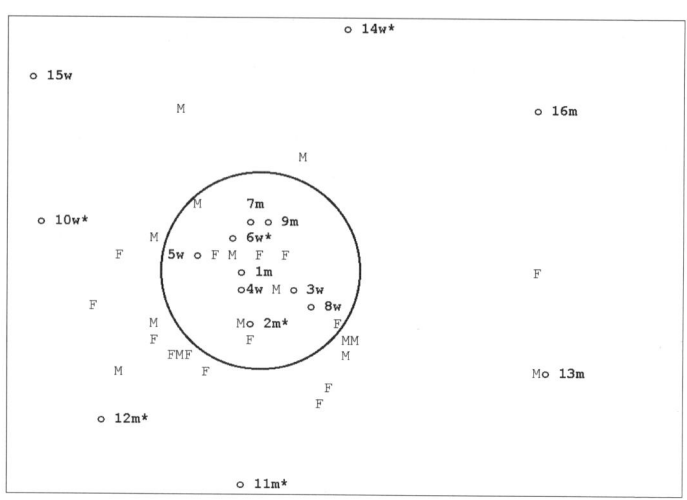

Abb. 8. Präferenzstruktur der Bekanntschaftsanzeigen (14 Männer und 14 Frauen).

Inserenten waren also für Männer wie Frauen besonders schwierig zu erkennen.

Die gemeinsame Präferenzstruktur der Anzeigen und der Befragten wird in Abb. 8 veranschaulicht. Die verwendete Technik (Unfolding-Analyse) berücksichtigt folgende Informationen: Je höher jemand eine Anzeige bewertet hat, um so näher wird er bei ihr abgebildet. Anzeigen, die ähnlich bewertet wurden, sowie Befragte mit ähnlichen Präferenzrangfolgen liegen nah beieinander, während unterschiedlich bewertete Anzeigen sowie Personen mit abweichenden Präferenzen weit voneinander entfernt dargestellt werden. Die Anzeigen sind mit ihrer Nummer und dem ersten (Klein-)Buchstaben des Inserentengeschlechts abgekürzt, die Befragten mit dem Großbuchstaben ihres Geschlechts. Die »Blonde Elektra« (Nr. 15), der homosexuelle Mann (Nr. 11) und der »Armani Macho« (Nr. 13) werden jeweils sehr unterschiedlich empfunden. Anzeigen, die untereinander ähnlich sind und der Präferenz der »Norm« entsprechen (ausgedrückt durch die höheren mittleren Präferenzrangplätze), werden von der Unfoldinganalyse zentral plaziert (in der Abbildung durch einen Kreis dargestellt). Die Abweichenden, nur von einzelnen Personen bevorzugten, werden dadurch an den Rand gerückt. Da die Numerierung der Anzeigen ihrer Präferenzreihenfolge entspricht, sind die Rangplätze 10–16 auch am weitesten vom Mittelpunkt verschoben. Es ist gut sichtbar, daß die Letztplazierten keinen Zulauf bei unseren Befragten finden. Hiervon ist lediglich die »Blonde Elektra« (Nr. 15) eine Ausnahme, die einen Mann anzog. Unter den – im Sinne der Unfoldinganalyse – exzentrischen Anzeigen befinden sich fünf der sechs homosexuellen Inserate sowie jene aus der Rubrik »*Lust und Spiele*« (Nr. 13, 15 und 16). Dies belegt, daß die Befragten die Zielsetzung der Instruktion, nach einem *Beziehungspartner* zu suchen, tatsächlich befolgt haben.

Unsere Fragestellung betraf die Erkennbarkeit der geschlechtsspezifischen Werbestrategien, aufbauend auf die Arbeit von Rosenkrantz et al. (1968) zur Rollenerwartung. In jener Studie hatten Studenten den typischen Mann und die typische Frau an über hundert wünschenswerten Eigenschaften bewertet. Mit großer Übereinstimmung wurde der Mann eher »instrumental«[9] beschrieben: selbstbestimmt, zielorientiert, unabhängig und entscheidungsfreudig. Die Frau erreichte wesentlich höhere Bewertungen in der zwischenmenschlich orientierten, einfühlsamen, emotionalen »Expressivität«[10]. Auch die um-

---

[9] Instrumentale Eigenschaften: aktiv, energisch, unabhängig, abenteuerliebend, kompetent, intelligent, selbstsicher.
[10] Expressive Eigenschaften: warm, zärtlich, sensibel, fürsorglich, einfühlsam, hingebungsvoll, verständnisvoll.

fassende Übersicht der Arbeiten zu den Geschlechtsrollen von Spence et al. (1985) kommt zu dem Schluß, daß der beständig gefundene Persönlichkeitsunterschied in der Instrumentalität vs. Expressivität gesehen werden kann. Die Ergebnisse der vorliegenden Untersuchung implizieren eine differenzierte Antwort. Durch die Aufklärung über eine experimentelle Manipulation erreichen die Männer eine bessere Identifikationsleistung. Ohne Aufklärung präferieren sie (wohlgemerkt *gegen* ihre Absicht) Inserenten des nicht intendierten Geschlechts. Diese »Fehlleistung« soll im Kontext der Erkennbarkeit und der Geschlechtsrollenstereotypen (Rosenkrantz et al. 1968) erläutert werden.

Betrachtet man die drei von den Männern am besten erkannten Anzeigen (Tabelle 15), ergibt sich ein Rollenmuster. »Armani Macho« (Nr. 13) wurde von allen erkannt. In der Eigendarstellung zeigen sich typische »Potenzverstärker« (Auto, Sport, Luxus), die charakteristisch für die als instrumental geltende männliche Rolle sind. Es liegt die Vermutung nahe, daß das Gesuchte (Anpassung [»Pendant«], Äußerlichkeiten [»attraktives, ... bildhübsches Objekt«]) männlich besetzt ist. Auch der von nur einer Person nicht erkannte »unabhängige Vierziger« (Nr. 16) kann als typisch männliche Anzeige interpretiert werden. Dieselben Kriterien kommen zur Anwendung. Die »7jährige Beziehung« (Nr. 4) stellt einen krassen Gegensatz dar. Sie ist sehr emotional geprägt und wirbt mit eher expressiven Eigenschaften als instrumentalen Merkmalen. Sie dürfte deshalb von 93 % der Männer als typisch weiblich erkannt worden sein.

Dies läßt die vorsichtige Vermutung zu, daß die von der Evolutionspsychologie beschriebenen geschlechtsspezifischen Adaptationen die Bewertung stark prägen, welcher Sachverhalt sich auch bei den Frauen belegen läßt. Hierfür spricht auch die Anzeige des »Weggeworfenen«

(Nr. 11), deren Inserent eine starke Geringschätzung der eigenen Person erkennen läßt (»Benutzt, Weggeworfen, sonst nichts«), und zusätzlich ein weiblich besetztes Wort (»mollig«) verwendet. Dieser Inserent wurde auch nur von einer der Frauen richtig zugeordnet. Dies steht auch im Einklang mit der These geschlechtsspezifischer Adaptationen. Für diese These sprechen ebenfalls die ähnlich guten Erkennensleistungen der Frauen bei den Anzeigen Nr. 13, 16 und 4. Die Tatsache, daß die »vielseitige Kulturliebhaberin« (Nr. 5) nur von drei Frauen erkannt wurde, mag an der männlich besetzten Attribuierung äußerlicher Merkmale liegen [»groß, schlank, sportlich«]. Die »komplizierte New Waverin« (Nr. 8) wurde möglicherweise deshalb nicht erkannt, weil etwas »Gefühlsbetontes« gesucht wird, diese expressive Eigenschaft aber weiblich besetzt ist. Dasselbe läßt sich umgekehrt auf den »Kunst-Kneipen-Kino-Fan« (Nr. 1) anwenden, denn es gehört nicht zum instrumentalen Rollenbild eines Mannes, sich von einem Film »mitreißen« zu lassen.

▨ Wirksam werben: Worauf es ankommt

Während zunächst die Grundlage der Untersuchung eine einzige – wenn auch im Kreise der jungen Erwachsenen weit verbreitete – Zeitschrift war, soll nun eine vollständigere Repräsentativität der Anzeigen angestrebt werden. Wegen der Verbreitung der einzelnen Presseorgane, die Anzeigen beinhalten, gilt diese Repräsentativität jedoch nur für eine Region: In Berlin findet man teilweise andere Zeitschriften mit Anzeigen als in München. In die Analyse gingen alle Anzeigenträger ein, die am Zeitungsstand des Münchner Hauptbahnhofs am

15.12.1990 deutschsprachige, nicht ausschließlich pornographische Kontaktanzeigen enthielten. Dabei handelt es sich um 19 Zeitungen und Zeitschriften. Das Spektrum reichte von christlich-konservativen (z.b. *Regensburger Bistumsblatt*) bis zu szeneorientierten Quellen (z.b. *Rockfabrik*).

Im ersten Teil der Untersuchung (»Wer wirbt wo und womit?«) soll die Struktur der Inserenten nach Geschlecht, Alter, sexueller Ausrichtung und Quelle aufgeklärt werden. Ferner sollen die im Theorieteil referierten Hypothesen, die größtenteils in den USA und falls in Deutschland, dann an nur drei Zeitungen, untersucht worden waren (Hassebrauck 1990), an dieser repräsentativeren Stichprobe geprüft werden.

Im zweiten Teil (»Die Aufklärung der Präferenz«) sollen pro Quelle die typischsten Anzeigen jungen Erwachsenen, die tatsächlich einen Partner suchen, vorgelegt werden. Die Anzeigen werden nicht nur auf ihre globale Präferenz hin skaliert, sondern auch auf jede der Eigenschaften, die die Studenten des Vorversuchs für ihre Selektionsstrategie als relevant angaben. Mit Hilfe der statistischen Technik der Faktorenanalyse ermöglicht dies eine geschlechtsspezifische eigenschaftsbezogene Aufklärung der Präferenzurteile.

Wer wirbt wo und womit?

Tabelle 17 zeigt die 19 Quellen geordnet nach der Anzahl der ihnen entnommenen Anzeigen (letzte Spalte). Dabei sind nur private Inserate berücksichtigt, keine Agenturen oder kommerziellen Anbieter. Ähnlich wie unter »Guck mal wer da inseriert!« (vgl. S. 134) wurden die Anzeigen nach dem Geschlecht des Inserenten sowie des Gesuchten in fünf Rubriken aufgeteilt. Die Spalte »Son-

Tabelle 17. Verteilung der Bekanntschaftsanzeigen auf die Rubriken.

Name der Zeitschrift	F sucht F		F sucht M		M sucht F		M sucht M		Sonstige		Gesamt	
	%	Alter	%	Alter	%	Alter	%	Alter	%	Alter	Anzahl	Alter
Prinz	4	30,0	11	27,8	43	29,1	31	29,2	11	25,5	468	29
Süddeutsche Zeitung	1	45,5	43	41,7	48	39,5	1	40,5	8	40,7	273	41
St. Pauli Nachrichten	0		7	34,1	61	34,4			31	37,3	271	35
Münchner Stadtmagazin	4	31,4	7	28,0	61	30,5	10	30,8	18	31,1	184	30
Die Zeit			62	41,5	38	41,4					155	41
TZ			32	41,0	68	40,1					142	40
Augsburger Zeitung			34	40,0	64	36,0			1	(22)	132	38
Kurz u. Fündig	12	27,6	16	32,0	57	29,4	7	28,3	20	28,7	74	29
Coupé	79	35,4	19	26,9	49	30,1			20		69	29
Emma	3	38,0	2	38,0	54	36,7	5	33	19	33,1	62	35
Isartaler Wochenblatt			15	34,4	28	39,7			23	34	61	36
FAZ			72	44,9	17	47,5					57	44
Astrowoche			83	44,2	36	42,1					46	45
Esotera	2	21,0	57	41,7	52	23,9	5	36,5			44	41
Rockfabrik			48	23,3	95	37,0					27	24
Regensburger Bistumsblatt			5								21	37
Weltbild			17	32,0	83	42,8					6	41
Münchner Wochenblatt	20	35,0	60	36,3	20	21,0					5	33
Connection	75	36,0	75	36,0					25		4	36
Absol. Häufigkeiten, summiert über alle Zeitschriften/mittleres Alter	94	33,5	545	39	1039	34,6	177	29,8	246	33,5	2101	35,1
Prozent. Häufigkeiten	4		26		49		8		12			

stige« ergab sich meistens dadurch, daß die Inserenten keine Beschränkungen auf das Geschlecht der Respondenten gemacht haben. In den einzelnen Spalten wird die Anzahl der Anzeigen und das mittlere Alter der Inserenten angegeben. In der letzten Spalte steht das mittlere Alter der Inserenten der Quelle.

- Aus der letzten Zeile geht hervor, daß, unabhängig von der sexuellen Ausrichtung, doppelt so viele Männer einen Partner suchen wie Frauen: 49 % aller Inserenten sind heterosexuelle Männer, halb so viele (26 %) heterosexuelle Frauen, 8 % homosexuelle Männer und abermals halb so viele homosexuelle Frauen.
- Bei der Abhängigkeit des Alters vom Geschlecht und von der sexuellen Ausrichtung der Inserenten erweisen sich beide Faktoren als bedeutsam. Geschlecht: Die inserierenden Männer (ob hetero- oder homosexuell) sind durchschnittlich fünf Jahre jünger als die suchenden Frauen. Ausrichtung: Homosexuelle Inserenten (ob Männer oder Frauen) sind knapp fünf Jahre jünger als heterosexuelle.

Bei aller gebotenen Vorsicht könnte dies dafür sprechen, daß die Inserate einen gewissen Engpaß des potentiellen Partnerangebots deutlich werden lassen. Dieser tritt für homosexuelle Männer bereits unter 30, für homosexuelle Frauen und für heterosexuelle Männer etwa ab Mitte 30, und für die heterosexuellen Frauen erst mit Ende 30 ein.

Die einzelnen Quellen unterscheiden sich nicht nur im Hinblick auf das mittlere Alter ihrer Inserenten *(Rockfabrik:* 24 J., *Astrowoche:* 45 J.) sowie die Größe ihres Kontaktmarktes *(Prinz:* 468 Anzeigen, *Connection:* 4

Tabelle 18. Prozentsatz der Anzeigen pro Rubrik mit dem entsprechenden Merkmal ausgezählt über alle Zeitschriften nach inhaltsanalytischer Kategorie und Selbstbeschreibung (1. Person) bzw. Wunschpartner (2. Person).

		F sucht F	F sucht M	M sucht F	M sucht M	Sonstige	Summe
Säuglings-merkmale	1.Person	2,1	13,2	8,4	25,3	3,8	10,4
	2.Person		1,8	5,1	0,6	1,2	3,1
Aussehen	1.Person	29,6	55,2	46,6	67,2	38,4	48,8
	2.Person	21,3	15,4	28,6	44,1	8,9	26,9
Persönlichkeits-eigenschaften	1.Person	39,3	58,9	47,5	40,5	37,4	45,0
	2.Person	57,8	65,2	60,1	54,1	46,4	59,2
Status	1.Person	32	51	49	30	27	45,1
	2.Person	18,7	33,4	21,2	5,7	11,5	22,7
Negativ-merkmale	1.Person	4,2	6,1	7,1	6,5	2,4	6,0
	2.Person		4,7	3,1	4,9	1,7	2,7
Anzahl der Anzeigen pro Rubrik		94	545	1039	177	246	2101

Anzeigen), sondern auch auf ihre sexuelle Orientierung. »Seriöse« Quellen wie *Die Zeit, Frankfurter Allgemeine Zeitung, Regensburger Bistumsblatt, Weltbild,* aber auch *Astrowoche* und *Rockfabrik* enthalten nur heterosexuelle Inserate. Dabei variiert der Frauenanteil von 5 % *(Regensburger Bistumsblatt)* über 62 % *(Die Zeit)* bis zu den astronomischen Werten der Esoterikzeitschriften (z.B. 83 % in der *Astrowoche)*. Nur wenige dürfte es überraschen, daß der Anteil heterosexueller Inserenten in der *Emma* lediglich 2 % beträgt.

Die Analyse der Anzeigen erfolgte nach *Person* (Beschreibung des Selbst = 1. Person oder des Wunschpartners = 2. Person) und *Inhalt.* Beim Inhalt sind vier unabhängige Kategorien und eine abgeleitete (*»Negatives«*[11]) ausgezählt worden. Die Kategorien *Persönlichkeitseigenschaften* und *Status* wurden entsprechend der Arbeit von Koestner u. Wheeler (1988) gebildet. Ihre Aussehenskategorie ist aufgrund bereits nachgewiesener entwicklungspsychologischer Überlegungen in die beiden Teilmengen *Säuglingsmerkmale*[12] und *Aussehen*[13] aufgeteilt worden (vgl. Hejj 1989). Tabelle 18 stellt die Gesamtauswertung über alle 19 Zeitschriften dar.

Die Annahme von Hassebrauck (1990) wird auch hier bestätigt: Fügt man die beiden Teilkategorien zusammen, ist das Aussehen die wichtigste Selbstbeschreibung (59 %). Sowohl hierzu, als auch zum Status wird (zumindest quantitativ) mehr geboten als verlangt (59 % vs. 30 % bzw. 45 % vs. 23 %). Frauen bieten mehr an Aus-

---

[11] Zum Beispiel: häßlich, extrem, mollig, AIDS-krank, arbeitslos, mit drei Kindern, stur, chaotisch, verkanntes Genie, Außenseiter.
[12] Merkmale, die einem Säugling schon zur ersten Orientierung dienen, z.B. Augen, Mund, Gesicht, Haare, Stimme, Geruch und Brust.
[13] Die Erwachsenenperspektive der sekundären Geschlechtsmerkmale, z.B. Figur, Po, Beine, Schuhe, Kleidung.

sehen als Männer (68 % vs. 55 %), dafür wünschen es sich Männer mehr als Frauen (34 % vs. 17 %). Besonders deutlich wird dieses Verhältnis bei den archaischen *Säuglingsmerkmalen.* Homosexuelle Inserenten beschreiben sich mit weniger Persönlichkeitseigenschaften, aber (zumindest die Männer) mit mehr Aussehensmerkmalen und erst recht mit mehr Säuglingsmerkmalen als Heterosexuelle. Im Vergleich zur heterosexuellen Partnersuche spielt der Status eine weit untergeordnetere Rolle (gemittelt 31 % statt 50 % im Angebot und 12 % statt 27 % in der Nachfrage).

In Tabelle 19 und 20 werden die Quellen nach der Verbreitung der einzelnen Attribute *Aussehen* und *Status* sortiert.

FAZ und *Die Zeit* nehmen bei beiden Kriterien vornehme Plätze ein, möglicherweise aufgrund des größeren Umfangs der in ihnen üblichen Anzeigen.

Während *Die Zeit* eher von einem traditionellen Partnerschaftsverständnis und somit von den Hassenbrauckschen Proportionen getragen wird (Frauen bieten Aussehen in 82 % und verlangen es in nur 13 % – mit einer umgekehrten Relation bei den Männern), gleicht sich in *Prinz*, einer Quelle, die jungen Erwachsenen auch von der Altersstruktur her näher zu stehen scheint, das Verhältnis zwischen beiden Geschlechtern sowohl im Angebot als auch in der Nachfrage aus. Bei den *Emma*-Inserentinnen wird die Bedeutung des Aussehens ganz unten angesiedelt (18 bzw. 14 %).

Während sich die Mittelwerte der Häufigkeit von Statusangaben der heterosexuellen Frauen und Männer in allen Quellen nur unwesentlich unterscheiden, so gibt es doch bei einzelnen Quellen deutliche Unterschiede. In der *Augsburger Zeitung* haben z.B. lediglich 15 % der Frauen, aber 43 % der Männer Angaben zum eigenen Status gemacht. Wenig überraschend ist auch die Tatsa-

Tabelle 19. Prozentsatz der *Aussehensangaben* nach Zeitschrift, Rubrik, Selbstdarstellung (1.P) und Gesuchtem (2.P). Berücksichtigt werden Zeitschriften mit mindestens 20 Anzeigen. Die letzte Spalte zeigt den Prozentsatz aller Inserenten der Zeitschrift mit Aussehensangabe und den dazugehörige Rangplatz im Vergleich zu den anderen Zeitschriften.

	F sucht F		F sucht M		M sucht F		M sucht M		sonstige		Summe	
	1. P	2. P	1. P	2. P	1. P	2. P	1. P	2. P	1. P	2. P	1. P	2. P
Die Zeit			82	13	53	59					71 1	30 2
FAZ			59	10	69	75					62 2	28 4
Münchner Stadtmagazin	71		54	15	56	34	67	39	65	32	59 3	26 8
Kurz u. Fündig			66	12	52	40	4	20	73	13	55 4	24 10
Isartaler Wochenblatt			77		66	18			35	14	55 5	13 13
Astrowoche			52	26	63	38					54 6	28 4
Prinz	48	48	43	47	42	36	72	47	20	8	49 7	39 1
TZ			56	8	45	34					49 8	26 7
Regensburger Bistumsblatt			100		45						48 9	0 16
St. Pauli Nachrichten	100	100	44		50	37	50	25	41	12	47 10	27 6
Süddeutsche Zeitung	25		54	16	43	37		50	30	13	46 11	26 8
Esotera	100	100	48	8	31	19					41 12	16 11
Coupé		12	38		44	20			42		37 13	11 14
Augsburger Zeitung	100		36	8	29	20					32 14	15 12
Rockfabrik			15	23	29	36					22 15	30 3
Emma	18	14									14 16	11 14
Gewichteter Mittelwert über alle Zeitschriften	30	21	55	15	47	29	67	44	38	9	49	27

Tabelle 20. Prozentsatz der *Statusangaben* nach Zeitschrift, Rubrik, Selbstdarstellung (1.P) und Gesuchtem (2.P).

	F sucht F 1.P	F sucht F 2.P	F sucht M 1.P	F sucht M 2.P	M sucht F 1.P	M sucht F 2.P	M sucht M 1.P	M sucht M 2.P	Sonstige 1.P	Sonstige 2.P	Summe 1.P	Rang	Summe 2.P	Rang
Regensburger Bistumsblatt					95	5					90	1	5	13
FAZ			81	54	100	38					86	2	49	2
Die Zeit			85	29	86	41					85	3	34	5
Rockfabrik			54	54	79	29					67	4	41	3
Süddeutsche Zeitung	100	100	54	46	70	30			39	48	61	5	39	4
Astrowoche			55	50	75	62					58	6	52	1
Isartaler Wochenblatt			33	33	63	21			21	14	44	7	19	9
Emma	39	16	100							4	41	8	13	10
TZ			34		45						41	8	0	16
St. Pauli Nachrichten	100	100	67	24	41	10			31	5	39	10	8	12
Augsburger Zeitung			15		43	1			100		34	11	10	11
Prinz	10	19	26	49	42	27	33	20	16	4	33	12	25	7
Kurz u. Fündig			25	41	38	19	20	6	26	13	32	13	21	8
Coupé	37		46	15	32	3			14		32	13	4	15
Münchner Stadtmagazin	14	11	62	23	30	44	17		27	18	30	15	32	6
Esotera			16	8	50		50				30	15	5	14
Gewichteter Mittelwert über alle Zeitschriften	32	19	51	33	49	21	30	6	27	12	45		23	

che, daß bei einigen Zeitschriften deutliche Abweichungen vom Gesamtmittelwert der Statusangaben, der bei 45 % liegt, auftreten. So liegt der Mittelwert über alle Rubriken beim *Regensburger Bistumsblatt* bei 90 %, beim *Münchner Stadtmagazin* hingegen nur bei 30 %.

Wer gefällt? Die Aufklärung der Präferenz

Als Versuchsmaterial wurden aus jeder Quelle die »repräsentativsten« Anzeigen ausgesucht. Aus diesem Pool einigte sich die Praktikumsgruppe auf 21, die auf DIN-A6-Kärtchen aufbereitet wurden.

Die 21 Anzeigen – geordnet nach ihrer Gesamtpräferenz

(1) München hat 1,4 Millionen Einwohner, davon 56 % männlich = 784.000. 18 % davon sind erwachsen bis ca. 25 Jahre = 141.120, von denen ca. 5 % schwul sind = 7.056. Nur 10 % mögen einen Freund, der älter als sie selbst ist, also noch 706. 90 % sehen diese Anzeige nicht, macht 71 Leser. 3/4 davon sind geldgeil oder Trinken – Rest 18. Die Hälfte sind Szene- oder Modefans, vier mögen mich nicht, vier mag ich nicht, KOMM'RAUS–DU BIST UMZINGELT!

(2) Toller **Käfer**, Baujahr 67, top Zustand, Sonderausstattung, viele Extras, an Liebhaber abzugeben.

(3) Welcher edle Ritter wagt Kampf mit **Drachen**, w, 28 J.? Das seltene Exemplar ist sattelfest und opernerprobt, möglicherweise domestizierbar. Nur in liebevolle Hände abzugeben.

(4) Welche kleine schlanke Studentin ist ebenso wie ich im **Examensstreß** und möchte gerade jetzt nicht auf Streicheleinheiten verzichten? Bin m, 176, schlank, gutaussehend und kein Unsympath.

160

(5) **Jungvogel,** gerade erst flügge, Student, 23/183, schlank, eben aus dem Nest entwischt, entwickelt sich flugs in tag- und nachtaktiven Tanz- und Kuschelbär, Wandervogel, Badeente, Leseratte, Faultier, wenn Du ihn landen läßt, und freut sich auf erste Höhenflüge. Übrigens: Da ich zum 1. Mal schreibe, kannst Du ja auch zum 1. Mal antworten. Tschilp-Tschilp (mit Bild?)

(6) Flottes **Popkörnchen,** weiblich, 23 Jahre jung, sucht schickes Popkorn zum Poppen

(7) **Prinz** gesucht – der sich nach dem ersten Kuß nicht in einen Frosch verwandelt. Erfolgreiche Unternehmerin, 43 J./170/65, sucht den Reiz der Reife in einem Mann, 45–60 J., der ein sensibler Geliebter, väterlicher Freund und erfahrener Ehepartner sein möchte. Meine Schwäche: auf vieles verzichten zu können – nur nicht auf Luxus. Meine Hoffnung: ... daß Sie meine größte Schwäche werden.

(8) Wassermann, 42/170/72, **trinkfest** u. arbeitsscheu, leichtsinnig aber absolut treu und zuverlässig lädt passende Sie zum Essen ein. Bei gleichem Geschmack und anhaltendem Appetit spätere gemeinsame Küche angenehm.

(9) Ich werde **heiraten!** – Die Frage ist nur: welche Frau will mich? Aufgewachsen im Herzen des Ruhrgebietes, erfahrener Taxifahrer, Junggeselle, geübt in weitgehend allen Bereichen der hausfraulichen Tätigkeiten, studierter Ingenieur, jetzt 35, Dr.Ing. mit Spaß am Beruf. Die Zukunft wünsche ich mir mit einer gefühlvollen und klugen Frau zu teilen, die recht hübsch und ruhig ein bißchen mollig sein darf. Bin 1,77/74, Nichtraucher, dunkelhaarig, eher sportlich, vorzeigbar, allemal zuverlässig, optimistisch, sehne mich nach Harmonie und neige zur Eigenbrötelei. Wenn Sie sich angesprochen fühlen, eine neue Aufgabe suchen, dann schreiben Sie mir ein paar Zeilen aus dem Großraum 4/5 oder anderswo gern mit Bild.

(10) Am liebsten möchte ich jeden Abend einen »richtigen« Mann in meinen Armen halten und ihn meine Liebe spüren lassen ... Welcher wache, lebendige Mann beginnt Lebens-

partnerschaft mit **Lehrerin**, 38, 170, schlank, natürlich, zärtlich, mit 6jähriger Tochter, beruflich engagiert im Raum 2?

(11) Nur für Damen! Bildhübscher **Engel**, 22, sinnlich, zärtlich, tolerant, mit polangen, lockigen, weißblonden Haaren, kristallklaren, himmelblauen Augen, sonnengebräunter, weicher Pfirsichhaut, sehr langen Beinen, schönem großem Busen und Liebhaberin verführerischer Seidendessous, leider unerfahren, aber mobil, möchte mit betörender, wunderschöner EVA das Paradies der Sinnenfreuden erleben. Erbitte Ganzbildzuschriften.

(12) Sie haben alles. Sie sind eine begehrenswerte Frau plus/minus 50 (na und?). Sie besitzen alles, was Money-Money kaufen kann – nur da ist dieser (verflixte) **Wunschtraum** vom Mann an ihrer Seite: groß, schlank, »ritterlich«, zärtlich, gebildet, weise geworden, jung geblieben – nur all diese sind meist in guten Händen: ich nicht.

(13) Wo gibt es noch einen anst., lieben, strebs. Mann? **Hüb. Frau** um die 40, mit 2 hüb. Kindern, liebensw., sehnen sich nach gem. Familienleben nach schlimmer Zeit. Bei Gegenseitigkeit sp. Heirat.

(14) Ulm/Ravensburg/Biberach. **Eremitin** sucht Frau zur vorsichtigen Annäherung. Bin 23 Jahre alt und Sternzeichen Stier. Ich sammle Kakteen und gehe leidenschaftlich gern ins Kino und Theater.

(15) **Schulgestreßte** Speed-Trash-Metallerin (16) sucht Typen, denen es genau so beschissen langweilig geht. Fühlste Dich angesprochen? Dann melden! Du solltest keine perverse und potgeile Drecksau sein! Bei Foto 100 %ige Antwort. Bis bald!

(16) Wo? man – Überall! Seit 44 J. gesucht: liebevolles Weib – souveränes Urmeer – bis 40 mit lach. und wein. Auge für Feminanzen – unbesinnlich – kreatürlich – My Fürst Lady – Top?man – zärtlichkeitssüchtig (6 Diskr. Dankschreiben liegen vor) – München – 88 Kilo – metro

1,88 – m. Esprit u. u. viel ing.-promov. in AW – guter Beruf und Leumund – besessener gewesener, aber genesener Umweltverbesserer – Ausflüge in künstlerischen Dilettantismus – Messebauer – Busfahrer – Kümmerer – von Feinmechanik bis »Harmonie der Sphären« – kann backen mit Mörtel (no food) u. Biskuit – als Installateur mit allen Zu- und Abwassern gewaschen und von Licht und Strom fast erleuchtet – New Ätsch gepr. – Sportlicher globetrottsicherer bernetiker. Ertappe? Berwerbung mit begl. Schrift- und Stimmprobe – Bild (sign. in Öl oder schamoa) – Tel. und fax an ZN

(17) Max und Moritz – **Bi-Paar** voller Elan – suchen Witwe Bolte und Schneider Böck für buschige Geschichtchen

(18) R, 37, led., kath., **tadellos**e Vergangenheit, sicherer Arbeitsplatz, ortsgebunden, sucht auf diesem Wege liebes, häusl. Mädchen, auch mit Kind, für eine gemeinsame Zukunft. Geschieden zwecklos.

(19) JUNGER, SEHR ATTRAKTIVER und äußerst großzügiger **Geschäftsmann** (Inhaber einer der größeren amerikanischen Fotomodellagenturen) aus Kalifornien sucht für seine Kurzaufenthalte in München vollbusige junge Mädchen (18–22 Jahre jung) für gelegentliche Treffs.

(20) Backnang: Durch **Videos** stark inspiriertes Ehepaar, 40 und 50 Jahre alt, ohne Erfahrung, sucht ein Ehepaar oder Trio. Anlaufzeit, denn Dauerfreundschaft ist erwünscht. Diskretion muß unbedingt sein.

(21) Alternder **Heavy-Freek** (22), gut gebauter Biker, sucht geile, möglichst unverbrauchte Tussy, zwecks Austausch von sexuellen Gelustbarkeiten im Alter von 18–24 Jahren.

52 junge Erwachsenen (darunter 25 Frauen) zwischen 20 und 30 Jahren nahmen an dem Versuch teil, die sich auf der Suche nach einem heterosexuellen Partner befanden. Dieser Umstand sicherte zum einen ihre Motivation, an den mit Nachbefragung fast eine Stunde dau-

ernden Einzelversuchen interessiert mitzuarbeiten. Zum anderen konnte eine Relevanz der Urteile angenommen werden, da die Befragten diese nicht nur »zum Spaß« abgegeben haben.

Die 21 Anzeigen waren zuerst in der Präferenzreihenfolge anzuordnen (d.h. die Anzeige, auf die die Person am ehesten reagieren würde, bekam den Rang 1 usw.). Anschließend wurden sämtliche Anzeigen nach den Kriterien »körperlich attraktiv«, »sucht Geborgenheit«, »geistreich«, »sozial abgesichert« und »zärtlich« sortiert. Dies ging so vor sich, daß eine Anzeige vor einer anderen angeordnet wurde, falls das jeweilige Kriterium im Hinblick auf den Inserenten – nach Ansicht des Teilnehmers – stärker ausgeprägt war.

Neben den 6 Rangfolgen wurden vom Versuchsleiter auch spontane Äußerungen sowie Veränderungen im Ausdrucksverhalten protokolliert. Drei Beispiele zur beliebtesten, einer mittleren und der unbeliebtesten Anzeige:

Anzeige Nr. 1: »Super!«; (lachen); »Ist gut«; »Auf der Stelle, wenn ich schwul wäre«; »Gescheiter Kopf«; (schmunzeln); (lächeln); »Originell«; »Wie ne Matheaufgabe«.

Anzeige Nr. 14: »Zu trocken«; »Nein! Total männlich!«; »Aufregend, Kakteen«

Anzeige Nr. 21: »Furchtbar!«; »Wenigstens unverblümt«; »Nein, igitt!« »Rülps, pfui-Teufel«.

Tabelle 21 faßt die Rangfolgen der Frauen und der Männer zusammen.

Ähnlich wie im Vorversuch steht auch diesmal ein männlicher homosexueller Inserent an erster Stelle bei beiden Geschlechtern. Dies ist deshalb erstaunlich, weil im Gegensatz zum Vorversuch hier die Geschlechtszuge-

Tabelle 21. Die Rangplätze der 21 Anzeigen nach Meinung der 25 Frauen (F) und der 27 Männer (M). P Präferenz, a attraktiv, g geistreich, s sozial abgesichert, G sucht Geborgenheit, z zärtlich.

Nr	Code	PF	PM	aF	aM	gF	gM	sF	sM	GF	GM	zF	zM
1	Umzingelt, m.	1	1	4	11	1	1	12	9	6	13	10	14
2	Käfer, w.	4	2	1	1	7	9	14	17	15	15	14	10
3	Drache, w.	2	6	5	6	2	4	7	8	7	10	7	9
4	Examenstreß, m.	9	3	9	3	12	5	16	15	12	7	3	2
5	Jungvogel, m.	3	9	3	5	3	2	17	12	13	8	2	4
6	Popkörnchen, w.	6	7	7	2	13	10	19	19	16	16	15	16
7	Prinz, w.	11	4	10	7	4	3	1	1	4	6	6	7
8	Trinkfest, m.	7	8	12	16	8	6	13	13	8	5	11	12
9	Heiraten! m.	5	12	8	9	5	7	2	2	5	4	4	5
10	Lehrerin, w.	12	5	14	8	15	12	5	5	2	1	1	1
11	Engel, w.	10	10	6	4	10	16	18	18	14	14	5	6
12	Wunschtraum,m.	8	13	2	10	11	11	9	7	10	11	12	11
13	Hüb. Frau, w.	15	11	15	12	16	15	8	10	1	2	9	3
14	Eremitin, w.	13	14	17	13	14	13	10	14	9	9	13	8
15	Schulgestresste, w.	16	15	19	19	17	17	20	20	17	17	16	18
16	NewÀtsch, m.	14	19	13	14	6	8	4	6	11	12	8	13
17	Bi-Paar, w. + m.	17	17	16	17	9	14	15	16	20	19	17	19
18	Tadellos, m.	21	16	20	20	21	18	3	3	3	3	19	15
19	Geschäftsmann, m.	19	18	11	15	20	19	6	4	21	21	18	21
20	Videospiele, w. + m.	18	21	21	18	19	20	11	11	18	18	20	17
21	Heavy-Freek, m.	20	20	18	21	18	21	21	21	19	20	21	20

hörigkeit in keiner Weise verheimlicht wurde und alle 27 Männer angaben, eine heterosexuelle Partnerin suchen zu wollen. Der Befund gibt Anlaß zur Vermutung, daß in dieser Anzeige weniger der potentielle Partner präferiert wurde als das gelungene Beispiel einer guten Werbung. Auf die Frage, ob Werbung wirklich als gut bezeichnet werden kann, wenn sie zwar genial gefunden wird, aber nichts an der tatsächlichen Verhaltenskomponente, der Einstellung zum »*Produkt*« ändert, kommen wir noch zurück.

Eine weitere Ähnlichkeit mit dem Vorversuch ergibt sich aus dem Umstand, daß auch hier Anzeigen mit einem nur partiellen Beziehungsanspruch deutlich hervorgehobener Sexualität den letzten Plätzen zugewiesen wurden.

Auch das Alter der Inserenten macht sich bei den Präferenzentscheidungen bemerkbar: Während das mittlere Alter der sechs »Beliebtesten« 24,2 J. beträgt, liegt es bei den sechs »Unbeliebtesten – trotz des 22jährigen »Schlußlichts« – bei 38,6 J.

Mit Hilfe der statistischen Technik der Faktorenanalyse (s. S. 104) wurden dann die Zusammenhänge zwischen den einzelnen Kriterien und der Gesamtpräferenz untersucht. In unserem Fall liefert dieses Verfahren drei voneinander gut unterscheidbare Faktoren.

Nach dem Zeugnis von Faktor 1 hängen am engsten mit der Präferenz die *Attraktivität* und das *Geistreichsein* zusammen. Faktor 2 erfaßt die *Geborgenheit*, zu der sich die *Zärtlichkeit* gesellt. Der dritte Faktor erfaßt die Statuskomponente *sozial abgesichert*. Diese Faktorenstruktur bestätigt die Annahmen der ersten beiden Kapitel. Faktor 1 zeigt, daß das wichtigste Kriterium für die Präferenz – je nach Geschlecht – die Attraktivität bzw. das Geistreichsein ist. Der zweite Faktor (Geborgenheit und Zärtlichkeit) entspricht dem 2. Postulat des ersten Kapitels: »Bereitschaft des Mannes, sich für die Beziehung und die Familie emotional zu engagieren«.

Der dritte Faktor entspricht der Forderung nach hohem Status aus Postulat 1 des ersten Kapitels: »Fähigkeit... des Mannes, für eine Frau und ihre Kinder zu sorgen und sie zu beschützen«.

Aufgrund der hohen Bedeutung des Geistreichseins für die Präferenz hat ein Inserent wohl bessere Chancen – zumal bei studentischen Respondenten – Beachtung zu finden, wenn er geistreich schreibt. Ob diese anerkennende Beachtung zu einem Kontaktversuch ausreicht, wäre die Frage nach der Anwendbarkeit des verwendeten Verfahrens im realen Leben. Leider entzieht es sich der Kenntnis des Verfassers, wie viele der Männer, die den homosexuellen Inserenten Nr. 1 am höchsten präferierten, Kontakt zu ihm aufgenommen haben.

7 Das erste Mal

**»Drehbücher« in unseren Köpfen
zum ersten Rendezvous**

Was mit dem Aug du ahnest,
ergreife mit Entschluß.
Gib dem, der dir das Herz sprengt,
den Tod oder den Kuß.
(Jozsef, 1936)

Führen z.b. die in Kapitel 6 besprochenen Bekanntschaftsanzeigen zum Erfolg, so findet ein erstes Rendezvous statt. Da ein Rendezvous unter Erwachsenen
unserer Kultur durchaus die übliche Art ist, mit einem
Partner eine Liebesbeziehung zu beginnen, scheint es besonders gut geeignet, auch aus wissenschaftlicher Perspektive beschrieben zu werden. Im vorliegenden Kapitel
wird dieses Ereignis mit einer Technik untersucht, die
Psychologen *kognitive Skripten* nennen. Das kognitive
Skript einer Situation enthält, genauso wie ein Drehbuch
zu einem Film, die Requisiten (»Spiegel«, »Blume«,
»Auto«, »Alkohol«). Darüber hinaus enthält es Eintra-
gungen, wie und in welcher Reihenfolge die einzelnen
Handlungsschritte gemeistert werden sollen.

»Regieanweisungen« der Benimmliteratur

Die kulturellen Normen für ein erstes Rendezvous
sind in zahlreichen Ratgebern niedergeschrieben worden.
Rose u. Frieze (1989) haben acht solcher Ratgeber der
letzten drei Jahrzehnte miteinander verglichen. Stellvertretend sollen hier die dort zitierten Überschriften eines
amerikanischen Ratgebers (Allen u. Briggs 1971) in deut-
scher Übersetzung wiedergegeben werden. Um die Langzeitgültigkeit dieser Normen weit über die letzten drei

170

Jahrzehnte hinaus zu belegen, werden einige Empfehlungen, die sich an *Männer* richten, mit Verhaltenshinweisen von Knigge (nach der Ausgabe von 1964) kommentiert. Einigen Empfehlungen für *Frauen* werden Abschnitte der *Ars amatoria* von Ovid gegenübergestellt.

Empfehlungen an Männer

»Der Mann ergreift die Initiative!«

»Kleide Dich sorgsam!« Im ersten Kapitel dieses Buches wurde die Bedeutsamkeit der Statusinformation, die an der Kleidung des Mannes abzulesen ist, hervorgehoben. Auch Knigge meinte:

> Noch muß ich erinnern, daß die Frauenzimmer an den Männern Reinlichkeit und eine wohlgewählte, doch nicht phantastische Kleidung lieben und daß sie leicht mit einem Blicke kleine Fehler und Nachlässigkeiten im Anzuge bemerken (S. 209).

Empfiehlt Knigge Zurückhaltung bei zu auffallender Kleidung, so warnt Ovid die Damen vor übertriebener männlicher Schönheit:

> Aber vermeidet den Mann, der aus Schönheit ein Geschäft macht,
> der sein lockiges Haar sorglich in Ordnung erhält.
> Was er zu euch jetzt sagt, das sprach er zu Tausenden vor euch.
> Der ist ein Flatterer, der hält in der Liebe nicht Stich (S. 145).

»Sei pünktlich!«

»Übernehme die Zeche!« Aus dem ersten Kapitel geht auch hervor, daß Männer von Frauen dann bevorzugt werden, wenn sie fähig und willens sind, eine Frau und ihre Nachkommen materiell zu versorgen.

- »Sei aufmerksam und fürsorglich!« Analog wirken Männer auf Frauen auch attraktiv, wenn sie fähig und willens sind, eine Frau und ihre Nachkommen emotional zu versorgen.
- »Berücksichtige den Geschmack Deiner Verabredung!«
- »Huldige ihrer Erscheinung!«
- »Meide die Vulgärsprache!« Relevante Statusaspekte des Mannes werden auch aus dem verwendeten sprachlichen Code deutlich. So schreibt Knigge:

> Man soll sich ... nicht in einer ekelhaften, schmutzigen Kleidung zeigen, sich ... nicht zu viel Unmanierlichkeiten erlauben - und vor allen Dingen, wenn man auf dem Lande lebt, nicht verbauern, nicht pöbelhafte Sitten noch niedrige, plumpe Ausdrücke im Reden annehmen noch unreinlich, nachlässig an seinem Körper werden (S. 173).

- »Beweise Stil!«
- »Spiele nicht bei jeder Verabredung die gleiche Leier!« Die Evolutionspsychologie der Eifersucht (vgl. Kap. 3) macht deutlich, daß die Frau sich dagegen absichern will, ihre Kinder nicht durchbringen zu können, weil der Mann seine Ressourcen noch mit anderen Frauen und deren Nachkommen teilt. Der Verdacht, daß der Mann ein »Routineprogramm durchzieht«, stößt deshalb ab. Dazu Knigge:

> Huldige nicht mehreren Frauenzimmern zu gleicher Zeit, an dem selben Orte, auf einerlei Weise, wenn es dir darum zu tun ist, Zuneigung und Vorzug von einer einzelnen zu erlangen; sie verzeihen uns kleine Untreuen, ja! man kann dadurch bei ihnen zuweilen gewinnen; aber in dem Augenblicke, da man ihnen etwas von Empfindungen vorschwätzt, muß man fühlen, was man sagt, und es nur für

sie fühlen. Sobald sie merken, daß du dein zärtliches Gewäsche jeder auskramst, ist alles vorbei; sie mögen, was sie uns sind, uns gern ungeteilt, allein bleiben (S. 209).

Empfehlungen an Frauen

»Nimm die Verabredung würdevoll an!«
»Sei pünktlich!« Ganz im Gegensatz dazu Ovid:

Komme spät, und sittsam tritt ein, wenn die Lichter schon brennen:
Bist du auch häßlich, du scheinst doch dem, der getrunken hat, reizend.
Jeglicher Fehler versteckt leicht sich mit Hilfe der Nacht (S. 167).

»Mach Dich schön!« Wie bereits dargestellt, entwickelten sich bei Männern Anpassungen, die die Wahl einer Partnerin begünstigen, welche mit großer Wahrscheinlichkeit gesunde Kinder gebären kann. Da die Fruchtbarkeit einer Frau nicht unmittelbar sichtbar ist, sind optisch gut wahrnehmbare Merkmale relevant, die damit in enger Beziehung stehen. Hierzu gehören auch ein »anmutiger Gang«, eine glatte Haut und glänzende, lange Haare sowie eine üppige Sanduhrfigur. Diese Merkmale tragen zum Ausmaß der erlebten Schönheit bei.
Um sich die evolutionsbedingte Anziehungswirkung der Schönheit zunutze zu machen gibt Ovid eine ganze Reihe von Ratschlägen:

Haare
Für ein längeres Haupt paßt schön ein reinlicher Scheitel.
Dies war der Haarschmuck, den Laudamia gewählt.
Aber ein rundes Gesicht verlangt, daß ein niedriger Knoten über der Stirn bleibt – so, man die Ohren noch sieht (S. 123).

173

Rasur und Hygiene

Bald auch hätt' ich gewarnt, daß der Bock nicht unter den Achseln
laure, daß stachliges Haar nicht euch die Schenkel entstellt.
Doch ich belehre ja hier nicht Mädchen aus Kaukaus' Felsschlucht.
Geb' ich die Vorschrift noch, daß ihr nicht nachlässig die Zähne
lasset vergilben und früh spület mit Wasser den Mund.
Selber ja wißt ihr sogar euch weiß mit Schminke zu färben,
und, die nicht von Natur blühet, sie blühet durch Kunst (S. 127).

Kosmetische Korrektur

Selten nur ist ein Gesicht ganz frei von Fehlern; verstecke
sie, wie du kannst, und verbirg auch die Gebrechen des Leibs (S. 131).
Die zu schmächtig und dünn, die wähle sich dickere Stoffe,
und in faltigem Bausch werfe den Mantel sie um.
Und umwinde die Brust, wenn sie der Füllung bedarf.
Sind dir die Finger zu dick, und hast du brüchige Nägel,
rege, was immer du sprichst, wenig die Hände dabei.
Wenn aus dem Munde du riechst, so sprich nicht, eh' du gefrühstückt,
halt ein wenig dich auch fern von des Mannes Gesicht (S. 133).

Gang

Lernt auch, wie ihr beim Gehn weibliche Haltung bewahrt.
Ja, es liegt auch im Gang ein Reiz, der nicht zu verachten.
Männer, die nie euch gesehen, lockt er und stößt er zurück (S. 135).

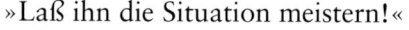

»Laß ihn die Situation meistern!«
»Bleibe nüchtern!« Auch hier weiß Ovid:

Hüte dich wohl, daß du nicht doppelt das Einfache siehst.
Garstig ein Weib, das vom Naß des Lyäus triefend sich hinstreckt;
jeder Umarmung Schimpf wäre zu dulden sie wert (S. 167).

»Sei nicht zu gierig!«

»Nimm an seinem Erfolg Anteil!«

»Paß Dich jeder Situation an!«

»Laß ihn gelegentlich gewinnen!«

»Mache ihn nicht eifersüchtig!« Aus der evolutionspsychologischen Betrachtung der Eifersucht folgt, daß sich der Mann dagegen absichern will, in ein »Kuckucksei«, die Nachkommen eines anderen, zu investieren. Nur Männer, die eine entsprechende Adaptation entwickelt haben, die sie davor schützt, haben die Möglichkeit, ihre »treueverlangenden« Anlagen zu vererben. Stellen wir uns vor, daß eine Genmutation zu einem neuen Verhalten führen würde, das auf die sexuelle Ausschließlichkeit keinen Wert legt. Diese neu entstandenen »nicht-eifersüchtigen« Anlagen könnten sich deshalb nicht ausbreiten, da die Kinder in Wirklichkeit von den die Situation ausnutzenden Rivalen gezeugt worden wären, deren Anlagen das neu entstandene Gen zu »Nicht-Eifersucht« nicht enthalten.

Entsprechend den Ausführungen im Kapitel 3, daß ein Hauch von Eifersucht die Bemühungen eines Mannes um seine Partnerin in einer Dauerbeziehung steigert, rät Ovid:

Mische zuweilen der Lust kränkende Weigerung bei.
Laß auf der Schwell' ihn ruhn: Laß › grausame Türe! ‹ ihn
klagen...
Dies ist der Grund, weshalb in der Ehe die Frau nicht geliebt wird;
wenn es ihm irgend gefällt, geht zur Gemahlin der Mann.
Schließ ihm die Tür und laß ihn einmal vom grausamen Pförtner
hören: › du kannst nicht!‹ Wie bald wär' er verliebt in die Frau! (S. 155).

»Versuche, seine Freunde zu mögen!«

»Begib Dich rechtzeitig nach Hause!« Knigge übt zu diesem Punkt eine vorsichtige Selbstkritik der doppelten Moral:

Übrigens bleibt es doch immer gewaltig hart, daß wir Männer uns so leicht alle Arten von Ausschweifungen erlauben, den Weibern aber, die von Jugend auf durch uns zur Sünde gereizt werden, keinen Fehltritt verzeihn wollen, obgleich freilich für die bürgerliche Verfassung diese größre Strenge gegen das schwächere Geschlecht sehr heilsam ist (S. 218).

In seiner sinnlichkeitsbejahenden Einstellung betont Ovid leidenschaftlich die Gleichbefähigung der Geschlechter:

Unglücklichselig das Weib, das an dem Ort ohne Gefühl ist,
der zu gleichem Genuß beiden Geschlechtern bestimmt (S. 169).

Ganz im Sinne von Freud gibt er folgende Anleitung:

Man überstürze sie nicht, glaub mir, bei den Freuden der Venus!
Nur gemach! Zug um Zug! Stufenweis lock' sie hervor!
Hast du die Orte erspürt, wo Betastung dem Mägdelein wohltut,
dann – genier dich bloß nicht! Hingerührt! Ihr ist's schon recht (S. 111).
Spanne mir ja aber nicht zu mächtige Segel! Sonst kommst du
ihr zuvor, und auch sie fahre nicht schneller als du.
Gleichzeitig eilet zum Ziel! Die Wollust ist dann erst vollkommen,
wenn der selbe Moment beide besiegt und erlöst (S. 113).

▒▒ Weitere Ratschläge

Seit Ovid sind zahlreiche Liebesratgeber geschrieben worden. Was das Römische Reich im ersten Jahrhundert war, sind nach Meinung vieler Wissenschaftler die USA in unserer Zeit. Ein besonders auflagenstarker und dadurch mit der amerikanischen Kultur resonanter Klassiker unter den Ratgebern ist Smith's (1978) *The Dieter's Guide to Weight Loss During Sex*. Die Zugangsweise dieses Ratgebers ist geradezu oral: Dating wird als *die* Möglichkeit angesehen, Gewicht abzunehmen; für sämtliche aufgelisteten Verhaltensweisen wird angegeben, wieviele Kalorien dabei verbraucht werden:

Zur Situationsgestaltung

Eine von Dir geschaffene Atmosphäre der Intimität und Heimeligkeit wird Deinen Partner sofort entspannen und in die richtige Stimmung versetzen. Ambiente ist dabei alles. Wenn Du einen offenen Kamin hast, zünde ihn an. Wenn es August ist, tu's nicht. Überprüfe das Bett. Ist es stark genug? ... Ist der Hund behutsam chlorophormiert worden? Sind alle Kinder zur Tante gegangen? Irgendwelche bedrohlichen Fotos sichtbar? ... Stehen die Schallplatten bereit? Ist der Kühlschrank aufgefüllt? ... Badezimmer in Bestform? Sicher, es ist viel Mühe, aber das Ergebnis wird ein zufriedener Partner sein, der bereitwillig und ohne zu schimpfen, den Abfall auf den Weg raus mitnimmt.

Die Vorbereitung des Schlafzimmers beinhaltet entstauben und aufschütteln der Kissen, das Radio abstimmen. Auf dem Bett auf und ab hüpfen, Poster aufhängen und den Wecker stellen. Sieh zu, daß die Beleuchtung stimmt – etwas zu dunkel, und das Schlafgemach sieht wie eine Kohlenmine aus; etwas zu hell, und es wirkt wie ein Operationssaal. Versuche es mit einer 25-Watt-Kerze ... Verwende Requisiten wie Bücher, um einen guten Eindruck zu hinterlassen und um zu zeigen, was für ein Typ Du bist. Gedichtbände vermitteln zum Beispiel den Eindruck von Belesenheit und Einfühlsamkeit. Sie sollten ausgesucht plaziert werden – auf der Kommode, auf dem Nachttisch und vielleicht eins oder zwei unter den Bettdecken. Neben den Gedichtbänden suche einige Bücher aus, die den Eindruck vermitteln, daß Du außergewöhnlich bist, etwas exzentrisch aber nicht so, daß es amtlich wird – all das vertieft das Geheimnis der erotischen Erfahrung. Beachte: Wenn jemand ganz Außergewöhnlicher kommt, könntest Du es in Betracht ziehen, das Bett frisch zu beziehen oder zumindest die Decke umzudrehen. Füge weitere vier Kalorien für jede dieser Aktivitäten hinzu.

Zur Konversation

Natürlich, je kürzer und weniger phantasievoll die Konversation ist, desto weniger Energie wird verbraucht und um so weniger Kalorien werden verbrannt. Wenn jemand das Gespräch mit »ich habe nichts zu sagen, laß uns ins Bett gehen« beginnt, ist dies zwar direkt, aber es verbrennt nur 3 Kalorien, und außerdem wird es selbst den willigsten Partner dämpfen. Je länger und je tiefer das Gespräch ist, um so mehr mußt Du Dich geistig betätigen und desto mehr Kalorien verbrennst Du. Eine Diskussion über die Kamelhaltung in New Jersey oder Einsteins Aufsatz über Gefühlsstörungen bei Vögeln kann bis zu 50 Kalorien verbrennen und vermittelt Dir das Gefühl, wichtig zu sein. Beachte die folgenden Themenempfehlungen für wesentlichen Kalorien-Verbrauch:
Wie Du Dich bemühen kannst, eine eigene Persönlichkeit zu werden   28 Kal.
Wie Du Dich bemühen kannst, die Persönlichkeit zu werden, die Deine Eltern von Dir erwarten   35 Kal.
Wie Du Dich bemühen kannst, von Deiner/m Mutter/Vater/Nichte/Metzger weniger abhängig zu sein   57 Kal.
Nietzsches Echo in › Jingle Bells ‹ (leichte Philosophie kommt immer an)   75 Kal.
Nietzsche richtig zu buchstabieren ohne nachzuschlagen   92 Kal.
Ist es moralisch vertretbar, im Tiefschlaf Auto zu fahren?   33 Kal.
Warum die Liebe ohne Sex bedeutungslos ist   45 Kal.
Warum Sex ohne Liebe ziemlich gut sein kann   2 Kal.

178

Den Partner überzeugen, daß es nicht nur die körperliche Anziehung ist   70 Kal.

Wenn uns Smiths Schilderung der Vorbereitung auf ein erstes Rendezvous so bekannt vorkommt, ist es naheliegend, daß wir vom Sozialverhalten »Erstes Rendezvous« ein sehr genaues und ausführliches kognitives Skript haben. Genauso wie wir wissen, was in welcher Reihenfolge zu tun ist, wenn wir ein Restaurant betreten, um dort zu essen, wissen wir, wie das Skript zu einem Date aussieht.

▨ Amerikaner küssen früher als Engländer

Eine kulturanthropologische Studie von Mead, referiert bei Watzlawick et al. (1969), zeigt erstens, wie eindeutig ein solches Skript in uns verankert ist, und zweitens, daß die einzelnen Schritte eines für eine Gesellschaft gültigen Skripts nicht ungestraft übersprungen werden dürfen. Nach der Landung der GI's im Vereinigten Königreich im zweiten Weltkrieg berichteten diese nach ersten Begegnungen mit den Töchtern des Landes, daß letztere stürmisch, draufgängerisch und hemmungslos seien. Zugleich empörten sich die Engländerinnen über die schamlose Sexbesessenheit der Amerikaner. Der Widerspruch zwischen beiden Aussagen ist offenbar. Mead machte sich daran, ihn aufzulösen. Sie stellte fest, daß zwischen dem ersten Anblick und der – sagen wir – höchsten Stufe der Intimität eine kulturspezifisch streng geordnete Verhaltenshierarchie von etwa 30 Stufen durchlaufen werden muß. Dabei steht *Küssen* bei den Amerikanern an fünfter Stelle und bei den Engländern an 25ster. So war es für die GI's völlig »normal«, nach Anschauen, Anlächeln, Ansprechen und Anfassen ihre

Damen zu küssen. Der Kuß hat die jungen Ladies eiskalt erwischt. Zu dieser frühen Stufe der Beziehung mußte es für sie einfach »shocking« gewesen sein. Außerdem fühlten sie sich um die ganze Werbung (Stufen 5-24) betrogen. Es blieb ihnen nichts anderes übrig, als sich schnell zu entscheiden: Entweder Einsamkeit in Ehre durch Zurückweisung der »schamlosen« Amerikaner, oder sie setzten sich über ihren Schock hinweg und machten da weiter, wo es nach ihrem englischen Empfinden normal war – bei Stufe 26. Nun fühlten sich die Transatlantiker überfordert, weil sie eigentlich nicht damit gerechnet hatten, bereits nach Stufe 5 von den »stürmischen« Engländerinnen zur »Allianz« eingeladen zu werden. Die kulturspezifische Bestimmtheit der Skripten hinderte die Beteiligten zu erkennen, von welchen Traditionen und Sitten der Partner geleitet war. Es kam in ihnen lediglich ein vages Gefühl auf, der andere mache etwas falsch.

Was erwartet man von einer Frau und was von einem Mann?

Ganz im Sinne der evolutionspsychologischen Begründungen der einführenden Kapitel machen die vielen Ratgeber, die es seit Knigge auch im deutschen Kulturraum gibt, auf einen deutlichen Unterschied bezüglich dessen aufmerksam, was von Frauen und Männern anläßlich eines ersten Rendezvous erwartet wird. Die Bücher weisen Männern stets die aktive Rolle zu: Sie sollen das gemeinsame Treffen planen, für den Transport sorgen, die Rechnungen zahlen und die Nah- und Berührungskommunikation initiieren. Frauen hingegen sollten schön und einfühlsam sein, die Unterhaltung erleichtern und besagte Handgreiflichkeiten sanft, aber entschieden unterbinden.

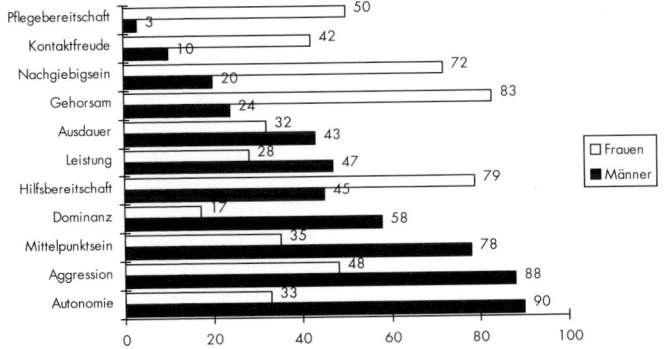

Abb. 9. Standardisierte internationale Geschlechtsstereotypen. Mittelwert = 50; Standardabweichung = 10. (Aufgrund Edwards u. Williams 1980, S. 214)

Die hier beschriebenen »Normen« stehen im Einklang mit den Ergebnissen der Geschlechtsrollenforschung. Ein Beispiel für die den beiden Geschlechtern zugeschriebenen typischen Eigenschaften gibt Abb. 9. Sie beruht auf einer Untersuchung von Geschlechtsstereotypen im internationalen Vergleich (Nordamerika, Westeuropa und asiatische Industriestaaten), die 1980 von Edwards u. Williams veröffentlicht wurde.

Die stereotypen Muster des Mannes zeigen weit überdurchschnittliche Bedürfnisse für Im-Mittelpunkt-Sein, Aggression, Autonomie, und weit unterdurchschnittliche für Pflegebereitschaft, Kontaktfreude, Nachgiebigsein und Gehorsam. Das weibliche Profil ist durch hohe Grade von Gehorsam und Nachgiebigsein sowie Hilfsbereitschaft und niedrige von Dominanz gekennzeichnet. Interessant ist, daß in dieser Untersuchung bereits junge Erwachsene und Kinder jene stereotypen Ansichten von Mann und Frau zeigten, die in unserer modernen Gesellschaft immer deutlicher kritisiert werden. Es ist anzunehmen, daß dieser stereotypen Geschlechtsrollenbetrachtung junger Erwachsener jene Lernprozesse zugrunde liegen, durch die Kinder soziale Informationen erwerben. Mit zunehmendem Alter stabilisiert sich dann das Bewußtsein für Geschlechtsstereotype. Geschlechtsstereotype stellen nach wie vor eine starke gesellschaftliche Kraft dar, denen sich jeder einzelne täglich anzupassen oder bewußt zu widersetzen hat. Insbesondere angesichts der großen interkulturellen Ähnlichkeiten ist diese Kraft nicht zu unterschätzen. Auch in einer Zeit, in der eine unterschiedliche Behandlung von Männern und Frauen gesellschaftlich abgelehnt wird, sind die traditionellen Ansichten noch weit verbreitet. Ob sich diese auch auf die zwischenmenschlichen Umgangsformen heutiger junger Erwachsener auswirken, ist umstritten.

Dabei stehen sich zwei Thesen gegenüber: Forscher wie McCormick u. Jesser (1983) führen an, daß einerseits die Rendezvouspartner mittlerweile die gleiche Macht hätten, ihr sexuelles Interesse dem anderen zu signalisieren, und daß andrerseits die vorehelichen geschlechtlichen Beziehungen von Frauen eine weitaus größere gesellschaftliche Akzeptanz hätten, als dies früher der Fall war. Viele junge Frauen beteiligten sich an den Kosten für die Verabredung, und ein Großteil der jungen Männer sei von einer Frau zum Rendezvous aufgefordert worden. Einige Sozialpsychologen sind deshalb der Auffassung, daß das traditionelle Rollenverhalten etwa bei unseren kritisch-emanzipatorisch sozialisierten Studenten keine Relevanz mehr habe, auch wenn dies zu gewissen »Verunsicherungen« führe (Keupp u. Bilden 1989). Die gegenteilige Argumentation vertreten Tiefenpsychologen wie Riemann (1961) oder Willi (1975), die gerade beim ersten Rendezvous von einer starken Rollentypikalität ausgehen. Die bereits publizierten Forschungsergebnisse ermöglichen eine Entscheidung über diese gegensätzlichen Thesen deshalb nicht, weil sie in der Regel nur eine einzige Verhaltensweise erfaßten, z.B. wer zum Ren-

182

dezvous aufgefordert hat (Kelley 1981) oder wer die Kosten übernimmt (Korman u. Leslie 1982). Außerdem bleibt die Länge der Beziehung häufig unberücksichtigt. Es ist aber nicht zwingend, daß Einstellungen und Verhalten von der ersten Begegnung in einer langjährigen Beziehung gleichbleiben.

▨ Wie verläuft ein erstes Rendezvous?

In der folgenden Untersuchung wurde versucht, das erste Rendezvous als zeitlich befristetes Ereignis möglichst vollständig zu erfassen und somit eine ausführliche Beschreibung des zwischenmenschlichen Drehbuchs zu erhalten. Ziel war es, Inhalt und Reihenfolge jener Verhaltensweisen zu erheben, die Männer und Frauen mit der eigenen und der ergänzenden Geschlechtsrolle beim ersten Rendezvous verknüpfen. Es galt zu erkunden, inwiefern diese Skripten die von der Evolutionspsychologie postulierten traditionellen Rollenerwartungen widerspiegeln. Hierzu würde z.b. zählen, wenn Frauen häufiger als Männer angeben, daß sie zum Rendezvous eingeladen werden, daß sie sich besonders sorgfältig um ihr Äußeres kümmern und daß sie mit den sexuellen Annäherungen des Mannes fertigwerden (müssen). Zur traditionellen Rollenerwartung würde ebenfalls gehören, wenn Männer häufiger angeben, daß sie zum Rendezvous auffordern, es organisieren, bezahlen und den Körperkontakt initiieren.

Einen besonders brauchbaren Beleg erhalten wir, wenn die Aussagen der Männer zum eigenen Verhalten mit den Angaben von Frauen, wie Männer sich bei einem ersten Rendezvous verhalten, übereinstimmen.

Dazu wurden 136 deutsche Studenten verschiedener Fachrichtungen und Semesterzahlen (jedoch keine Psychologiestudenten) im Alter zwischen 20 und 30 Jah-

183

Tabelle 22. Alter und Dating-Erfahrung.

Dating-Erfahrung (1. Dates)	Frauen Anzahl	Mittleres Alter	Männer Anzahl	Mittleres Alter
bis 5	16	22	15	25
6–10	17	23	15	25
11–20	20	23,5	21	24
21–50	12	26	13	26
über 50	3	28	4	27

ren gebeten, alle Handlungen zu nennen, die eine *Frau* (ein *Mann*) typischerweise durchführt, während sie/er sich

- auf eine erste Verabredung mit jemand Neuem vorbereitet,
- wenn sie/er die begehrte Person trifft,
- einige Zeit zusammen mit ihr verbringt und
- das Treffen beendet.

Die Befragten sollten mindestens 20 Handlungen und Ereignisse aufzählen, die bei einem ersten Rendezvous vorkommen können, und diese nach der Reihenfolge während des Rendezvous ordnen. Anschließend gaben sie an, mit wievielen Personen sie bereits eine erste Verabredung gehabt haben.

Um die Unabhängigkeit der »Drehbücher« zu gewährleisten, erstellte jeder Teilnehmer nur ein Skript. So erhielten wir 34 Aufzählungen weiblicher Verhaltensweisen von Studentinnen (Ww) und 34 von Studenten (Mw). Entsprechend wurden die männlichen Verhaltensweisen von weiteren 34 Frauen (Wm) und 34 Männern (Mm) beschrieben.

Sowohl die Alters- als auch die Erfahrungsverteilung der 68 Frauen unterschied sich nicht von der der

Männer (Tabelle 22). Vor allem bei den Frauen besteht ein deutlicher Zusammenhang zwischen Alter und Anzahl der Erstrendezvous, d.h. je älter sie sind, desto mehr Erfahrung haben sie. Bei den Männern war dieser Zusammenhang weniger deutlich.

Welche Perspektiven zeigen die »Drehbücher«?

Zur Veranschaulichung der Protokolle folgt nun je ein weibliches und ein männliches Autostereotyp.

Dating-Skript einer Frau zum weiblichen Verhalten (21–50 erste Rendezvous, 26 Jahre)

Aufgeregt hin und hergehen

Musik hören und rauchen zum Entspannen und Ablenken (von der Aufregung)

Auf die Uhr schauen und erschrecken, wie die Zeit dahinrast (werde nicht fertig)

Mindestens 1 Std. vor dem Kleiderschrank stehen und überlegen, was anziehen (10 Sachen anprobieren)

Vor dem Spiegel auf- und ablaufen

Duschen, welches Parfum?, Haare zig-mal sprayen und anders frisieren etc.

Überlegen, ob's der Richtige ist (Traummann) oder nur vorübergehend sein wird.

Falls 2. auch nicht schlecht, da erster Eindruck sympathisch – nette Zeit

Evtl. nötige Verhütungsmittel einpacken

Ständiges Checken im Spiegel

Nochmal aufs Klo gehen

Nicht mit dem Rad fahren, sonst gibt es Durcheinander beim Nachhausefahren

185

Interessiert fragen
Zwischendrin nachchecken auf dem Klo, ob Lippenstift nicht verschmiert ist
Nicht zuviel Alkohol trinken
Kein gefährliches Kleckeressen bestellen
Keine zu großen Salatblätter essen
Zwischendrin Zähne putzen
Nicht zu laut lachen
Gläser auf dem Tisch hin und her schieben
Konversation
Hierbei: mit Finger am Weinglas spielen
Locken aus dem Haar ziehen
Mit Zunge Lippen umranden
Blickkontakt etc.
Verabschiedung: oft verabschieden, dann dennoch nicht gleich gehen
Nachgeben und dennoch nicht zu viel erlauben
In den Schlaf kraulen
Einschlafen verhindern
Mit Kuß verabschieden
Kein neues Datum ausmachen, kein »Wann sehen wir uns wieder«, kein »Bis zum«
Mit einem »Vielleicht« gehen

Dating-Skript eines Mannes zum männlichen Verhalten (über 50 erste Dates, 24 Jahre)

Wohnung aufräumen
Frische Bettwäsche aufziehen
Getränke kaufen
Geld holen
Baden
Rasieren
Kleider aussuchen
Parfümieren
Lachen

Vom Beruf erzählen
Zum Essen einladen
Großzügig sein
Vom Sekt zu Hause erzählen
Platten auflegen
Schlechte Busverbindungen aufzeigen
Über Sternzeichen reden
Ggf. küssen
In die Augen schauen
Augenfarbe merken
Sektkorken knallen lassen
Morgens Taxi rufen

Zur Auswertung wurden die etwa 2500 Nennungen in 8 Kategorien (plus eine »Restkategorie«) eingeordnet (Tabelle 23).
Die drei wichtigsten Kategorien der Selbstbeschreibung der Frauen sind »Aussehen« (24 %), »Körpersprache/Berührung« (20 %) und »Gespräch« (18 %). Bei den

Tabelle 23. Inhaltsanalyse des Skripts zum »ersten Rendezvous«. (W/M Beschreibung durch Frau/Mann, *w/m* weibliches/männliches Verhalten).

	Ww %	Wm %	Mw %	Mm %	Summe	%
1. Aussehen	24	19	24	18	516	21
2. Nervosität	7	5	5	5	136	6
3. Situationsgestaltung	8	18	16	20	391	16
4. Körpersprache/ Berührung	20	14	15	16	400	16
5. Gespräch	18	18	17	21	479	19
6. Berührungen	4	6	5	6	125	5
7. Erleben	9	6	10	8	206	8
8. Abschied	7	11	6	3	169	7
9. Rest (abs. Häufigk.)	11	6	15	10	42	2
Summe (abs. Häufigk.)	626	635	598	605	2464	

Männern ist die Reihenfolge »Gespräch« (21 %), »Situationsgestaltung« (20 %) und erst an dritter Stelle »Aussehen« (18 %). Diese Befunde werden auch durch die Verhaltensbeschreibungen des jeweils anderen Geschlechts gestützt. Folgen die tatsächlichen Rendezvous den beschriebenen Skripten, spricht diese hohe Übereinstimmung dafür, daß Männer und Frauen das Verhalten ihres Gegenübers beim ersten Date mit einer beachtlichen Zuverlässigkeit voraussagen können.

Interessanterweise sind es nicht die Männer, die die Frauen bei der Situationsgestaltung zur Passivität verdammen. Obwohl sie mehr Gestaltungsaktivität (20 %) auf sich nehmen, als sie den Frauen übrig lassen (16 %), gestehen sie in ihrer Partnerbeschreibung den Frauen einen doppelt so großen Anteil an der aktiven Mitgestaltung zu, wie die Frauen in ihren Selbstbeschreibungen (8 %) zu nehmen bereit sind. Ähnliches gilt auch für den »Abschied«. Frauen ist dieser Punkt (7 %) insgesamt doppelt so wichtig wie Männern (3 %). Dabei würden die Frauen laut ihrem Partnerbild (11 %) fast viermal so viel der Abschiedsgestaltung dem Mann überlassen, wie der Mann für sich beansprucht (3 %).

Betrachtet man Überlappungen zwischen den Drehbüchern, so fällt auf, daß Frauen und Männer an das Datingverhalten von Männern einheitlichere Erwartungen richten (Bestimmtheitsmaß $r^2_{Wm\text{-}Mm} = 86$ %) als an jenes von Frauen (wo die Übereinstimmung über beide Geschlechter lediglich 73 % beträgt).

Außerdem unterscheiden die Frauen deutlicher zwischen weiblichem und männlichem Datingverhalten ($r^2_{Wm\text{-}Ww} = 47$ %), als die Männer ($r^2_{Mm\text{-}Mw} = 81$ %).

Tabelle 24. Geschlechtsstereotypische Stichpunkte.

	Ww	Wm	Mw	Mm
Lädt Partner ein	1	6		2
Besorgt Geld	2	6	1	1
Auto	1	7	2	5
Holt Partner ab		3		2
Bestellt für beide		6		
Zuständig für die Rechnung	2	10	1	6
Fährt Partner heim		13		6
Dem Partner die Initiative überlassen	2		4	
Den Partner reden lassen	4	1	3	
Sich heimbringen lassen	4		3	
Blumen		9	2	7
Aus Mantel helfen		3		1
Macht Komplimente		8	1	4
Kavalier sein		6		3
Gefallen wollen	4	1		
Spiegel	9	5	3	3
Setzt Reize ein	6	2	3	
Geht zur Toilette	3	2	9	
Alkohol	7	14	3	5

▒ Typisch weiblich – typisch männlich

Sehen wir uns einige Verhaltensweisen näher an (Tabelle 24).

Die Verantwortung für den Versorgungsablauf wird überwiegend den Männern zugeschrieben: »Partner einladen« 8:1, »Geld besorgen« 7:3, »Auto« 12:3, »Partner abholen« 5:0, »Für beide bestellen« 6:0, »Zuständig für die Rechnung« 16:3, »Partner heimfahren« 19:0.

Den Frauen wird eher einfühlsame Passivität nachgesagt: »Dem Partner die Initiative überlassen« 6:0, »Den Partner reden lassen« 7:1, »Sich heimbringen lassen« 7:0.

Auch das höfliche Werben ist nach Übereinkunft der Geschlechter Sache des Mannes: »Blumen« 16:2,

Tabelle 25. Aktives Annäherungsverhalten (prozentuale Häufigkeit).

	Ww	Wm	Mw	Mm
Vorbereitung auf zweites Treffen	100	100	74	68
Körperkontakt	35	44	41	44
Küssen	32	56	29	26

»Aus Mantel helfen« 4:0, »Komplimente machen« 12:1, »Kavalier sein« 9:0.

Bei den Frauen wird die Attraktivität betont: »Gefallen wollen« 4:1, »Spiegel« 12:8, »Setzt Reize ein« 9:2, und vielleicht als Kombination der beiden letzten Items »Geht zur Toilette« 12:2. In diesem Zusammenhang fällt auf, daß die Frauen alkoholische Getränke mit 21 Nennungen fast dreimal so häufig mit dem ersten Rendezvous in Verbindung gebracht haben wie die Männer (8).

Alle Skripten der Frauen (d.h. unabhängig davon, ob sie für weibliches oder männliches Verhalten galten) enthielten Hinweise auf die Vorbereitung eines weiteren Treffs (Tabelle 25). Dagegen sollte das Treffen für einen Teil der Männer zunächst mal ein »einmaliges« Ereignis bleiben. Betrachtet man das »Küssen«, so fällt auf, daß die Frauen die Initiative hierzu deutlich häufiger von den Männern erwarten als von den Frauen. Die Männer unterscheiden diesbezüglich kaum zwischen ihren Skripten der beiden Geschlechter.

Diesen Befund möchten wir vorläufig so interpretieren, daß die Frauen mehr Interesse an einer dauerhaften Beziehung zeigen und folglich mehr Bereitschaft, die Kontinuität sicherzustellen. Geht es um eine (zunächst oral) körperliche Annäherung, so wird der erste Schritt vom Mann erwartet.

Betrachten wir nun, welche Erwartungen einer genital-körperlichen Begegnung sich aus den Skripten zei-

Tabelle 26. Hinweise auf Sex.

	Ww	Wm	Mw	Mm
Schlafzimmer aufräumen		1		
Kondom	1	2	1	1
Eruieren, ob sie an Sex interessiert ist		1		
Zweideutige Andeutung				1
Zu Dir oder zu mir		1		1
Abklärung über Konsequenzen				1
Bettangebot		2		
Ihn nach oben einladen			1	
Sektkorken knallen lassen				1
Scharfe Unterwäsche			1	
Quickie				1
GV				1
Sex				1
Gemeinsam frühstücken				1
Summe der Hinweise:	1	7	3	9

gen. Obwohl eine eindeutige Zuordnung, was nun einen Hinweis auf Sex darstellt, nicht immer möglich ist, stellt Tabelle 26 eine Auswahl solcher Andeutungen dar.

Demnach enthalten die männlichen Skripten viermal so viele Hinweise auf Sex (16) wie die weiblichen (4), wobei sich auch in dieser Erwartung des »sexuell fordernden Mannes« weibliche und männliche Versuchspersonen kaum unterscheiden.

Obwohl diese Erhebung nur eine Momentaufnahme darstellt und keine Längsschnittuntersuchung ersetzen kann, sieht es doch so aus, als ob die Änderungen der Geschlechtsrollen in unserer Gesellschaft die traditionellen Dating-Skripten, insbesondere der Frauen, noch nicht ersetzt haben. Selbst unsere befragten Studentinnen und Studenten, die als fortschrittlich-kritisch gelten, stimmen darin überein, daß sie den öffentlichen Bereich (Organisation, Durchführung, finanzielle Verantwortung) in ihren Erwartungen den Männern zuschreiben.

Daß das Ereignis des ersten Dates einem dermaßen gegliederten »Fahrplan« unterliegt, spricht für den Fortbestand der Wirksamkeit jener Anpassungen an die Steinzeitumgebung, die in den Eingangskapiteln beschrieben wurden. In diesem Zusammenhang fällt die in unserer Gesellschaft übliche Tabuisierung der sexuellen Annäherung zwischen Unbekannten auf. Ähnlich wie die reglementierende »Kompromißfunktion« eines Genitalwaschzwangs dazu dient, die Überflutung der übermächtig erlebten libidinösen Es-Impulse durch die Reaktionsbildung als übertriebene Reinlichkeit sozial erwünscht zu machen (und dabei einen »legitimen« Grund liefert, sich mit den Genitalien zu beschäftigen, will man doch nur das »Schmutzige« reinigen), soll auch der sozial festgelegte Ablauf des ersten Rendezvous helfen, sich trotz der stark triebhaften Impulse und der sexuellen Anziehung dem Gegenüber »sozial angemessen« zu nähern. Einen weiteren Grund nennt Gagnon (1977): Wenig Menschen haben wohl gleichzeitig den Wunsch, die Kraft und die Persistenz, die nötig sind, um ein völlig neues Skript für ein so weit verbreitetes Verhalten wie Dating zu erschaffen.

Die von den Studentinnen und Studenten beschriebenen Geschlechtsrollen deuten an, daß die Aufrechterhaltung der traditionellen Geschlechts-Aktivitäts-Verhältnisse zur Entstehung eines guten Ersteindrucks beitragen könnte. Beim ersten Rendezvous wird die Erwartung an den Mann gerichtet, daß er für den öffentlichen Bereich zuständig ist und die Verantwortung für Planung, Transport, Durchführung, Bestellung und Bezahlung übernimmt. Die Zuständigkeit der Frauen wird eher im Privatbereich angesiedelt: Aussehen, Verführung bzw. ihre Eingrenzung und z.T. die Aufrechterhaltung des Gesprächs.

192

Die Dating-Skripten unserer Studenten spiegeln somit weitgehend konventionelle Rollenverständnisse wider. In verstärktem Maß gilt dies für die Studentinnen, die in ihren Selbstbeschreibungen noch traditionellere Positionen vertraten, als die männlichen Studenten ihnen in ihren Partnerbeschreibungen einräumten.

Eine weiterführende Frage, die sich aus den Befunden ergibt, ist, wie sich der Grad der Übereinstimmung von Selbst- und Partnerbeschreibung für ein bestimmtes Paar auf die Qualität der Beziehung auswirkt. Wie wir gesehen haben, ist dies weniger relevant für die wohlreglementierte Phase des ersten Rendezvous als für das Fortbestehen einer Beziehung. Diesem in die Zukunft weisenden Aspekt wird das Kap. 9 gewidmet.

8 An der Nase herumgeführt

Die Welt der verführerischen Körperdüfte

Tiere markieren ihr Territorium, erkennen einander, zeigen Gefahr an, suchen Nahrung, werben um ihre Partner und erregen sich gegenseitig mit Hilfe der Geruchskommunikation. Die dabei eingesetzten chemischen Botenstoffe heißen Pheromone (von φερειν = übertragen und ηορμων = erregen). Dieses Kapitel möchte zeigen, wie wichtig besagte »Erregungsüberträger« auch für das Sozialverhalten des Menschen sind.

Wie seinen Fingerabdruck, hat jedes Individuum seinen eigenen Geruch. Nur eineiige Zwillinge teilen sich denselben Duft. Wovon ist der *Eigen*geruch abhängig? Wenn wir es damit wörtlich nehmen, müssen wir ja wohl von den Außeneinflüssen, wie Aufenthaltsorten (unter Rauchern, auf dem Fischmarkt) oder Konsumgewohnheiten (Knoblauch, Käse, Spargel, Schnaps, Havannas oder Heringe) absehen. Da die Körperausscheidungen das interne Milieu widerspiegeln, können sie von der Außenwelt, speziell von einem potentiellen Partner, als Informationsquelle herangezogen werden, die etwas über das Individuum verrät. Die erhaltenen »Nachrichten« können unterschiedlichen Kategorien zugeordnet werden: Alter, Geschlecht, Reproduktionsphase, Gesundheit, Gefühlszustand (»Angstschweiß«) können erschlossen werden.

Der Duft der Frau

Kann man das Geschlecht tatsächlich am Geruch allein erkennen? Hold u. Schleidt (1977) baten Freiwillige, einheitlich ausgeteilte T-Shirts sieben Nächte lang zu tragen. Die Teilnehmer benützten dieselbe geruchsneutrale Seife, kein Parfüm und kein Deodorant. Danach bekamen andere Personen die getragenen T-Shirts zum Schnuppern. Sie konnten das Geschlecht der Träger den Hemden überzufällig gut zuordnen.

196

Sowohl die Frauen als auch die Männer waren sich einig: Frauenhemden riechen angenehm, Männerhemden überwiegend unangenehm.

Die Forscherinnen wiederholten den Versuch mit einer zweiten Gruppe von Spendern, die bezüglich ihrer Körperpflege keinen Einschränkungen unterlagen. Frauen und Männer konnten bei weitem nicht mehr so gut auseinander gehalten werden. Wenn den Teilnehmern erlaubt wird, daß sie sich nach ihrem Belieben beduften, decken sie genau jene Duftnoten zu, die sie als typische Vertreter ihres Geschlechts auszeichnen. Statt ihre »Weiblichkeit« bzw. »Männlichkeit« zu betonen, verstecken sie sie in einer Art Einheitsbluejeans des Geruchs.

Doty et al. (1982) stellten fest, daß das Geschlecht auch an dem Atemduft erkannt werden kann. Auch hier führte eine ausführliche Mundhygiene zu schlechteren Erkennungsleistungen.

Es ist vielfach beobachtet worden, daß auch wilde Tiere Männer und Frauen dem Geruch nach unterscheiden. Sie werden ungewöhnlich aggressiv, wenn sie die Menstruation der Frau riechen. Dies erschwerte den Erfolg der gemischt-geschlechtlichen Jägergruppen unter Steinzeitbedingungen. Darin sieht die Evolutionspsychologie einen Grund für die Arbeitsteilung, nach der Männer zum Jagen und Frauen zum Sammeln gingen (Dobkin de Rios u. Hayden 1985).

Frauen und Männer können also am Geruch unterschieden werden, wenn man beide Gruppen möglichst naturbelassen untersucht. Gilt dies auch für homosexuelle Spürnasen? Und welche Präferenz haben homosexuelle Frauen und Männer? Diesen Fragen ist der Verfasser zusammen mit einer Geruchsforscherin der medizinischen Fakultät nachgegangen (Hejj u. Hudson 1995).

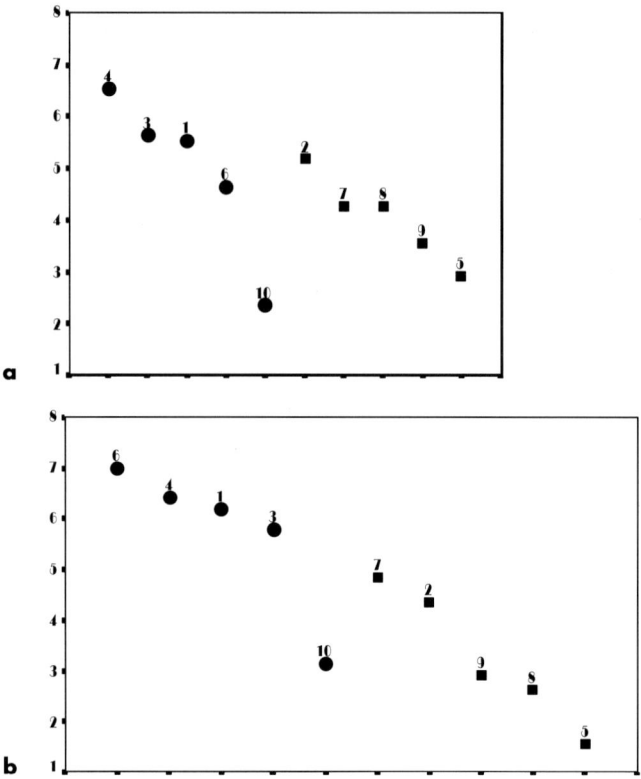

Abb. 10 a–d. Geruchspräferenz für 5 Frauen-T-Shirts (●) und 5 Männer-T-Shirts (■) nach Geschlecht und sexueller Ausrichtung der Beurteiler. **a** Homosexuelle Männer, **b** homosexuelle Frauen, **c** heterosexuelle Männer, **d** heterosexuelle Frauen.

Die Arbeit hatte zum Ziel, die Präferenz für die Düfte von Individuen aus drei Faktoren zu erklären: nach dem Geschlecht der Wahrnehmenden, nach deren sexueller Ausrichtung sowie nach dem Geschlecht der zu riechenden Individuen. An der Untersuchung nahmen 60 Studenten teil, je zur Hälfte homo- bzw. heterosexuelle

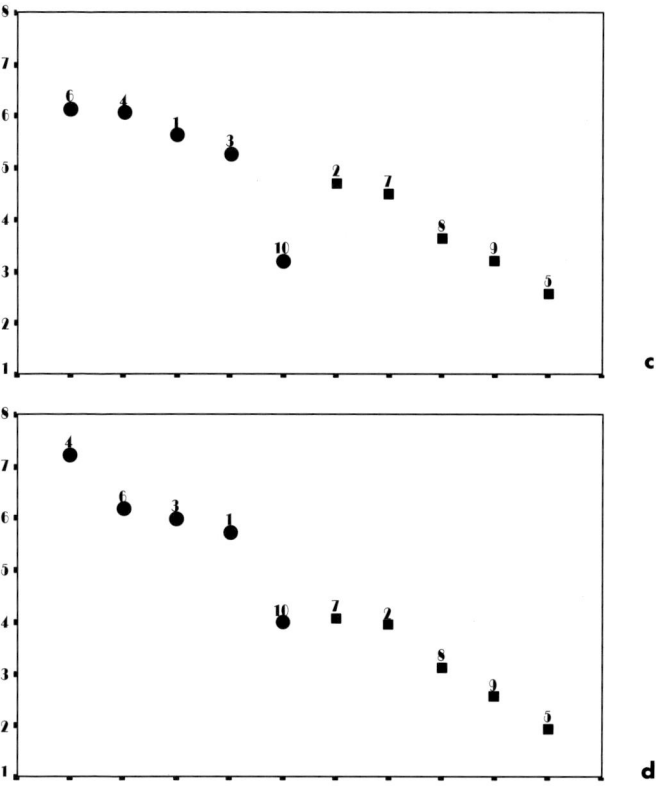

c

d

Frauen und Männer. Ähnlich wie im ersten Experiment von Hold u. Schleidt bestand das Versuchsmaterial aus je fünf von Frauen bzw. Männern getragenen T-Shirts. Die einzelnen Versuchsteilnehmer bekamen jeweils zwei T-Shirts zu schnuppern. Danach entschieden sie sich, ob sie T-Shirt A oder T-Shirt B als angenehmer riechend empfanden. Dabei wurden alle 45 möglichen Paarkombinationen den Versuchsteilnehmern präsentiert. Im nächsten Schritt sollten sie das Geschlecht des Trägers je T-Shirt identifizieren. In einem letzten Versuchsschritt wurde die allgemeine Geruchsleistung der Teilnhmer durch eine Intensitätsmessung sowie die Identifikation von Labor- und Lebensmitteldüften festgestellt.

Die Identifikationsleistung der Frauen ist der der Männer (besonders der homosexuellen, deren Trefferrate nicht besser als der Zufall war) deutlich überlegen. Sowohl hetero- als auch homosexuelle Frauen erkannten die Männerhemden noch zuverlässiger als die ihrer Geschlechtsgenossinnen. Entsprechend der evolutionspsychologischen Erwartung gilt diese Überlegenheit der Frauen nur im sozialen Bereich, nicht aber für Labor- oder Lebensmitteldüfte. Dieser Sonderstatus des Weiblichen zeigte sich nicht nur auf der Seite der Beurteilenden, sondern auch im Hinblick auf die T-Shirts. Frauenhemden wurden durchwegs höher präferiert als die von Männern. Hiervon gibt es lediglich eine Ausnahme: T-Shirt Nummer 10, dessen Trägerin gerade ihre Periode hatte. Frauen fanden, daß dieses Hemd als einziges so wenig angenehm roch wie sonst nur Männerhemden. Auch die Männer fanden, daß alle Männerhemden weniger angenehm rochen als die restlichen Frauenhemden. Nur Nummer 10 roch, insbesondere für Homosexuelle dem schlechtestriechenden Männerhemd gleichgestellt. Insgesamt sind sowohl die »Favoriten« als auch die »Schlußlichter« in allen Gruppen die gleichen (vgl. Abb. 10 a–d).

Es ist interessant festzustellen, daß auch homosexuelle Männer – von der gerade geschilderten Ausnahme abgesehen – die Frauenhemden als angenehmer riechend empfanden als die Männerhemden (Abb. 10 a). Wenn sie die Geschlechtsidentität der Träger feststellen mußten, unterliefen gerade dieser Gruppe charakteristische Verwechslungen: Obwohl die T-Shirts, die sie am höchsten präferierten, in Wirklichkeit von Frauen getragen worden waren, hielten sie die Düfte für männlich. Dies erklärt ihre insgesamt auffallend schlechte Erkennensleistung.

Geruchserkennung

Während des Stillens haben *Säuglinge* viel Gelegenheit, die nackte Brust und die umgebenden Körperdüfte der Mutter kennenzulernen. Zugleich riecht auch die Mutter die Kopfhaut des Babys (Abb. 11). Schaal (1986) konnte zeigen, daß Mütter ihre Neugeborenen (2–10 Tage alt) am Geruch erkennen. Die Mütter konnten das T-Shirt ihrer Babys unter drei getragenen Säuglingshemden identifizieren. Interessanterweise können Mütter ihre Kinder auch dann »herausriechen«, wenn diese durch Kaiserschnitt geboren worden sind und vor dem

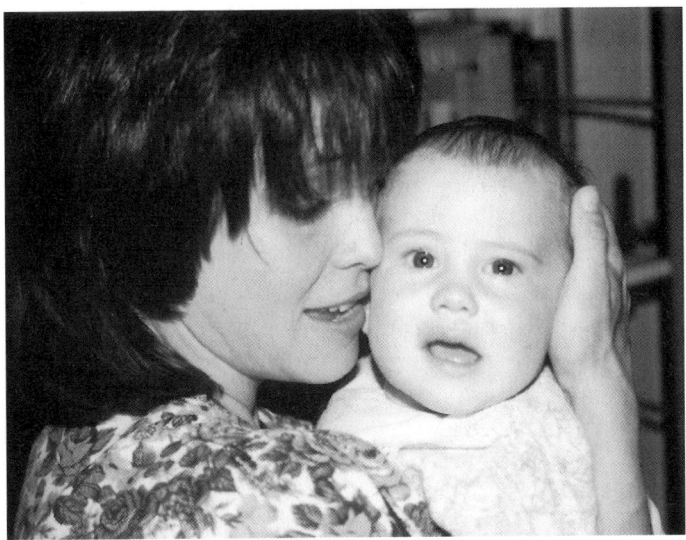

Abb. 11. Zärtliche Riechkontakte zwischen Mutter und Baby.

Geruchstest noch keinen Kontakt zur Mutter hatten (Russel 1983).

Auch die Babys erkennen ihre Mütter am Geruch. Stillende Mütter trugen Wattekissen unter ihren Achseln. Macfarlane (1975) brachte links und rechts neben dem Kopf der 2–7 Tage alten Säuglinge jeweils das Kissen der Mutter und einer anderen Frau an. Die Babys drehten sich zum vertrauten Mutterduft hin. Wurden die Seiten vertauscht, folgten die Babys der mütterlichen Wonnenquelle mit ihrer Zuwendung.

Die Geruchserkennung funktioniert aber nicht nur in der primären Liebesbeziehung zwischen Mutter und Kind, sondern auch unter erwachsenen Liebenden. Hold und Schleidt (1977) fanden, daß *Eheleute* das T-Shirt des Partners unter 10 getragenen Hemden genauso gut »herausriechen« wie ihr eigenes. Die deutschen Ehefrauen stufen den Duft ihrer Männer als angenehm ein. Im Gegensatz dazu können Japanerinnen ihre Gatten nicht so gut riechen. Wie wir noch sehen werden, enthält der Geruch der Männer Informationen über den Immunstatus, die für das Sichverlieben wesentlich sind (vgl. Abschnitt »Die Chemie muß stimmen!«). Während die typische Deutsche ihren Mann selbst aussucht, heirateten viele Japanerinnen – zumal in den 70ern – aufgrund der Wahl des Familienoberhaupts. Dieser wählt den Kandidaten nach anderen als immunpsychologischen Gesichtspunkten aus. Daß dies vielen Töchtern Nippons stinkt, zeigt der obige Befund.

Liebe in der Luft

Verströmen erwachsene Männer und Frauen einen besonderen Duft, der auf das andere Geschlecht anziehend wirkt? Zumindest bei anderen Säugetieren wissen wir, daß der weibliche Geruch zur fruchtbarsten Zeit des Eisprunges am anziehendsten wirkt. Dieser Mechanismus dient der Vermehrung, indem er dafür sorgt, daß sich die männlichen Individuen den weiblichen sexuell dann nähern, wenn es am ehesten zur Befruchtung führt. Halter von läufigen Hündinnen erleben immer wieder, wie unwiderstehlich die Duftmarke ihrer Lieblinge auf die Rüden der Nachbarschaft wirkt.

Dadurch, daß der »zivilisierte« Mensch dicht zusammengedrängt lebt, mußte sichergestellt werden, daß nicht alle dauernd durch Lockdüfte erregt werden. Dazu werden diese kaschiert und neutralisiert.

Man kann aber alles übertreiben. Daß eine zu strenge Reinlichkeitserziehung zum geizig-pedantisch-zwanghaften *analen Charakter* führt, behauptet die Psychoanalyse schon lange. Ohrbach et al. (1957) ordneten ihre Patienten in drei Gruppen, je nachdem, wie wichtig ihnen Sauberkeit war. Gruppe 1 bestand aus den verbittertsten Schmutz- und Körperduftfeinden, Gruppe 2 lag in der Mitte, und die Frauen und Männer, die sich um ihre »porentiefe« Reinheit und ihren Geruch keine übermäßigen Sorgen machten, kamen in Gruppe 3. Die Autoren stellten fest, daß die Mitglieder der Gruppe 1 die größten psychologischen Probleme aufwiesen und am wenigsten glücklich waren. Hingegen waren die Frauen und Männer der Gruppe 3 spontaner und sozial aufgeschlossener als die ersten beiden Gruppen. Auch ihre Ehen waren besser und ihre Sexualbeziehungen befriedigender.

In Extremfällen wünscht man sich aber, ein einzelner würde sich mehr um das »Kaschieren« der Eigenausdünstungen bemühen. Wie wichtig das für den Betreffenden selbst auch sein kann, beschreibt Catull:

Ein unglücklicher Liebhaber
Wenn kein Mädchen die zarten Schenkel dir unterzulegen,
Rufus, gewillt ist, darfst du dich nicht wundern. Du wirst
auch durch Geschenke sie nicht erweichen: ein Kleid, ein erles'nes,
oder den lockenden Reiz leuchtenden Edelsteins.
Denn dir schadet ein schlimmes Gerücht: in der Höhle der Achseln,
sagt es, beherbergtest du einen wildstößigen Bock!
Diesen nun fürchten sie alle; kein Wunder: er ist eine schlimme
Bestie, und mit der geht keine Schöne ins Bett.
Entweder bringst du sie um, diese grausame Pest unsrer Nasen,
oder du wunderst dich nicht länger, warum sie dich fliehn!
(Catull, n. d./1963, S. 107-109, übersetzt von Otto Weinreich)

Eine gleich stark ausgeprägte Reaktion wie die der Rüden auf die läufige Hündin ist also beim Menschen nicht zu erwarten. Dennoch konnte die Auswirkung der reproduktiven Phase auf die Geruchsbewertung experimentell nachgewiesen werden. Doty et al. (1975) stellten fest, daß Männer die Vaginaldüfte von vier Spenderinnen jeweils dann am angenehmsten fanden, wenn diese sich kurz vor oder während des Eisprungs befanden.

Brody (1975) argumentiert, daß der aufrechte Gang des Menschen dazu geführt habe, daß die Genitaldüfte an Bedeutung verloren haben. Während die anderen Säugetiere ihre Nasen in der richtigen Höhe der Genitalregion ihrer Partner haben, ist unsere Nase gewöhnlich zu weit von den unteren Körperteilen entfernt. Dafür gerät die Achselhöhle in eine gut riechbare Lage. Natürlich muß der Weg erst durch das Heben der Arme freigemacht werden; eine Geste, die dadurch für beide Geschlechter zum erotischen Reiz wird.

In den ländlichen Gegenden Österreichs war es üblich, daß die jungen Frauen beim Volkstanz Apfelscheiben in den Achselhöhlen halten, vielleicht als eine Art Bio-Deo. Nach dem Tanz reicht das Mädchen die Scheibe ihrem Lieblingspartner, der sie entzückt verzehrt (Brody 1975).

Agosta (1994) schreibt über einen ebenfalls österreichischen Bauernburschen, der sein Taschentuch beim Tanz unter den Achseln »imprägnierte«, um anschließend das Gesicht seiner Partnerin damit abzuwischen. Dies machte seine »amorösen Abenteuer beneidenswert erfolgreich« (S. 158).

Die Lockstoffe der Männer sind auch laborchemisch untersucht worden. Deren zwei, das moschusartige Androstenol und das nach Urin riechende Androstenon sind bei Schweinen als wirksame Sexualreize bekannt. Werden diese Substanzen aus einer käuflichen Spraydose einer Sau vor die Nase gesprüht, tritt eine sofortige »Duldungsstarre« ein. Dies ermöglicht dem Tierarzt, die künstliche Befruchtung durchzuführen. Benton (1982) ließ Frauen einen Monat lang jeden Morgen an einer Substanz riechen, die entweder bewußt nicht wahrnehmbare Kleinstmengen von Androstenol oder ein wirkstoffloses Placebo beinhaltete. Die Androstenol-Frauen bewerteten sich selbst als sexuell hingebungsvoller als die Frauen der Kontrollgruppe. Auch die Fotos unbekannter Männer wurden »netter« gefunden von Versuchspersonen, die eine androstenolgetränkte Chirurgenmaske trugen, als von Personen mit einer »sauberen« Maske (Kirk-Smith et al. 1978).

Die Chemie muß stimmen!

Haben Sie sich schon mal gewundert, weshalb Sie jemandem aufgrund seines/ihres betörenden Duftes näher kommen wollten? Hingegen ist »jemanden nicht riechen können« sprichwörtlicher Ausdruck mangelnder Sympathie. Die neueren Forschungsergebnisse der Evolutions- und der Immunbiologie über den Geruchssinn sowie die der Sympathieforschung untermauern die lang übersehene Bedeutung der Pheromone beim Menschen.

Im Kap. 4 hatte der Verfasser Frauen und Männer gebeten, jene Eigenschaften aufzuzählen, die ihnen einen Mann bzw. eine Frau sympathisch machen. Ein Vergleich der vier Listen zeigte, daß Riechenkönnen eine spezifische Bedeutung für die Sympathie hat. Unter drei der vier Bedingungen nannten je 18 % der Befragten das Kriterium »Geruch«. In der vierten Gruppe war dies für 56 % bedeutsam. Dies war dann der Fall, *wenn Frauen angaben, was für sie wichtig ist, damit sie einen Mann sympathisch finden.* Welche experimentellen Belege können erklären, weshalb der Eigengeruch im gleichgeschlechtlichen Umgang sowie aus der Sicht der Männer weniger wichtig ist als aus der Perspektive der Frauen?

Aus der Immunopsychologie ist bekannt, daß der verströmte Duft mit der genetisch bedingten Abwehrkonstellation (MHC, Major Histocompatibility Complex) zusammenhängt (vgl. Ferstl 1989). Schematisch dargestellt würden zwei Individuen mit der gleichen Immunstruktur A ihre Nachkommen vor nur halb so vielen Infektmöglichkeiten schützen wie Individuen, die ihren Nachkommen zwei unterschiedliche Schutzsysteme A und B mitgeben. Um diese Gefahr, sich auf die Zeugung eines Kindes mit unzureichendem Immunschutz einzulassen, zu minimieren, warnt die Natur mit dem Signal: »Vorsicht, da stinkt was!« Da in der Welt der Säugetiere die innere Befruchtung dem weiblichen Partner eine wesentlich höhere elterliche Investition pro Nachkomme abverlangt (vgl. Kap. 3), ist es verständlich, daß Frauen viel häufiger die Nase rümpfen. Sie müssen wählerischer sein, denn eine ungünstig getroffene Wahl vermindert nicht nur die Überlebenschancen ihrer Nachkommenschaft und somit die Erhaltung ihrer eigenen Anlagen, sie könnten dann neun Monate Schwangerschaft und die Stillzeit umsonst investiert haben.

Wedekind et al. (im Druck) zeigen, daß der MHC sowohl den Eigengeruch als auch die Eigengeruchspräferenz beim Partner und daraus resultierend die Partnerwahl selbst beeinflußt. Am Versuch nahmen 49 junge Frauen und 44 junge Männer, die sich gegenseitig nicht begegnet sind, teil. Die genetische Identität aller Teilnehmer in bezug auf diesen Immunkomplex wurde bestimmt. Ähnlich wie in den bereits beschriebenen Versuchen trugen die Männer T-Shirts für zwei Nächte. Sie benutzten nur geruchsneutrale Kosmetika. Am dritten Tage wurden jeder Frau drei T-Shirts von Männern mit einer genetischen Immunidentität, die ihrer eigenen sehr ähnlich war, präsentiert. Weitere drei T-Shirts kamen von Männern, die den Frauen genetisch in diesem Punkt sehr unähnlich waren. Natürlich wußten die Frauen nichts über den genetischen Hintergrund der T-Shirts. Sie beurteilten,

- wie angenehm die einzelnen Hemden riechen und
- wie sexy sie auf die Riechende wirken.

Diese beiden Qualitäten wiesen einen engen Zusammenhang auf (r = 0,85): Wirkt ein Hemd sexy, riecht es angenehm und umgekehrt.

Für Frauen, die die Pille nicht nehmen, ergab sich der von Ferstl bereits zitierte Befund: Die Hemden der

Männer, die den Frauen genetisch unähnlich waren, wirken angenehm bzw. sexy. Sie erinnern die Frauen doppelt so häufig an ihren Partner als die Hemden immunähnlicher Männer. Hingegen riechen die T-Shirts immungenetisch ähnlicher Männer unangenehm und nicht sexy. Dies bestätigt die bereits erwähnte Warnfunktion und steht in Einklang mit den Befunden vieler Forscher (z.b. Laitinen 1993) bei Paaren mit wiederholten spontanen Fehlgeburten. Diese Paare weisen eine große Übereinstimmung ihrer MHC-Immungene auf. Die Geruchsaversion nichtschwangerer Frauen dient dazu, diese Komplikationen zu verhindern.

Merkwürdigerweise verhalten sich die Frauen, die die Pille nehmen, genau umgekehrt. Sie finden die Düfte immungleicher Männer angenehm und die der immununähnlichen unangenehm. Nun ist bekannt, daß die Pille hormonell die Schwangerschaft nachahmt. Während der Schwangerschaft ist die Geruchspräferenz der Frau nicht durch die Suche nach einem geeigneten Partner bestimmt. Vielmehr steht ein geeigneter »Nestplatz« im Vordergrund. Dies ist in vielen Fällen in der eigenen Familie gegeben, also unter ähnlich Riechenden.

Hochrelevant ist der Befund von Wedekind et al. (im Druck) für die Partnerbeziehung, wenn Frauen das Kontrazeptionsverhalten ändern. Nicht nur erschwert die längerfristige Einnahme der Pille die natürliche Partnerwahl. Wird die Pille abgesetzt, kann die Frau den bis dato angenehm empfundenen Mann allmählich nicht mehr riechen. Vielleicht hilft dieses Wissen einigen Beziehungen: Die Chemie muß eben stimmen!

Alle Düfte Arabiens

Die Gründe und die Techniken zur Unterdrückung des Eigengeruchs durch künstliche Düfte können in den unterschiedlichen Kulturen vielfältig sein. Handlungen, die den Körpergeruch mindern, haben hauptsächlich mit Reinlichkeit und Gesundheit[1] zu tun. Maßnahmen, die neue Düfte hinzufügen, lassen sich in drei Kategorien der sozialen Bedeutung einordnen (Schaal u. Porter 1991):

Ich gehöre derselben/einer anderen Gruppe an wie Du. Dabei kann »Gruppe« von der Kernfamilie bis zu einer ganzen Kultur reichen. Über die Geruchshinweise für Rasse, Schicht und die Stadt/Land-Unterscheidung wurde schon viel geschrieben (z.b. Largey u. Watson 1972). In östlichen Kulturen wird die Geruchsähnlichkeit zur Gruppenintegration rigoros eingehalten[2]. Zieht man nicht mit, läuft man Gefahr, als »stinkender Fremder« abgestempelt zu werden. Selbst Mitglieder unserer modernen Gesellschaft zeigen heftige Ekelreaktionen, wenn sie der intensiven Geruchsbelastung fremder Kulturen plötzlich ausgesetzt werden.

Ich bin gleichen/unterschiedlichen Geschlechts/Alters wie Du. Frauen beduften sich häufiger und anders als Männer. Die Wahl der Duftstoffe ist

---

[1] Die Gewohnheit, stark duftende Blumen zu einer Beerdigung mitzubringen, ist sehr alt. Bereits in der afrikanischen Savanne fand man Reste geruchsintensiver Blumen bei den Überresten der Steinzeitleichen, die zwar noch nicht beerdigt, doch in einer entlegenen Ecke der Höhle abgelegt wurden.

[2] Als der Verfasser den inzwischen verstorbenen Guru Bagwan in seinem Ashram in Poona (Indien) besuchen wollte, mußte er nicht nur einen AIDS-Test, sondern auch den Geruchstest zweier professioneller »Schnüffler« am Eingang bestehen.

abhängig vom Alter und das nicht nur deshalb, weil sich junge Menschen die teuersten Parfüms noch nicht leisten können.

■■■■■ *Ich bin ein potentieller Partner für Dich.* Künstliche Duftstoffe können die Bereitschaft zu bestimmten Interaktionen anzeigen, besonders, was die sexuelle Attraktivität und die Partnerwahl angeht. In Melanesien tragen die Männer beim Tanzen stark nach Moschus riechende Blätter. Die Dufttalismane im Unterarm der Yanomamo-Männer sollen die Zuneigung der Frauen bewirken. Westliche Männer können androstenonhaltige Parfüms benutzen, die laut Werbung als unwiderstehliches Verführmittel verkauft werden. Bei einem dieser Präparate, mit dem der Verfasser in einer spätpubertären Phase experimentierte, bekam man eine Karateanleitung mitgeliefert,»um sich vor den Überfällen der Frauen retten zu können«.

Auch Frauen bedienen sich dieser Liebeszaubermittel. In Nauru stellen sie sich in einen berauschend riechenden Dampf, eine Handlung, nach der »sich alle Männer in Dich verlieben« (Petit-Skinner 1976). Auch die duftenden Blumenkränze der Polynesierinnen dienen einem ähnlichen Zweck. Ellis (1905) erinnert an die sexuelle Bedeutung von Blumen und ihrem Duft. Die Vermehrungsphase der Pflanzen bringt sie hervor, und sie locken Insekten herbei, um das Bestäuben zu besorgen. Die Insekten werden angelockt, weil sie ihre Geruchsempfindlichkeit für Pheromone in ihrem eigenen Paarungsverhalten entwickelt haben. Die Lockstoffkonzentrate in den »blumigen Wässerchen« werden seit dem Altertum in den meisten Kulturen eingesetzt.

Somit kann Parfüm verwendet werden, nicht um die eigenen Lockstoffe zu verstecken, sondern um sie zu betonen und zu verstärken. Die wirksamsten Verführungsdüfte, wie Liebende zu bestätigen geneigt sein werden, hat uns Mutter Natur bereits zur vorkosmetischen Zeit mitgegeben.

9 Ich sehe mich – Ich sehe Dich – Ich sehe, wie Du mich siehst

Zeichen der Stabilität einer Partnerschaft

Wenn das erste Rendezvous (s. Kap. 7) als vielversprechend erlebt wird, kann der Wunsch nach einer glücklichen und harmonischen Partnerschaft mit der betreffenden Person aufkommen. Da die Partnerschaft einen wesentlichen Aspekt der Lebenszufriedenheit darstellt (Campbell et al. 1976), ist es eine entscheidende Frage, welche Variablen sich auf die Stabilität und Qualität einer heterosexuellen Paarbeziehung auswirken. Hassebrauck (1990) bringt eine ausführliche Übersicht über jene sozialwissenschaftlichen Arbeiten, die in den letzten 12 Jahren die Relevanz einer Reihe von Persönlichkeitseigenschaften für die Beziehungsqualität nachwiesen. Eine weitere Gruppe von Variablen sind diejenigen, die erst in der spezifischen Interaktion der Partner die Qualität einer Beziehung beeinflussen können. Hierzu zählen

die Ausgewogenheit bzw. Unausgewogenheit (d.h. die Differenz der relativen Ergebnisse der Interaktionspartner) der Beziehung sowie die Ähnlichkeit bzw. Unähnlichkeit von Einstellungen, Interessen etc. (Hassebrauck 1990, S. 265).

▬ Welche Art von Ähnlichkeit führt zur Stabilität?

Die wichtigsten Untersuchungen zu Ähnlichkeiten zwischen den Partnern wurden bereits im Zusammenhang mit der Homogamie-Heterogamie-Diskussion (Kap. 2) erwähnt.

Eine Technik, die die Analyse der *Erlebnisähnlichkeiten* in einer Beziehung auch für andere überprüfbar macht, ist die »doppelte Tagebuchmethode« (Auhagen 1987, 1991). Beide Partner nehmen sich Abend für Abend 3–5 Minuten Zeit, um die verhaltensnahen, beziehungsrelevanten Erlebnisse des Tages voneinander unabhängig zu notieren. Diese Notizen werden über längere

Zeit hinweg inhaltsanalytisch nach acht Kategorien ausgewertet: persönlicher Kontakt; fehlgeschlagener persönlicher Kontaktversuch; Telefonkontakt; fehlgeschlagener Telefonkontakt; Nachdenken über den anderen; mit jemandem über den anderen sprechen; schriftlicher Kontakt; andere beziehungsrelevante Ereignisse. Obwohl die Teilnehmer einen Einfluß der Tagebuchführung sowohl auf die Qualität als auch auf die Quantität der Beziehungserlebnisse verneinten, räumt die Autorin ein, »daß sie sich ihrer Partner etwas bewußter und mit ihnen verbundener waren« (Auhagen 1987, S. 5, vom Verfasser übersetzt). So wertvoll die Überprüfbarkeit der Methode durch andere ist, sie erstreckt sich leider nur auf die verhaltensmäßige Komponente der Einstellung zur Partnerschaft. Zugleich liegt darin ihre Stärke, denn die im folgenden besprochenen Untersuchungen, die auf der Erhebung von Einstellungen[1] beruhen, vernachlässigen genau diesen Aspekt.

Ähnliche Einstellungen können die Qualität von Beziehungen auf unterschiedlichen Ebenen beeinflussen. Wird die Übereinstimmung von beiden Partnern wahrgenommen, so führt dies nach Festingers (1954) Theorie der sozialen Vergleichsprozesse zu einem Abbau von Unsicherheit und damit zur gegenseitigen Anziehung. Auch gänzlich anders gestaltete Theorien (z.B. die der kognitiven Konsistenz, s. Heider 1958) gehen davon aus, daß die wahrgenommene Einstellungsähnlichkeit bei einem Gegenüber sympathiefördernd wirkt. Auch die Überlegungen der Austauschtheoretiker gehören in diesen Zusammenhang, sind doch die Interaktionen zwischen ähnlichen Partnern mit geringeren »Kosten« (Mißver-

---

[1] Die drei Komponenten der Einstellungen sind die gedankliche, die gefühlsmäßige und die verhaltensmäßige.

ständnissen) und einem größeren Anteil positiver Ergebnisse verbunden.

Hassebrauck (1990) unternahm den Versuch, die Qualität heterosexueller Paarbeziehungen aus einer Vielzahl von Ähnlichkeiten zwischen den Partnern vorherzusagen. An 80 jungen Erwachsenen, die seit mindestens sechs Monaten in einer Partnerbeziehung lebten, erhob er vorwiegend mit siebenstufigen Skalen Beziehungsqualität, Freizeitinteressen und Hobbys, Persönlichkeitsmerkmale (mit Hilfe des Freiburger Persönlichkeitsinventars), soziodemographische Daten sowie Einstellungen. Letztere bezogen sich auf die Bereiche Abtreibung und Geburtenkontrolle, Alkohol, Ausländer, Eifersucht, Emanzipation, Erziehung, Geldausgeben, Gesundheit, Hausarbeit, materielle Werte, Mode, Politik, Pünktlichkeit, Religion und Treue. Bei der ersten Bearbeitung äußerten die Befragten ihre eigene Einstellung, bei der zweiten sollten sie sich in die Lage ihres Partners versetzen und dementsprechend antworten. Obwohl der Mittelwert der Gesamtgruppe auf Zufriedenheit mit den eigenen Beziehungen schließen läßt (Frauen: 69 %; Männer: 72 % Zufriedenheit), repräsentierten die Befragten ein weites Spektrum hinsichtlich der berichteten Beziehungsqualität (11 % bis 93 %).

Das einzig brauchbare Vorhersagekriterium, um die Bewertung der Beziehungsqualität aus der Sicht der Frau voraussagen zu können, ist ihre wahrgenommene Einstellungsähnlichkeit mit dem Mann. Knapp ein Viertel der Beziehungsqualität konnte auf die Einstellungsähnlichkeit zurückgeführt werden, während für die übrigen Kriterien kein nennenswerter Beitrag zur Beziehungsqualität nachgewiesen werden konnte.

Auch bei den Männern erwies sich die wahrgenommene Einstellungsähnlichkeit als der wichtigste Faktor zur Erklärung der Beziehungsqualität. Zusätzlich wurde hier auch der Ähnlichkeit der Persönlichkeitseigenschaften eine deutliche Relevanz beigemessen.

Je nach Geschlecht konnten zwei Drittel bzw. drei Viertel der Beziehungsqualität *nicht* aufgeklärt werden. Hassebrauck (1990) konstatiert, daß auch »die vorliegende Untersuchung ... der Komplexität sozialer Beziehungen nicht völlig gerecht (wird)« (S. 271) und führt dies nicht nur auf das noch unzulängliche theoretische Wissen, sondern auch auf die begrenzte Belastbarkeit der befragten Personen sowie auf statistikbedingte Gesichtspunkte zurück.

Mit einem noch komplexeren Versuchsplan wollten Sternberg u. Barnes (1985) die Beziehungszufriedenheit voraussagen. Ihre Annahme ist, daß die Liebesbeziehung zwar aus nur zwei Menschen besteht, daß aber die Anwesenheit zweier weiterer »Personen« mit hineinspielt: die *Traum- oder Idealpartner* der Teilnehmer. Dies mag wenig auffallen, wenn das reale Gegenüber dem Ideal seines Partners entspricht. Aber wenn die reale Person in wesentlichen Aspekten vom Ideal abweicht, wie es zuweilen vorkommen kann, »treten die stillen Partner in die Beziehung und machen sich auf unterschiedliche Weise bemerkbar« (S. 1586, übersetzt vom Verfasser). Der Betreffende kann sich im Vergleich zum Ideal seines Partners minderwertig fühlen oder meinen, der andere liebe nicht ihn als Person, sondern lediglich sein selbstgeschaffenes Idealbild. In beiden Fällen ist eine Auswirkung auf die Beziehungszufriedenheit nicht unplausibel.

Solche Idealbilder müssen nicht gleich den Hollywood-Klischees entstammen: Sie können durchaus auf lerngeschichtlicher Erfahrung beruhen. Von einem solchen Vergleichsniveau gehen schon Thibaut u. Kelley (1959) aus, beschrieben als

Abb. 12. Die Dauer des Sichanschauens kann ein Maß für die Verliebtheit sein.

ein Häufigst- oder Erwartungswert aller der Person bekannten Ergebnisse, jedes Ergebnis ist durch seine augenblickliche Bedeutsamkeit gewichtet. Das Vergleichsniveau einer Person hängt nicht nur von den Ergebnissen ab, die sie selbst erfährt oder sieht, wie andere sie erfahren. Wichtig ist, ob sie auf die Person anziehend wirken, sie faszinieren und von ihr verinnerlicht werden, während sie ihre eigene Situation bewertet (S. 81–82, übersetzt vom Verfasser).

Nach Thibaut und Kelley hängt die Beziehungszufriedenheit davon ab, ob die bestehende Beziehung das Vergleichsniveau erreicht. Somit wäre ein realistisches Vergleichsniveau ein wichtiger Schlüssel zum Glück.

Ganz ohne expliziten Bezug zum Idealpartner oder zum Vergleichsniveau setzt Rubin (1970, 1973) seine *Love Scale* ein. Die Aussagekraft dieses Testwerts konnte an Selbstbeschreibungen des Verliebtseins, an der Dauer des gegenseitigen Sichanschauens (Abb. 12) und sogar an der späteren Heiratswahrscheinlichkeit bestätigt werden. Sternberg u. Barnes (1985) gehen davon aus, daß die Gültigkeit der Vorhersage weiter erhöht werden kann, wenn der Vergleich mit einem *realistischen* Ideal als weiteres Vorhersagekriterium hinzugezogen wird. So erfaßten sie an 24 studentischen Liebespaaren jeweils vier Perspektiven: wie das Individuum zum realen Partner steht (P1); wie der reale Partner zum Individuum steht (P2); wie das Individuum zu einem Idealpartner, der dennoch nicht ganz realitätsfremd ist, stehen würde (P3) und wie ein solcher zum Individuum stehen würde (P4)[2]. Die Studenten bearbeiteten einige Beziehungstests vom jeweiligen Standpunkt der vier Perspektiven, darunter Rubins (1970) Love Scale und Liking Scale. Die Qualität der bestehenden Beziehung wurde an folgenden Variablen gemessen: Zufriedenheit, Erfolgserwartung, Enge, Ausschließlichkeit, Verliebtheit, Kommunikation, erwartete Dauer, Ausmaß der geglaubten Entsprechung mit dem Ideal des Partners, Ausmaß, in dem der Partner dem eigenen Ideal entspricht, eigene Verbindlichkeit in der Beziehung, angenommene Verbindlichkeit des Partners.

Die statistische Auswertung (Varianzanalyse) ergab nur einen (trivial anmutenden) Haupteffekt: Die Beziehungen zum Idealpartner waren besser als jene zum Realpartner.

In dem Versuch, die Beziehungszufriedenheit vorherzusagen, fanden sich drei brauchbare Vorhersagekri-

---

[2] Diese vier Perspektiven erlauben sechs Vergleiche innerhalb der Perspektiven eines Teilnehmers und zwölf sinnvolle Vergleiche zwischen denen beider Partner. Dabei werden die jeweiligen Unterschiede zwischen den beiden verglichenen Werten gebildet. Jeder dieser Unterschiede kann als Vorhersagekriterium für die Beziehungszufriedenheit eingesetzt werden.

terien. Die ersten beiden sind die einfachen Werte P1 (wie das Individuum zum realen Partner steht) und P4 (wie der Idealpartner zum Individuum stehen würde). Das dritte Vorhersagekriterium ist die Abweichung zwischen der Behandlung durch den Realpartner P2 (wie der reale Partner zum Individuum steht) und der Behandlung durch den Idealpartner P4 (wie der Idealpartner zum Individuum stehen würde). Von den zahlreichen Abweichungswerten ist der einzig wirklich wichtige der Unterschied zwischen a) wie man meint, daß der Partner zu einem steht, und b) wie man idealerweise möchte, daß der andere zu einem steht.

Es ist weniger die Existenz von Idealpartnern, die zur Unzufriedenheit mit der Liebesbeziehung führt, als der ausgeprägte Unterschied des Realpartners vom Idealbild. Entscheidend für den Erfolg der Beziehung nach den Befunden von Sternberg u. Barnes (1985) ist, wie der Partner wahrgenommen wird, nicht wie er tatsächlich ist.

Die beschriebenen Ansätze versuchen die Stabilität einer heterosexuellen Liebesbeziehung aufgrund unterschiedlicher Ähnlichkeiten bzw. Abweichungen zwischen den Partnern zu erschließen. Die Ergebnisse zeigen, daß die vom Partner wahrgenommenen Eigenschaften wichtiger sind als die »objektiven« Eigenschaften des Gegenübers. Darüber hinaus gelang es Sternberg u. Barnes (1985), zumindest einen Vergleichswert mit dem eigenen Traumbild als brauchbares Vorhersagekriterium zu identifizieren. Dies spricht für die große Bedeutung der *Objektrepräsentanz* für die Stabilitätsprognose.

Das beste partnerbezogene Vorhersagekriterium ist die Abweichung zwischen dem, was er über mich denkt, und dem, was ich mir wünsche, daß er über mich denkt.

Dann müßte die Abweichung meines *Autostereo-typs* (wie ich mich sehe) von meinem *Metastereotyp* (wie ich meine, daß mein Partner mich sieht) ein besseres Vorhersagekriterium der Stabilität sein als meine Wahrnehmung der unmittelbaren Unterschiedlichkeit zwischen mir und dem Partner (zwischen Autostereotyp und *Heterostereotyp* (wie ich den Partner sehe)). Vor diesem Hintergrund soll die nun folgende Untersuchung klären, welche Abweichungen von Persönlichkeitseigenschaften eine Beziehungsstabilität am besten voraussagen.

Dominant, kontaktfreudig und leistungsorientiert: Erhebung der Sichtweisen

In einem Vorversuch wurden je 40 weibliche und männliche Verwaltungsbeamte im Alter zwischen 20 und 30 Jahren gebeten, jene Eigenschaftswörter aufzuschreiben, die sie selbst am besten charakterisierten. Aus den häufigsten Nennungen wurden die Skalen von Tabelle 27 zusammengestellt.

Der Hauptversuch bestand aus zwei Erhebungen, deren Meßzeitpunkte zwei Monate auseinander lagen, an ähnlichen, aber vom Vorversuch unabhängigen Frauen und Männern. Es handelte sich um Beamte im gehobenen Verwaltungsdienst im Alter bis zu 30 Jahren. In die Auswertung gingen jene 67 Frauen und 29 Männer ein, die zum ersten Meßzeitpunkt in einer mindestens sechsmonatigen heterosexuellen Partnerbeziehung lebten, welche dann bei der zweiten Erhebung immer noch bestand.

Zum ersten Meßzeitpunkt wurde erhoben, wie sich der einzelne sieht (Autostereotyp), wie er seinen Partner sieht (Heterostereotyp) und wie er meint, von seinem Partner gesehen zu werden (Metastereotyp). Hierzu füll-

Tabelle 27. Die erfaßten Eigenschaften.

1. lustig	1 2 3 4 5 6	ernst
2. langsam	1 2 3 4 5 6	schnell
3. intelligent	1 2 3 4 5 6	unintelligent
4. verschlossen	1 2 3 4 5 6	offen
5. kooperativ	1 2 3 4 5 6	egoistisch
6. unabhängig	1 2 3 4 5 6	abhängig
7. unsympathisch	1 2 3 4 5 6	sympathisch
8. sachlich	1 2 3 4 5 6	verspielt
9. unordentlich	1 2 3 4 5 6	ordentlich
10. zögernd	1 2 3 4 5 6	entschlossen
11. aggressiv	1 2 3 4 5 6	sanft
12. redselig	1 2 3 4 5 6	verschwiegen
13. kontaktfreudig	1 2 3 4 5 6	abwartend
14. passiv	1 2 3 4 5 6	aktiv
15. suche Geborgenheit	1 2 3 4 5 6	blocke Nähe ab
16. beweglich	1 2 3 4 5 6	starr
17. schüchtern	1 2 3 4 5 6	forsch
18. dominant	1 2 3 4 5 6	hingebungsvoll
19. freundlich	1 2 3 4 5 6	unfreundlich
20. impulsiv	1 2 3 4 5 6	gehemmt
21. logisch	1 2 3 4 5 6	unlogisch
22. direkt	1 2 3 4 5 6	umständlich
23. selbstbewußt	1 2 3 4 5 6	unterwürfig
24. anlehnungsbedürftig	1 2 3 4 5 6	eigenständig
25. ehrgeizig	1 2 3 4 5 6	faul

ten die Beamten die 25 Skalen nacheinander aus diesen drei Perspektiven auf je einem Bogen aus, der ihnen einzeln ausgeteilt und gleich eingesammelt wurde, um ein unmittelbares Vergleichen auszuschließen.

Die Instruktionen auf den einzelnen Bögen lautete:

Bogen 1 (Autostereotyp): »Beurteilen Sie sich selbst auf der Liste, indem Sie zu jedem Gegensatzpaar ankreuzen, in welchem Ausmaß die Eigenschaften auf Sie zutreffen! Ich bin:«

Bogen 2 (Heterostereotyp):»Beurteilen Sie nun ebenso Ihren Partner. Mein(e) Partner(in) ist:«

Bogen 3 (Metastereotyp):»Versuchen Sie ebenso zu beurteilen, wie Ihr(e) Partner(in) Sie sieht. Mein(e) Partner(in) meint, ich sei:«

Der erste Auswertungsschritt blieb auf der Ebene der 25 Skalen und verglich sowohl die beiden Geschlechtsgruppen (männlich-weiblich) als auch die Sichtweisen (je zweier Perspektiven über alle Personen hinweg). Tabelle 28 faßt die deutlich abweichenden Mittelwertsunterschiede zusammen.

Von den in Kap. 7 beschriebenen Geschlechtsstereotypen bleibt erhalten, daß die untersuchten Frauen sich für *kontaktfreudiger, freundlicher, redseliger* und *anlehnungsbedürftiger* halten als die Männer. Im Gegensatz zum»üblichen« Stereotyp beschreiben sie sich als *ehrgeiziger* und *aggressiver*. Der einzig unterschiedliche Heterostereotyp verursacht kaum Interpretationsprobleme: Frauen haben deutlich *aktivere* Partner als Männer. Bezogen auf die Metaperspektive werden Frauen für *freundlicher, geborgenheitssuchender* und *schneller* (vgl. Zeile 2 von Tabelle 28) gehalten als Männer. Dafür gelten letztere als *dominanter* und *sachlicher*.

Die Vergleiche innerhalb der Perspektiven einer Person befinden sich auf der rechten Seite der Tabelle 28. Spalte 1 bezieht sich auf den Ich-Partner-Vergleich. Auffallend ist ein geschlechtsunabhängiger Höflichkeitseffekt: Dem Partner werden durchweg *bessere Eigenschaften* attestiert als sich selbst. Er sei *intelligenter, sympathischer, kontaktfreudiger* und *sanfter*. Darüber hinaus sei er *kooperativer, aktiver, freundlicher, offener, entschlossener, weniger schüchtern, eigenständiger* und *ehrgeiziger*. In unserer häufig als narzißtisch-egoistisch beschriebenen Welt ist dieser Befund auffallend, denn die Teilneh-

223

Tabelle 28. Überblick der Vergleiche (t-Test) nach Geschlecht bei den Auto-, Partner-(Hetero)- und Metastereotypen (*linker* Tabellenteil) – sowie zwischen den Stereotypen einer Person (*rechter* Tabellenteil). Die angegebene Gruppe hat die höhere Ausprägung am rechten Pol.

		Frauen vs. Männer [a]			Stereotypenvergleich [b]		
		Auto	Partn	Meta	Auto Partn	Auto Meta	Partn Meta
1	(ernst – lustig)						
2	langsam – schnell			F		A	P
3	unintelligent – intelligent				P	M	M
4	verschlossen – offen				P		
5	egoistisch – kooperativ				P		
6	(abhängig – unabhängig)						
7	unsympathisch – sympathisch				P	M	P
8	verspielt – sachlich			M		A	
9	(unordentlich – ordentlich)						
10	zögernd – entschlossen				P		
11	aggressiv – sanft	M			P		P
12	redselig – verschwiegen	M					
13	abwartend – kontaktfreudig	F			P	A	P
14	passiv – aktiv		F		P		P
15	blocke Nähe ab – suche Geborgenheit			F			
16	starr – beweglich					A	
17	schüchtern – forsch				P	M	P

Tabelle 28. Fortsetzung.

	Frauen vs. Männer [a]			Stereotypenvergleich [b]		
	Auto	Partn	Meta	Auto Partn	Auto Meta	Partn Meta
18 hingebungsvoll – dominant			M			M
19 unfreundlich – freundlich	F		F	P	M	
20 gehemmt – impulsiv					M	
21 (unlogisch – logisch)						
22 (umständlich – direkt)						
23 unterwürfig – selbstbewußt					M	
24 anlehnungsbedürftig – eigenständig	M			P	A	
25 faul – ehrgeizig	F			P	M	

[a] F: Frauen; M: Männer.
[b] a: Autostereotyp; M: Metastereotyp; P: Partnerstereotyp.

mer waren weder aus einer der Tugend der Bescheiden-
heit frönenden Bibelgemeinschaft noch aus einer Gruppe
sich für minderwertig haltender klinisch Depressiver genommen.

Einer etwas abgemilderten Form desselben Phänomens begegnen wir in dem zweiten Vergleich: wie man
sich selber sieht und wie man meint, vom Partner gesehen
zu werden. In deutlichem Maße fühlt man sich vom
Partner für *intelligenter, sympathischer* und *weniger
schüchtern* gehalten. Außerdem halte der Partner einen
für *selbstbewußter, ehrgeiziger, impulsiver* und *freundlicher.* Andererseits hält man sich für *schneller, beweglicher, eigenständiger, sachlicher* und *kontaktfreudiger* als
vom Partner angesehen.

Nun zur Interpretation der letzten Spalte. Auch hier
wird der Partner positiver gesehen, als man meint, von
ihm gesehen zu werden. Er sei *schneller, sympathischer,
sanfter, kontaktfreudiger, aktiver* und *beweglicher.* Eine
Spur von Selbstbehauptung könnte daraus abgeleitet
werden, daß man meint, vom Partner für *intelligenter*
und *dominanter* gehalten zu werden, als man den Partner
bewertet.

Im nächsten Schritt wurden die 25 Skalen mit Hilfe
der Faktorenanalyse auf ihre zugrundeliegenden Dimensionen reduziert. Dies erfolgte für jede der drei Perspektiven (Auto-, Hetero-, Metastereotyp).

Dabei fanden dieselben Variablengruppen bei den
drei Perspektiven zu denselben Faktoren zusammen.

Der Faktor, der die meisten Variablen vereint, ist
»Kontaktfreude« Neben *kontaktfreudig, lustig, redselig,
offen,* gehören auch *direkt, entschlossen, aktiv, impulsiv*
und *forsch* dazu.

Der zweitwichtigste Faktor ist »Dominanz«. Dazu
gehören *dominant, eigenständig, suche Geborgenheit*
(negative Ladung! Je weniger dominant eine Person ist,

desto mehr Geborgenheit sucht sie), *unabhängig, selbstbewußt* und *aggressiv.*

Die wesentlichen Variablen, die zum Faktor »Leistungsorientierung« gehören, sind *schnell, logisch, intelligent, ehrgeizig* und *ordentlich.* Merkwürdigerweise lädt *sympathisch* nicht auf dem ersten Faktor, sondern auf »Leistungsorientierung«, und zwar sowohl beim Metaals auch beim Autostereotyp. Wäre dieser Befund wiederholbar, müßte man schließen, daß – zumindest Beamte – sich dann für *sympathisch* (sympathiewürdig?) halten, wenn sie leistungsorientiert sind.

Die Faktorenlösung erlaubt es, für jeden Teilnehmer zu bestimmen, wie *kontaktfreudig, dominant* und *leistungsorientiert* er/sie ist. Die Berechnung erfolgte aus jeder der drei Perspektiven (z.b. für wie dominant sie sich hält, für wie dominant sie ihren Partner hält und für wie dominant sie meint, daß ihr Partner sie hält). Aus der eingangs aufgestellten These folgt, daß Personen mit einer deutlichen Abweichung zwischen dem, wie sie sich sehen und wie sie meinen, vom Partner gesehen zu werden, ihre Beziehung eher als problematisch empfinden als solche mit weniger ausgeprägten Auto-Metastereotypen-Differenzen (AMD). Nehmen wir eine Person j, mit einer ausgeprägten AMD (> 1.96), die sich für deutlich dominanter hält, als sie meint, vom Partner gehalten zu werden. Diese Abweichung ist so stark, daß sie nur in etwa zwei von hundert Beziehungen noch stärker ausgeprägt ist. Es wird angenommen, daß dieser Zustand des »Verkanntwerdens« (= so wie man ist, nicht gesehen zu werden) bzw. der Auftrag, dem Partner etwas vormachen zu müssen (= dem vermeintlichen Wahrnehmungswunsch des Partners zu genügen), eher belastend ist als das Wissen, ich werde wahrgenommen – und somit »genommen« –, wie ich bin. Unter dem Motto »*I am ok, you're ok*« (Harris 1973) postuliert auch die Transaktionsanalyse den zweiten Zustand als Voraussetzung einer reifen, gesunden Partnerbeziehung zwischen Erwachsenen, während der erste Zustand eher ein instabiles, unreifes Verhältnis kennzeichne. Diese Annahme sowie die Gültigkeit der Faktorenbezeichnungen wurde im zweiten Versuchsteil überprüft.

Zwei Monate später

Während die erste Erhebung nicht unmittelbar nach *Kontaktfreude*, *Dominanz* bzw. *Leistungorientierung* gefragt hatte, sollten diese erschlossenen Faktoren nun direkt geprüft werden. Hierzu diente der zweite Erhebungsbogen (Tabelle 29), der von denselben Frauen und Männern ausgefüllt wurde wie der erste. Die ersten drei Aussagen erfragen das Autostereotyp in bezug auf die drei Faktoren. Aussagen 4 und 5 erfassen die Ich-Partner-Abweichung im Hinblick auf Kontaktfreude und Dominanz. Schließlich dient Aussage 6 zur Messung der Stabilität der Beziehung.

Die statistische Prüfung der Gültigkeit erfolgte, indem die aus Erhebung 1 abgeleiteten Faktorwerte der einzelnen Teilnehmer mit ihren in Erhebung 2 unmittelbar erfaßten Skalenwerten verglichen wurden. Als Maß für die Stärke des Zusammenhangs wurden Korrelationen (r) berechnet[3]. Dabei ergaben sich deutliche Übereinstimmungen der Antworten in Erhebung 1 und 2, was die Wahl der drei zusammenfassenden Faktoren bestätigte (Abb. 13). Lediglich der dritte Faktor »Leistungsorientie-

---

[3] $r_{A,B} = 0$ bedeutet: es besteht kein Zusammenhang zwischen A und B; $r_{A,B} = -1$ bedeutet einen sehr engen negativen Zusammenhang: je kleiner A, desto größer B; $r_{A,B} = +1$ bedeutet einen sehr engen positiven Zusammenhang: je größer A, desto größer B.

Tabelle 29. Der zweite Erhebungsbogen zur Prüfung der Faktoren Kontaktfreude, Dominanz und Leistungsorientierung.

1. Ich finde, die meisten anderen sind kontaktfreudiger als ich.	1-2-3-4-5	Ich finde, ich bin kontaktfreudiger als die meisten anderen.
2. Ich finde, die meisten anderen sind dominanter als ich.	1-2-3-4-5	Ich finde, ich bin dominanter als die meisten anderen.
3. Ich finde, die meisten anderen sind leistungsorientierter als ich.	1-2-3-4-5	Ich finde, ich bin leistungsorientierter als die meisten anderen.
4. Ich finde, mein Partner ist kontaktfreudiger als ich.	1-2-3-4-5	Ich finde, ich bin kontaktfreudiger als mein Partner.
5. Ich finde, mein Partner ist dominanter als ich.	1-2-3-4-5	Ich finde, ich bin dominanter als mein Partner.
6. Ich halte es für ausgeschlossen, daß ich in 10 Jahren mit meinem jetzigen Beziehungspartner zusammen sein werde.	1-2-3-4-5	Ich bin sicher, daß ich in 10 Jahren noch mit meinem jetzigen Beziehungs-Partner zusammen sein werde.

rung« konnte nicht ganz so gut bestätigt werden wie die ersten zwei. Dies läßt die Frage aufkommen, ob die hier zugeordneten Variablen *schnell, logisch, intelligent, ehrgeizig, ordentlich* und *sympathisch* durch einen anderen Oberbegriff besser beschrieben werden könnten.

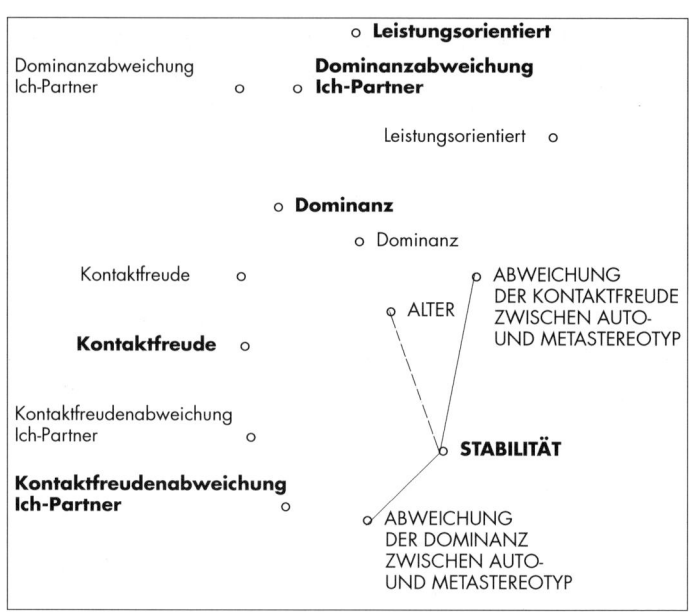

Abb. 13. Darstellung der Zusammenhänge zwischen den erschlossenen Faktoren der ersten Erhebung (normal) und den Fragen zur Prüfung ihrer Gültigkeit in Erhebung 2 (**fett**). Die Nähe der Punkte entspricht der (korrelativen) Ähnlichkeit der entsprechenden Begriffe. Die Stabilität der Beziehung läßt sich – neben dem Alter – am besten aus den Abweichungen zwischen Auto- und Metastereotyp in bezug auf Kontaktfreude und Dominanz voraussagen.

Bin ich so, wie ich meine, daß mein Partner mich sieht?

Relevant für unsere Fragestellung waren die Aussagen zur Stabilität der Beziehung. Hier fand sich eine enge Verbindung zum Grad der Abweichungen von Auto- und Metastereotyp bezüglich »Kontaktfreude« und »Dominanz«.

> Die Beziehung gilt als um so stabiler, je besser das Selbstkonzept mit dem übereinstimmt, das der Partner vermeintlich von einem hat. Angenommene Verfremdungen durch den Partner gehen mit einer Gefährdung der Stabilität einher.

Wichtig ist, daß sich weder das einfache Stereotyp der »Kontaktfreude« noch der »Dominanz« als die besten Vorhersagekriterien der Stabilität erwiesen, sondern jeweils die Abweichung von Auto- und Metastereotyp. Dies bestätigt die unserer Untersuchung zugrundeliegende Annahme. Dabei eignen sich die beiden Vorhersagefaktoren fast gleich gut: A-M(Kontaktfreude) $\approx$ 32 %, A-M(Dominanz) $\approx$ 35 %.[4]

Die Vergleiche von Auto- und Heterostereotyp A-H(Kontaktfreude) bzw. A-H(Dominanz) hängen wesentlich schwächer mit der Stabilität zusammen als die Vergleiche zwischen Auto- und Metastereotyp. Als Vorhersagekriterien sind die Auto-Heterostereotypen-Abweichungen kaum brauchbar, da ihr »Gewicht« an der Stabilität unter 6 % (Kontaktfreude) bzw. unter 1 % (Dominanz) ausmacht. Dies entspricht dem Befund von Hassebrauck (1990), nach dem die tatsächlichen Einstellungsunterschiede zwischen den Partnern keine so wirkungsvolle Schätzung der Beziehungsqualität zulassen wie die wahrgenommenen. Im Vergleich zu Hassebraucks (1990) Erhebungsmethodik ist unsere Untersuchung weniger aufwendig; sie führt dennoch zu einer vergleichbar guten Vorhersage der Beziehungsqualität. Dies gilt erst recht für die noch viel komplexere Untersuchung von Sternberg u. Barnes (1985).

---

[4] Außerdem können etwa 14 % der Stabilität durch das Alter der Betreffenden erklärt werden: »Ältere« Versuchspersonen bekunden häufiger stabilere Beziehungen als jüngere.

Die Überzeugungskraft unserer Ergebnisse könnte noch weiter erhöht werden, wenn die Stabilität und die Qualität einer Beziehung nicht nur durch eine einzige Skala (Aussage 6 auf Bogen 2) erfaßt würde. Hierzu wären die Skalen von Sternberg u. Barnes (Zufriedenheit, Erfolgserwartung, Enge, Ausschließlichkeit, Verliebtheit, Kommunikation, erwartete Dauer, Ausmaß der geglaubten Entsprechung dem Ideal des Partners, Ausmaß, in dem der Partner dem eigenen Ideal entspricht, eigene Verbindlichkeit in der Beziehung, angenommene Verbindlichkeit des Partners) eine geeignete Ausgangslage. Angesichts der in diesem Buch vielfach dokumentierten Bedeutung des Aussehens ist zu vermuten, daß auch der Grad der Abweichung zwischen der Selbsteinschätzung der Attraktivität und der Annahme, für wie attraktiv der Partner einen hält, ein geeigneter Prädiktor für die Erfolgsaussicht einer Beziehung sein könnte. Darüber hinaus könnte die Langzeitgültigkeit der Voraussage überzeugender nachgewiesen werden, wenn ihre Zuverlässigkeit an mehr als zwei Meßzeitpunkten, die weiter als nur zwei Monate auseinander liegen, erwiesen würde.

Trotzdem macht unsere Untersuchung deutlich, daß der Vergleich zwischen der eigenen Sichtweise und der Sichtweise, die man beim Partner über einen selbst vermutet, als Hinweis für das Gelingen einer Beziehung dienen kann.

Abschließend soll auf die Folgen für die Partnertherapie hingewiesen werden, die sich daraus ergeben, daß eine gut geübte Rückmeldung an den Partner wesentlich zum Abbau irrationaler und wirklichkeitsfremder Metastereotypen beiträgt und damit die Beziehungsqualität verbessert.

10 Ausblick

Stammesgeschichte, gelebt in der heutigen Massengesellschaft

In diesem Buch haben wir Verhaltensphänomene besprochen, die sich entwickeln konnten, weil sie besonders gute evolutionäre Anpassungen darstellten. Eine solche Anpassung (wie zum Beispiel die Eifersucht) existiert heute, weil sie sich *in der Steinzeit* gut bewährt hat. Ihr Bestehen ist unabhängig davon, wie vernünftig dieses archaische Verhalten *heute* ist. Aber inwieweit kann man das Verhalten des heutigen Menschen überhaupt als vernünftig bezeichnen?

Der eine bringt sich um, weil sein Partner fremdgegangen ist, der andere überquert die Alpen, um fremdgehen zu können, der dritte liest süchtig die Boulevard-Presse, um Woche für Woche zu erfahren, welcher Prominente wie oft fremdgegangen ist.

Warum erscheint menschliches Verhalten mal durchaus vernünftig und dann wieder völlig unsinnig? Barkow (1992) argumentiert, daß Verhaltensmechanismen, die sich als Anpassung an eine bestimmte, hunderttausende von Jahren während Umweltsituation entwickelt haben, nicht mehr angepaßt sind, wenn sich die Situation inzwischen geändert hat[1]. Die natürliche Selektion wählte unsere Adaptationen für die Frühsteinzeit in der afrikanischen Savanne aus, ohne Rücksicht darauf, wozu diese Verhaltensmechanismen unter veränderten Bedingungen führen könnten. Das Leben in der postindustriellen Demokratie einer Millionenstadt weicht in vielen Punkten vom Stammesleben der steinzeitlichen Jäger und

---

[1] Die ursprünglichen Anpassungen sind erst in Zehntausenden von Generationen selektiert worden. Dieser Zeitraum ist für evolutionäre Anpassungen notwendig. Die beschleunigte Änderung der Umwelt durch eine sich explosionsartig ausbreitende und technisch immer versiertere Menschheit läßt der Evolution nicht die nötige Zeit, völlig neue Adaptationen hervorzubringen.

Sammler ab. So wirken viele unserer Verhaltensmechanismen jenseits der Bedingungen, unter denen sie angemessen waren. Die altbewährten Mechanismen führen nun zum unangepaßten Verhalten. Jegliches Verhalten wird von unserer Psyche beeinflußt, die wiederum von der Evolution geprägt ist. Auch das modernste Verhalten muß mit dem *ursprünglichen* Bauplan in Beziehung gesetzt werden. Neueste Kulturphänomene, wie z.b. Klatschzeitschriften, sind nach Barkow Ausdruck unserer »Steinzeitpsyche« in einer »biologisch unvorhergesehenen« Form. Vieles an der Nachsteinzeitgesellschaft konnte von der Evolution noch nicht berücksichtigt werden, da wesentliche Merkmale der neuen Phänomene erst wenige Generationen alt sind. Die Leichtigkeit des Reisens zwischen Kontinenten, die Allgegenwart von Fremden, das Sichverlassen auf staatliche Einrichtungen, die Aufgaben erfüllen, welche zuvor der Familie oblagen, die Verfügbarkeit der Geburtenkontrolle und die sehr geringe Kindersterblichkeitsrate sind alle aus der Perspektive der Steinzeit unvorstellbar. Aber bedeuten diese Errungenschaften der Neuzeit tatsächlich, daß die evolutionären Anpassungen nicht länger relevant sind, wenn wir unsere gegenwärtige Lebensweise verstehen wollen? Dieser Frage geht Barkow am Beispiel von *Gerüchten* und der *Prominenz* nach.

Gerüchte tragen maßgeblich dazu bei, was man für einen Ruf genießt, sei es als potentieller Partner für die Liebe oder für ein Geschäft. In der Stammesgesellschaft wurden Gerüchte über Leute verbreitet, die man persönlich kannte. Unsere Klatschblätter schreiben über Menschen, die die Leser größtenteils persönlich nicht kennen. Viele Leute, über die wir Gerüchte austauschen, sind Phantasieprodukte (z.B. Professor Brinkmann oder J.R. Ewing), sie hat es nie gegeben. Ihre Existenz verdanken sie lediglich professionellen Schauspielern, die sie in Fernsehserien darstellen. Wie real sie indessen für manche geworden sind, beweisen die Briefe, in denen der erste um medizinischen Rat gefragt und dem zweiten Heiratsangebote gemacht werden.

Im Laufe der Evolution wurden diejenigen gefördert, die die Fähigkeit hatten, das Verhalten ihrer Rivalen in bezug auf Ressourcen, Verbündete, Partner und Verwandte vorauszusagen und zu beeinflussen. Da es um die Genverbreitungschancen unserer Vorfahren geht, ist die sexuelle Betätigung der genannten Personen besonders relevant. Wenn wir einen evolutionären Mechanismus annehmen, ist es wahrscheinlich, daß wir auch heute weniger Gerüchte darüber finden, *wie tief* z.B. ein bekannter Politiker schläft – ein Sachverhalt mit wenig Relevanz für die Verbreitung der Gene – als darüber, *mit wem* er schläft.

Obwohl Gerüchte eine wichtige Informationsquelle darstellen, sind sie nicht sehr zuverlässig: Die evolutionäre Auswahl begünstigte die Verbreitung von »Informationen«, die weniger der objektiven Wahrheit dienten als dem eigenen Erfolg im Wettbewerb, indem die Rivalen angeschwärzt und die eigenen Schwächen kaschiert wurden.

Vor diesem Hintergrund gewinnt Catulls Gedicht im Kapitel 7 eine neue Bedeutung. Angesichts seiner teuren Geschenke – Brillanten, edle Kleider – war Rufus dem Status nach Catull überlegen. Durch die dichterisch einprägsame Verbreitung einer angeblich abstoßenden Eigenschaft (Bockgestank) erhöht der Dichter seine Chancen bei »den Schönen« gegenüber denen seines Rivalen. Daß diese Deutung nicht der Phantasie des Verfassers entspringt, zeigt Catulls Gedicht an seinen »treulosen Freund Rufus«:

So also schlichst du dich an, und all mein Inn'res verzeh-
rend,
Nahmst du mir Armem, o weh!, all was an Glück ich besaß

Noch klarer wird der Racheaspekt des Gerüchts in
seinem Gedicht »Doppelrache«:

Hindert einen mit Recht der abscheuliche Bock in der Ach-
sel
Oder peinigt mit Recht einen die hemmende Gicht,
Dann hat deinem Rivalen, der dich in der Liebe verdrängt
hat,
Wunderbar jetzt das Geschick beides auf einmal beschert.
(Beide Zitate übersetzt von Rudolf Helm, 1963, S. 141
bzw. 137).

Es ist verständlich, daß die psychischen Mechanismen der Gerüchtebildung entstanden sind, da sie uns
geholfen haben, Informationen über wichtige Personen
unserer sozialen Umwelt auszutauschen und zu manipulieren. Dabei handelte es sich um Menschen, deren Verhalten unmittelbaren Einfluß auf unsere Genvermeh-
rungschancen hatten.

Wie kommt es aber, daß wir über weit entfernte
Königshäuser, Prominenz und die Helden von Fernsehserien tratschen? Barkow legt nahe, daß die Massenmedien
psychische Mechanismen aktivieren, die ursprünglich für
den Erwerb sozial relevanter Information entwickelt
wurden. Die Medien ahmen jene Hinweise nach, die
unter Steinzeitbedingungen diese Mechanismen aktiviert
hätten. Folglich werden Fremde, die uns nur von unserem
Fernsehschirm im Wohnzimmer oder von der vielfach
lebensgroßen Kinoleinwand entgegenblicken, von unserer »Steinzeitpsyche« fälschlicherweise für besonders
mächtige Interaktionspartner gehalten.

So finden sich eine Reihe von Partnerschaftsbedin-
gungen in der modernen Massengesellschaft, die von der
Evolution nicht vorhergesehen werden konnten. Zum

Beispiel verbringen junge Frauen Jahre von ihrem Beziehungspartner entfernt, in denen sie sich von fremden Männern (und Frauen) zum selbständigen Broterwerb ausbilden lassen. Später ziehen sie allein in eine entfernte Stadt, um dort eine ranghohe Stelle zu bekleiden. Ihre Beziehungen sind bestenfalls auf Wochenendbegegnungen und auf Kommunikationsformen, die die moderne Technik ermöglicht (E-mail, Fax, Telefon) beschränkt. Wenn wir diese Neuentwicklungen auch nur vorübergehend akzeptieren wollen, tun wir gut daran, die Ängste, Forderungen und Ziele unserer »Steinzeitpsyche« nicht zu verleugnen, sondern sie uns erst einmal bewußt zu machen.

Einige Mechanismen unserer »Steinzeitpsyche« gelten angesichts der heutigen Massengesellschaft nicht mehr als angemessen. Beispiele, die für die Partnerwahl relevant sind, prangert der Sprachgebrauch der *Political Correctness* als *Ethnozentrismus*, *Eurozentrismus*, *Rassismus*, *Sexismus*, *Phallozentrismus* oder *Heterosexismus* an. In manchen Fällen können wir uns durchaus für eine zeitgemäßere Gestaltung unseres Verhaltens entscheiden. Dies gelingt um so befriedigender, je bewußter wir den ursprünglichen Sinn des fraglichen Mechanismus berücksichtigen können.

Der Verfasser läßt Eibl-Eibesfeldt (1973) das Schlußwort sprechen:

Wer von der ... falschen ... These ausgeht, das Sozialverhalten des Menschen würde ausschließlich gelernt, und dementsprechend den Menschen nach rein funktionellen Gesichtspunkten schult, läuft Gefahr, ihm unnötige Zwänge aufzuerlegen und die erstrebte Emanzipation zu behindern. Zur freien Persönlichkeitsentfaltung gehört auch die möglichst unbehinderte Entfaltung der angeborenen Anlagen (S. 70).

Danksagung

Das vorliegende Werk ist keinesfalls das alleinige Verdienst seines Verfassers.

Meiner verstorbenen Mutter verdanke ich, daß sie mit ihrem Lieblingsspruch »Der stärkere Hund kriegt die Hündin« bereits in jungen Jahren meinen Weg zur Evolutionspsychologie bahnte.

Wesentlichen Dank schulde ich den Teilnehmern meiner Forschungspraktika und Methodenübungen an der Ludwig-Maximilians-Universität München, von denen ich in den letzten zehn Jahren viele nützliche Anregungen bekam und die bei den dargestellten Untersuchungen mit den Versuchspersonen unmittelbar zusammengearbeitet haben. Namentlich erwähnen möchte ich Christiane Berker, Mathanja Brix, Bea Eder, Bärbel Gugger, Barbara Kotschmar, Angelica Müller, Margrit Pfanzelt, Gabi Reinmann, Patricia Scherer, Alexandra Tins, Xenia Ulbrich, Joachim Weiß und Andreas Widmann.

Besonderer Dank gebührt auch jeder der 867 Versuchspersonen, die das Rückgrat dieser erfahrungswissenschaftlichen Arbeit sind. Ohne finanzielle Gegenleistung stellten sie ihre Nasen, Augen und nicht zuletzt ihre Herzen unseren Untersuchungen zur Verfügung.

Dank gilt auch den Professoren Dr. Gerd Gigerenzer, Dr. Gertraud Heuß-Giehrl, Dr. Wolfgang Marx, Dr. Lutz von Rosenstiel und Dr. Klaus Schneewind, die als Gutachter meiner Habilitationsschrift *Herausforde-*

rungen des frühen Erwachsenenalters diese der Fakultät für Psychologie und Pädagogik der Universität München zur Annahme empfohlen haben. Fünf der zehn Kapitel dieser Schrift bildeten die Grundlage für die vorliegende Lektüre.

Danken möchte ich dem Forschungsteam Olfaktorik an der Medizinischen Fakultät der Ludwig-Maximilians-Universität, besonders den beiden Professoren Dr. Robyn Hudson und Dr. Hans Distel sowie Dr. Ina Schikker, die das Projekt »Geruch und Sympathie« ermöglicht und mit großem Engagement unterstützt haben.

Meinem Freund, Professor Dr. Norbert Seibert bin ich zu großem Dank verpflichtet, weil er an mein Buch zu einem Zeitpunkt geglaubt und mich entsprechend ermutigt hat, als ich mir diese Aufgabe noch nicht zugetraut habe. In allen Etappen der Entstehung stand er mir engagiert mit Rat und Hilfe zur Seite. Als Didaktiker machte er mich auf so manche Unstimmigkeit meiner Darstellung aufmerksam.

Für ihre anregenden Impulse danke ich Frau Dipl.-Psych. Ulrike Burkhart.

Zu danken habe ich meiner langjährigen Mitarbeiterin Anna Katharina Gerhard für ihren vielfältigen Einsatz, besonders aber für die guten Ideen, mit denen sie die Korrekturlesung zahlreicher Varianten meines Manuskriptes besorgte.

Am Schluß möchte ich mich bei Frau Ilse Wittig vom Springer-Verlag bedanken, die durch ihre ausgesprochen persönliche und enthusiastische Betreuung das schnelle Entstehen dieses Buches ermöglichte.

Andreas Hejj

Literatur

Agosta, W. C. (1994). Dialog der Düfte. Chemische Kommunikation. Heidelberg: Spektrum

Allen, B. u. Briggs, M.J. (1971). Mind your manners. Philadelphia: J.B. Lippincott

Auhagen, A.E. (1987). A new approach for the study of personal relationships: The double diary method. The German Journal of Psychology, 11, S. 3–7

Auhagen, A.E. (1991). Freundschaft im Alltag. Eine Untersuchung mit dem Doppeltagebuch. Bern: Huber

Bak, R.C. (1968). The phallic woman: The ubiquitous fantasy in perversions. Psychoanalytic Study of the Child, 23, S. 15–36

Barkow, J. H. (1992). Beneath new culture is old psychology: Gossip and social stratification. In J. Barkow, L. Cosmides u. J. Tooby (1992). The adapted mind. Evolutionary psychology and the generation of culture, S. 25–637. New York: Oxford University Press

Bebel, A. (1922). Die Frau und der Sozialismus. Stuttgart, Berlin: Dietz

Benton, D. (1982). The influence of androstenol – a putative human pheromone – on mood throughout the menstrual cycle. Biological Psychology, 15, S. 249–256

Berghaus, M. (1986). Der Auftakt persönlicher Beziehungen. Besonderheiten bei Kontakt und Kommunikation durch Heirats- und Bekanntschaftsanzeigen. Zeitschrift für Soziologie, 15, S. 56–67

Berkowitz, W.R., Nebel, J.C. u. Reitman, J.W. (1971). Height and interpersonal attraction: The 1969 mayoral election in New York City. Washington, DC.: The American Psychological Association

Bernstein, I. S. (1980). Dominance: A theoretical perspective for ethologists. In D. R. Omark, F. F. Strayer u. D. G. Freedman (Hrsg.), Dominance relations. New York: Garland STPM Press

Berscheid, E. u. Walster, E. (1974). Physical attractiveness. In L. Berkowitz (Ed.), Advances in experimental social psychology, 7, New York: Academic Press

Berscheid, E., Dion, K., Walster, E. u. Walster, G.W. (1971). Physical attractiveness and dating choice: A test of the matching hypothesis. Journal of Experimental Social Psychology, 7, S. 173–189

Betzig, L. (1988). Redistribution: Equity or exploitation? In L. Betzig, M. Borgerhoff Mulder u. P. Turke (Hrsg.), Human reproductive behaviour: A Darwinian perspective (S. 49–63). New York: Cambridge University Press

Bilden, H. (1980). Geschlechtsspezifische Sozialisation. In: K. Hurrelmann u. D. Ulich (Hrsg.), Handbuch der Sozialisationsforschung (S. 777–812). Weinheim, Basel: Beltz

Bischof, N. (1980). Biologie als Schicksal? Zur Naturgeschichte der Geschlechterrollendifferenzierung. In N. Bischof u. H. Preuschoft (Hrsg.), Geschlechtsunterschiede: Entstehung und Entwicklung (S. 25–42). München: C.H. Beck Verlag

Brody, B. (1975). The sexual significance of the axillae. Psychiatry, 38, S. 278–289

Brown, D. E. u. Chia-yun, Y. (n.d.). »Big Man«: Its distribution, meaning, and origin

Bruce, H. M. (1960). A block to pregnancy in the mouse caused by proximity of strange males. Journal of Reproduction and Fertility, 1, S. 96–103

Bühler, K. (1934). Sprachtheorie. Die Darstellungsfunktion der Sprache. Jena: Fischer

Buss, D. M. (1988). From vigilance to violence: Tactics of mate retention in American undergraduates. Ethology & Sociobiology, 9, S. 291–317

Buss, D. M. (1989). Sex differences in human mate preferences: Evolutionary hypotheses tested in 37 cultures. Behavioral and Brain Sciences, 12, S. 1–14

Buss, D.M.u. Barnes, M. (1986). Preferences in human mate selection. Journal of Personality and Social Psychology, 50, S. 559–570

Campbell, A., Converse, P.E. u. Rodgers, W. (1976). The quality of American life. New York: Sage Foundation

Cash, T.F. u. Janda, L.H. (1985). Wie schön darf Frau sein? Psychologie Heute, 12, S. 32–37

242

Castellow, W.A., Wuensch, K.L. u. Moore, C.H. (1990). Effects of physical attractiveness of the plaintiff and defendant in sexual harassment judgments. Journal of Social Behavior and Personality, 5, S. 547–562

Cattell, R.B. (1972). The 16-PF and basic personality structure: A reply to Eysenck. Journal of Behavioral Science, 1, S. 169–187

Catullus, G. V. (n.d./1963). Gedichte. Deutsch von Rudolf Helm. Darmstadt: Wissenschaftliche Buchgesellschaft

Catullus, G. V. (n.d./1963). Liebesgedichte. Deutsch von Otto Weinreich. Hamburg: Rowohlt

Chomsky, N. (1975). Reflections on language. New York: Random House

Cohn, R. (1976). Von der Psychoanalyse zur themenzentrierten Interaktion. Stuttgart: Klett

Conoley, J.C. u. Bonner, M. (1991). The effects of counselor fee and title on perceptions of counselor behavior. Journal of Counseling and Development, 69, S. 356–358

Cosmides, L. (1989). The logic of social exchange: Has natural selection shaped how humans reason? Studies with the Wason selection task. Cognition, 31, S. 187–276

Daly, M. u. Wilson, M. (1988). Homicide. New York: Aldine de Gruyter

Darwin, C. (1871). The descent of man and selection in relation to sex. London: Murray

Das Hohelied Salomos. (n.d./1881). Die Heiligen Schriften. Wien: Verlag der britischen und ausländischen Bibelgesellschaft

DeBono, K.G. u. Telesca, C. (1990). The influence of source physical attractiveness on advertising effectiveness: A functional perspective. Journal of Applied Social Psychology, 20, S. 1383–1395

Dietz, P.E. u. Evans, B. (1982). Pornographic imagery and prevalence of paraphilia. American Journal of Psychiatry, 139, S. 1493–1495

Digman, J.M. u. Inouye, J. (1986). Further specification of the five robust factors of personality. Journal of Personality and Social Psychology, 50, S. 116–123

Dobkin de Rios, M D. u. Hayden, B. (1985). Odorous differentiation and variability in the sexual division of labor among hunter/gatherers. Journal of Human Evolution, 14, S. 219–228

Doty, R. L., Ford, M., Preti, G. u. Huggins, G. R. (1975). Changes in the intensity and pleasantness of human vaginal odors during the menstrual cycle. Science, 190, S. 1316–1318

Doty, R. L., Green, P. A., Ram, C. u. Yankell, S. L. (1982). Communicating of gender from human breath odors: Relationship to perceived intensity and pleasantness. Hormon and Behaviour, 16, S. 13–22

Drolshagen, E.D. (1990). Der maßgeschneiderte Körper. Psychologie heute, 17 (6), S. 32–35

Dutton, D.G. u. Aron, A.P. (1974). Some evidence for heightened sexual attraction under conditions of high anxiety. Journal of Personality and Social Psychology, 30, S. 510–517

Edwards, J. Ll. L. (1954). Provocation and the resonable man: Another view. Criminal Law Review, S. 898–906

Edwards, S. S. M. (1981). Female sexuality and the law. Oxford: Martin Robertson

Edwards, J.R. u. Williams, J.E. (1980). Sex-trait stereotypes among young children and young adults: Canadian findings and cross-national comparisons. Canadian Journal of Behavioural Science, 12, S. 210–220

Efran, M.G. (1974). The effect of physical appearance on the judgement of guilt, interpersonal attraction, and severity of recommended punishment in a simulated jury task. Journal of Research in Personality, 8, S. 45–54

Eibl-Eibesfeldt, I. (1973). Der vorprogrammierte Mensch. Wien, München, Zürich: Verlag Fritz Molden

Elder, G. H:, Jr. (1969). Appearance and education in marriage mobility. American Sociological Review, 34, S. 519–533

Ellis, B. J. (1992). The evolution of sexual attraction: Evaluative mechanisms in women. In J. Barkow, L. Cosmides u. J. Tooby (1992). The adapted mind. Evolutionary psychology and the generation of culture, S. 267–288. New York: Oxford University Press

Ellis, H. (1905). Studies in the psychology of sex: Sexual selection in man. Part II: Smell. Philadelphia: Davis

Elsner, C. (1990). Mann mit Tränensäcken sucht Frau mit Lachfalten. Wer hinter Heiratsanzeigen steckt; Wie man sie liest – formuliert – und beantwortet; Das erste Treffen – Und dann ??? Berlin: Sympathie Verlag

Erikson, E.H. (1977). Lebensgeschichte und historischer Augenblick. Frankfurt am Main: Suhrkamp

Eysenck, H.J. (1977). Personality and factor analysis: A reply to Guilford. Psychological Bulletin, 84, S. 405–411

Eysenck, H.J. u. Eysenck, M. (1983). Mindwatching. Why people behave the way they do. Garden City: Anchor Press

Feingold, A. (1982). Do taller men have prettier girlfriends? Psychological Reports, 50, S. 810

Feinman, S. u. Gill, G.W. (1978). Sex differences in physical attractiveness preferences. Journal of Social Psychology, 105, S. 43–52

Feldman, S.D. (1971). The presentation of shortness in everyday life – height and heightism in American Society: Toward a sociology of stature. Vortrag auf der Tagung der American Sociological Association

Fernald, A. (1992). Human maternal vocalizations to infants as biologically relevant signals: an evolutionary perspective. In J. Barkow, L. Cosmides u. J. Tooby (1992). The adapted mind. Evolutionary psychology and the generation of culture. S. 391–428. New York: Oxford University Press

Ferstl, R. (1989). »Den kann ich nicht riechen!«. Bamberg: 31. Tagung experimentell arbeitender Psychologen

Festinger, L. (1954). A theory of social comparison processes. Human Relations, 7, S. 117–140

Ford, C.S. u. Beach, F.A. (1951). Patterns of sexual behavior. Scranton, PA: Harper & Brothers

Freud, S. (1905). Drei Abhandlungen zur Sexualtheorie. (Bd. Gesammelte Werke V) London: Imago

Gagnon, J.H. (1977). Human sexualities. Glenview: Scott, Foresman

Gangestad, S. W. u. Buss, D. M. (1993). Pathogen prevalence and human mate preferences. Ethology and Sociobiology, 14, S. 89–96

Geertz, C. (1973). The interpretation of cultures. New York: Basic Books

Gillis, J. S. (1982). Too tall, too small. Champaign, IL: Institute for Personality and Ability Testing

Gillis, J.S. u. Avis, N.E. (1980). The male-taller norm in mate selection. Personality and Social Psychology Bulletin, 6, S. 391–395

Goleman, D. u. Bennett-Goleman, T. (1990). »Bei mir biste scheen ...«. Psychologie Heute, 17 (6), S. 22–25

Gough, H. G. (1969). Manual for the California psychological inventory (rev. ed.). Palto Alto: Consulting Psychologists Press

Gough, H. G., McClosky, H. u. Meeh, P. E. (1951). A personality scale for dominance. Journal of Abnormal and Social Psychology, 46, S. 360–366

245

Green, S. K., Buchanan, D. R. u. Heuer, S. K. (1984). Winners, losers, and choosers: A field investigation of dating invitation. Personality and Social Psychology Bulletin, 10, S. 502–511

Greenacre, P. (1953). Certain relationships between fetishism and faulty development of the body image. Psychoanalytic Study of the Child, 8, S. 79–98

Gregor, T. (1979). Short people. Natural History, 88, S. 14–23

Guilford, J.P. (1975). Factors and factors of personality. Psychological Bulletin, 82, S. 802–814

Habermas, J. (1970). Illusionen auf dem Heiratsmarkt. In J. Habermas (Hrsg.), Arbeit, Erkenntnis, Fortschritt (S. 81– 91). Amsterdam: De Munter

Hadjistavropoulos, H.D., Ross, M.A. u. von-Baeyer, C.L. (1990). Are physicians' ratings of pain affected by patients' physical attractiveness? Social Science and Medicine, 31, S. 69–72

Handwerker, W. P. u. Crosbie, P. V. (1982). Sex and dominance. American Anthropologist, 84, S. 97–104

Harris, T.A. (1973). I'm ok – you're ok. London, Sydney, Auckland: Pan Books

Harrison, A. A. u. Saaed, L. (1977). Let's make a deal: An analysis of revelations and stipulations in lonely hearts advertisements. Journal of Personality and Social Psychology, 35, S. 257–264

Hassebrauck, M. (1990). Über den Zusammenhang der Ähnlichkeit von Attitüden, Interessen und Persönlichkeitsmerkmalen und der Qualität heterosexueller Paarbeziehungen. Zeitschrift für Sozialpsychologie, 21, S. 265–273

Hatfield, E. u. Sprecher, S. (1986). Mirror, mirror ... The importance of looks in everyday life. Albany: State University of New York Press

Heider, F. (1958). The psychology of interpersonal relations. New York: Wiley

Hejj, A. (1989). Das gewisse Etwas. Geschlechtsspezifische Einstellung zu Partnermerkmalen. In W. Marx u. A. Hejj (Hrsg.), Subjektive Strukturen (S. 40–61). Göttingen: Verlag für Psychologie Dr. C.J. Hogrefe

Hejj, A. (1992). Herausforderungen des frühen Erwachsenenalters: Empirische Utersuchungen zu geschlechtsspezifischen Kognitionen von Beruf, Partnerschaft und Nation. München: Habilitationsschrift

Hejj, A. (1995). Die Zukunftsperspektive von Jugendlichen und jungen Erwachsenen. Pädagogische Welt, 49, S. 570–574

Hejj, A. (in Review). Die Nase voll von Traditionen? – Die Welt der Singles

Hejj, A. u. Hudson, R. (1995). Die hedonische Bewertung geschlechtsspezifischer Düfte bei Homo- und Heterosexuellen. In O. Güntürkün, R. Guski, C. Walter u. A. Wohlschläger (Hrsg.), Experimentelle Psychologie, S. 139. Regensburg: S. Roderer

Henss, R. (1992). »Spieglein, Spieglein an der Wand ...« Geschlecht, Alter und physische Attraktivität. München: Psychologie Verlags Union

Herman, C.P., Zanna, M.P. u. Higgins, E.I. (1986). Physical appearance, stigma, and social behavior: The Ontario symposium. Hillsdale: Erlbaum

Hinde, R. A. (1978). Dominance and role – two concepts with dual meanings. Journal of Social and Biological Structures, 4, S. 27–38

Hold, B. u. Schleidt, M. (1977). The importance of human odour in non-verbal communication. Zeitschrift für Tierpsychologie, 43, S. 225–238

Howard, J.A., Blumstein, P. u. Schwartz, P. (1987). Social or evolutionary theories? Some observations on preferences in human mate selection. Journal of Personality and Social Psychology, 53, S. 194–200

Huber, R. (1984). Die weibliche Brust: Surrogat und Fascinosum. II: Die Mamma als erotisches Signal und als erogene Zone. Sexualmedizin, 13, S. 638–645

Imhoff, A.E. (1981). Die gewonnenen Jahre. München: Beck

Jäckel, U. (1980). Partnerwahl und Eheerfolg. Stuttgart: Enke

Johannes. (1981). Evangelium nach Johannes. Die Heilige Schrift. Einheitsübersetzung. Stuttgart: Verlag Katholisches Bibelwerk GmbH

József, A. (1936/1978). Was du verbirgst im Herzen. Zu Freuds achtzigstem Geburtstag. In A. József (Hrsg.), Gedichte (S. 134–135). Budapest: Corvina Verlag

Jung, C.G. (1935/1983). Die Tavistock Lectures. Über Grundlagen der analytischen Psychologie. Frankfurt am Main: Fischer

Katz, A.M. u. Hill, R. (1958). Residential propinquity and marital selection, a review of theory, method and fact. Marriage and Familiy Living, 20, S. 27–35

Katz, E. u. Lazarsfeld, P.F. (1965). Personal influence. New York: Wiley

Kaupp, P. (1968). Das Heiratsinserat im sozialen Wandel. Stuttgart: Enke

Kelley, K. (1981). Responses of males to female-initiated dates. Bulletin of the Psychonomic Society, 17, S. 195–196

Keupp, H. u. Bilden, H. (1989). Verunsicherungen – Das Subjekt im gesellschaftlichen Wandel. Göttingen, Toronto, Zürich: Verlag für Psychologie Dr. C.J. Hogrefe

Kindel, B. (1980). Körperliche Attraktivität und Attribution. Wien: Grund und Integrativwissenschaftliche Fakultät der Universität Wien

Kirk-Smith, M. D., Booth, D. A., Carroll, D. u. Davies, P. (1978). Human social attitudes affected by androstenol. Research Communication in Psychology, Psychiatry and Behavior, 3, S. 379–384

Knigge, A. (1788/1964). Über den Umgang mit Menschen. Bremen: Carl Schünemann Verlag

Koestner, R. u. Wheeler, L. (1988). Self-presentation in personal advertisements: The influence of implicit notions of attraction and role expectations. Journal of Social and Personal Relationships, 5, S. 149–160

Laitinen, T. (1993). A set of MHC haplotypes found among Finnish couples suffering from recurrent spontaneous abortions. American Journal of Reproductive Immunology, 29, S. 148–154

Lang, F. (1979). Mate choice in the human female: A study of height preferences. In D. Freedman. Human sociobiology. New York: The Free Press

Largey, G. P. u. Watson, D.R. (1972). The sociology of odors. American Journal of Sociology, 77, S. 1021–1034

Lechmann, C. (1987). Schön und gut. Schöne Menschen haben es leichter. Psychologie heute, 14 (1), S. 38–39

Lord, R. G., De Vader, C. L. u. Alliger, G. M. (1986). A meta-analysis of the relation between personality traits and leadership perceptions. Journal of Applied Psychology, 71, S. 402–410

Lewontin, R. C., Rose, S. u. Kamin, L. (1984). Not in our genes. New York: Pantheon

Low, B. S. (1979). Sexual selection and human ornamentation. In N. A. Chagnon u. W. Irons (Hrsg.), Evolutionary biology and human social behavior, S. 463–487, North Scituate, MA: Duxbury Press

Lynn, M. u. Bolig, R. (1985). Personal advertisements: Sources of data about relationships. Journal of Social and Personal Relationships, 2, S. 377–383

Lynn, M. u. Shurgot, B.A. (1984). Responses to lonely hearts advertisements: Effects of reported physical attractiveness, physique, and coloration. Personality and Social Psychology Bulletin, 10, S. 349–357

Macfarlane, A. (1975). Olfaction in the development of social preferences in the human neonate. Symposion of the Ciba Foundation, 33, S. 103–113

Marx, W. (1976). Die Messung der assoziativen Bedeutungsähnlichkeit. Zeitschrift für Experimentelle und Angewandte Psychologie, 23, S. 62–76

Marx, W. (1984). Das Konzept der assoziativen Bedeutung. In A. v. Eye u. W. Marx (Hrsg.), Semantische Dimensionen (S. 73–81). Göttingen, Toronto, Zürich: Verlag für Psychologie Dr. C.J. Hogrefe

McCormick, N.B. u. Jesser, C.J. (1983). The courtship game: Power in the sexual encounter. In E.R. Allgeier u. N.B. McCormick (Hrsg.), Changing Boundaries: Gender Roles and Sexual Behavior (S. 64–86). Palo Alto: Mayfield

McGuire, R.J., Carlisle, J.M. u. Young, B.G. (1965). Sexual deviations as conditioned behavior: A hypothesis. Behavior Research and Therapy, 2, S. 185–190

Megargee, E. I. (1972). The California psychological inventory handbook. San Francisco: Jossey–Bass

Montagu, M. F. A. (Hrsg.) (1964). Culture: Mans adaptive dimension. Chicago: University of Chicago Press

Morrow, P.C., McElroy, J.C., Stamper, B.G. u. Wilson, M.A. (1990). The effects of physical attractiveness and other demographic characteristics on promotion decisions. Journal of Management, 16, S. 723–736

Nave-Herz, R. (1989). Zeitgeschichtlicher Bedeutungswandel von Ehe und Familie in der Bundesrepublik Deutschland. In R. Nave-Herz u. M. Markefka (Hrsg.), Handbuch der Familien- und Jugendforschung. Band 1: Familienforschung (S. 211–222). Neuwied: Luchterhand

Neuberger, O. (1988). Miteinander arbeiten – miteinander reden! München: Bayerisches Staatsministerium für Arbeit und Sozialordnung

Norman, W.T. (1963). Toward an adequate taxonomy of personality attributes. Replicated factor structure in peer nomination personality ratings. Journal of Abnormal and Social Psychology, 66, S. 574–583

Ohrbach, C. E., Bard, M. u. Sutherland A.M. (1957). Fears and defensive adaptations to the loss of anal sphincter control. Psychoanalytic Review, 44, S. 121–175

Olbrich, E. (1987). Frühes Erwachsenenalter: Entwicklung im Familienzyklus. In R. Oerter u. L. Montada (Hrsg.), Entwicklungspsychologie (S. 339–360). München-Weinheim: Psychologie Verlags Union

Ovid, P.N. (0008/1969). Ars amatoria libri tres. München: Heimeran Verlag

Patzer, G.L. (1987). The physical attractiveness phenomena. New York: Plenum

Petit-Skinner, S. (1976). Nauru ou la civilisation de lodorat. Objects Mondes, 16, S. 125–128

Profet, M. (1992). Pregnancy sickness as adaptation. In J. Barkow, L. Cosmides u. J. Tooby (1992). The adapted mind. Evolutionary psychology and the generation of culture, S. 327–366. New York: Oxford University Press

Pschyrembel, W. (1982). Klinisches Wörterbuch. Berlin, New York: Walter de Gruyter

Riemann, F. (1961). Grundformen der Angst. Eine tiefenpsychologische Studie. München: Reinhardt

Ring, E. (1980). Neue Erkenntnisse für das Messen von Toleranz. Psychologie und Praxis, 24, S. 1–12

Rose, S. u. Frieze, I.H. (1989). Young singles' scripts for a first date. Gender and Society – Official Publication of Sociologists for Woman in Society, 3, S. 258–268

Rosegrant, J. (1986). Contributions to psychohistory: X. Fetish symbols in Playboy centerfolds. Psychological Reports, 59, S. 623–631

Rosenkrantz, P., Vogel, S., Bee, H., Broverman, I. u. Broverman, D. (1968). Sex-role stereotypes and self-concepts in college students. Journal of Consulting and Clinical Psychology, 32, S. 287–295

Rubin, Z. (1970). Measurement of romantic love. Journal of Personality and Social Psychology, 16, S. 265–273

Rubin, Z. (1973). Liking and loving: An invitation to social psychology. New York: Holt, Rinehart u. Winston

Rushton, J. P. (1990). Why we should study race differences. Psychologische Beiträge, 32, S. 128–142

Russel, M. J. (1983). Human olfactory communication. In: D. Müller-Schwarze u. R. M. Silverstein, (Hrsg.), Chemical signals in vertebrates. Vol. 3, S. 259–273. New York: Plenum

Sadalla, E. K., Kenrick, D. T. u. Vershure, B. (1987). Dominance and heterosexual attraction. Journal of Personality and Social Psychology, 52, S. 730–738

Schaal, B. (1986). Presumed olfactory exchanges between mother and neonate in humans. In: J. Le Camus u. J. Cosnier (Hrsg.), Ethology and Psychology, S. 101–110. Toulouse: Privat–I.E.C

Schaal, B. u. Porter, R. H. (1991).»Microsmatic humans« revisited: The generation and perception of chemical signals. In: P. B. Slater, J. S. Rosenblatt, C. Beer u. M. Milinski (Hrsg.) Advances in the study of behaviour. Vol. 20. S. 135–199. New York: Academic Press

Schachter, S. u. Singer, J. (1962). Cognitive, social and physiological determinants of emotional state. Psychological Review, 69, S. 379–399

Schütze, Y. (1988). Zur Veränderung im Eltern-Kind-Verhältnis seit der Nachkriegszeit. In R. Nave-Herz (Hrsg.), Wandel und Kontinuität der Familie in der Bundesrepublik Deutschland (S. 95–114). Stuttgart: Asse

Smith, R. (1978). The dieter's guide to weight loss during sex. New York: Workman Publishing

Sommer, V. (1990). Wider die Natur? Homosexualität und Evolution. München: Beck

Spence, J.T., Deaux, K. u. Helmreich, R.L. (1985). Sex roles in contemporary American society. In G. Lindsey u. E. Aronson (Hrsg.), Handbook of Social Psychology. Reading: Addison-Wesley

Sternberg, R.J. (1986). A triangular story of love. Psychological Review, 93, S. 119–135

Sternberg, R.J. u. Barnes, M. (1985). Real and ideal others in romantic relationships: Is four a crowd? Journal of Personality and Social Psychology, 49, S. 1586–1608

Stone, V. (1989). Perception of Status: An evolutionary analysis of nonverbal status cues. Unpublished doctoral dissertation, Dept. of Psychology, Stanford University

Stroebe, W. (1977). Ähnlichkeit und Komplenentarität der Bedürfnisse als Kriterien der Partnerwahl. In G. Mikula u. W. Stroebe (Hrsg.), Sympathie, Freundschaft und Ehe (S. 77–107). Bern, Stuttgart, Wien: Huber

Sussman, S., Charlin, V.L., Marks, G. u. Freeland, J. (1990). Physical features, physical attractiveness, and psychological adjustment among alcohol abuse inpatients. International Journal of the Addictions, 25, S. 931–946

Symons, D. (1987). Can Darwin's view of life shed light on human sexuality? In J. H. Geer u. W. T. O'Donohue (Hrsg.), Theories of human sexuality. New York: Plenum

Szilágyi, V. (1975). Psychosexuelle Entwicklung – Sozialisation der Partnerwahl. Budapest: Tankönyvkiadó

Thibaut, J.W. u. Kelley, H.H. (1959). The social psychology of groups. New York: Wiley

Thornton, A. u. Freedman, D. (1982). Changing attitudes toward marriage and single life. Family Planning Perspectives, 14, S. 297–303

Tooby, J. u. Cosmides, L. (1992). The psychological foundations of culture. In J. Barkow, L. Cosmides u. J. Tooby (1992). The adapted mind. Evolutionary psychology and the generation of culture, S. 19–136). New York: Oxford University Press

Urdze, A. u. Rerrich, M. (1981). Frauenalltag und Kinderwunsch. Frankfurt am Main: Verlag Harri Deutsch

Watson, J. B. (1925). Behaviorism. New York: Norton

Watzlawick, P., Beavin, J.H. u. Jackson, D.D. (1969). Menschliche Kommunikation. Bern: Huber

Wedekind, C., Seebeck, T., Bettens, F. u. Paepke, A. (im Druck). MHC-dependent mate preferences in humans. Proceedings of the Royal Society London

Werner, J. (1907). Die Heiratsannonce. Studien und Briefe. Berlin: M. Aronhold

Willi, J. (1975). Die Zweierbeziehung. Reinbek: Rowohlt

Wilson, M. u. Daly, M. (1992). The man who mistook his wife for a chattel. In J. Barkow, L. Cosmides u. J. Tooby (1992). The adapted mind. Evolutionary psychology and the generation of culture. S. 289–322. New York: Oxford University Press

Woll, S. (1986). So many to choose from: Decision strategies in videodating. Journal of Social and Personal Relationships, 3, S. 43–52

Bildnachweis

Kap. 1, S. 1: Lucas Cranach d.Ä.:»Der Sündenfall«, Linköping Museum. Foto: Hans Hinz, Artothek

Kap. 2, S. 11: François Boucher:»Herkules und Omphale«, 1730 Puschkin-Museum, Moskau. Foto: Artothek

Kap. 3, S. 29: Eugène Delacroix:»Romeo und Julia«, Sammlung von Hirsch, Basel. Foto: Hans Hinz, Artothek

Kap. 4, S. 55: Ferdinand Fagerlin:»Überrascht«, Galerie Paffrath, Düsseldorf. Foto: Artothek

Kap. 5, S. 85: Ludwig von Herterich:»Sommerabend (oder Abschied)«, um 1895, Bay. Gemäldesammlung, München. Foto: Joachim Blauel, Artothek

Kap. 6, S. 115: Hans Makart:»Romeo und Julia an der Treppe«, um 1870, Museen der Stadt Regensburg. Foto: Joachim Remmer, Artothek

Kap. 7, S. 169: Maximilian Pirner:»Liebespaar im Kahn«, Národni-Galerie, Prag. Foto: Artothek

Kap. 8, S. 195: Carl Hofer:»Liebespaar« 1954. Auktionshaus Neumeister München. Foto: Bayer u. Mitko, Artothek; © Nachlaß Karl Hofer, Köln

Kap. 9, S. 213: Paul Basilius Barth:»Doppelbildnis« 1908. Kunstmuseum Basel. Foto: Hans Hinz, Artothek

Kap. 10, S. 233: Fernand Léger:»Zwei Verliebte in der Landschaft« 1952. Národni-Galerie, Prag. Foto: Joachim Remmer, Artothek © VG Bild-Kunst, Bonn 1995.

Naturgeschichte des Lebens
Eine paläontologische Spurensuche
3. Aufl. Etwa 240 S. 76 Abb., 7 in Farbe Brosch.
DM 34,80 ISBN 3-540-60305-0

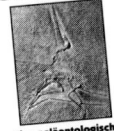

Helmut Hölder
**Natur-
geschichte
des Lebens**

Eine paläontologische
Spurensuche

SPRINGER
VERLAG

**Flugverkehr und
Umwelt**
Wieviel Mobilität tut uns gut ?
Etwa 230 S. 40 Abb., 6 in Farbe, 29 Tab.
Brosch. **DM 34,80** ISBN 3-540-60309-3

Ulrich Sommer
**Algen, Quallen
Wasserfloh**

Jürgen Armbruster
**Flugverkehr
und Umwelt**

Die Welt des Planktons

SPRINGER
VERLAG

**Algen, Quallen,
Wasserfloh**
Die Welt des Planktons
VII, 196 S. 78 Abb., 36 in Farbe,
1 Tab. Brosch. **DM 29,80**
ISBN 3-540-60307-7

Christian Schönwiese
**Klima-
änderungen**

Daten, Analysen, Prognosen

SPRINGER
VERLAG

Naturkatastrophen
Spielt die Natur verrückt?
VIII, 224 S. 44 Abb., 11 in Farbe Brosch.
DM 29,80 ISBN 3-540-59097-8

Luts Krüger
**Wetter
und Klima**

Heinrich Lamping
Gerlinde Lamping
**Natur-
katastrophen**

Beobachten und verstehen

SPRINGER
VERLAG

Spielt die Natur verrückt?

SPRINGER
VERLAG

Klimaänderungen
**Daten, Analysen,
Prognosen**
XIII, 224 S. 58 Abb., 7 in Farbe
Brosch. **DM 29,80**
ISBN 3-540-59096-X

**Wetter und
Klima**
**Beobachten und
verstehen**
VII, 211 S. 65 Abb.,
22 in Farbe Brosch.
DM 29,80; öS 232,50
ISBN 3-540-57895-1

■ ■ ■ ■ ■ ■ ■ ■ ■ ■ ■

Springer

Preistabelle:
DM 29,80 = öS 217,60 = sFr 29,80
DM 34,80 = öS 254,10 = sFr 34,80
Preisänderungen vorbehalten.

Traumpartner
Evolutionspsychologische Aspekte der Partnerwahl
VII, 254 S. 23 Abb., 10 in Farbe, 29 Tab. Brosch.
DM 34,80 ISBN 3-540-60548-7

Andreas Heij
Traumpartner

Evolutionspsychologische Aspekte
der Partnerwahl

Was kostet die Welt ?
Wie Kinder lernen, mit Geld umzugehen
VII, 279 S. 24 Abb. Brosch. **DM 34,80**
ISBN 3-540-59228-8

Martin Schuster
Foto-psychologie

Annette Claar
Was kostet die Welt?

Lächeln für die Ewigkeit

Kinder lernen,
mit Geld umzugehen

Fotopsychologie
Lächeln für die Ewigkeit
Etwa 280 S. 79 Abb., 23 in Farbe,
4 Tab. Brosch. **DM 34,80**
ISBN 3-540-60308-5

Kinderzeichnungen
Wie sie entstehen, was sie bedeuten
VIII, 187 S. 71 Abb., 13 in Farbe, 1 Tab.
Brosch. **DM 29,80**; öS 232.50
ISBN 3-540-57042-X

Hartmut Kasten
Einzelkinder

Aufwachsen ohne Geschwister

Evelyn Heinemann
Aggression

Verstehen und bewältigen

Martin Schuster
Kinder-zeichnungen

Wie sie entstehen
Was sie bedeuten

Einzelkinder
Aufwachsen ohne Geschwister
X, 201 S. 22 Abb., 6 in
Farbe Brosch. **DM 29,80**
ISBN 3-540-59020-X

Aggression
Verstehen und bewältigen
VIII, 149 S. 13 Abb.
Brosch. **DM 29,80**
ISBN 3-540-60550-9

■ ■ ■ ■ ■ ■ ■ ■ ■ ■

Springer

Preistabelle:
DM 29,80 = öS 217,60 = sFr 29,80
DM 34,80 = öS 254,10 = sFr 34,80
Preisänderungen vorbehalten.

tmBA95.12.05